工学结合·基于工作过程导向的项目化创新系列教材

公路工程施工监理

GONGLU
GONGCHENG
SHIGONG JIANLI

主　编　王义国　邹定南
　　　　李向春
副主编　丁峥时　侯小强
　　　　曾宪宝　郭聚坤
　　　　赵巧明　邹江娜
主　审　李延安

华中科技大学出版社
http://www.hustp.com

内 容 提 要

本书为国家示范性高等职业教育土建类"十三五"规划教材,全书共分为9个项目,分别为公路工程施工监理概述、公路工程施工组织协调、公路工程施工质量监理、公路工程施工进度监理、公路工程施工费用监理、公路工程施工安全监理、公路工程施工环境保护监理、公路工程施工合同监理、公路工程施工监理信息管理,在每个项目前有学习要求、每个项目后配套相应的习题。

本书既可以作为公路与桥梁专业的教材,也可作为交通土建类相关专业及公路工程施工监理人员的参考书。

为了方便教学,本书还配有电子课件等教学资源包,可以登录"我们爱读书"网(www.ibook4us.com)浏览,任课教师可以发邮件至 husttujian@163.com 免费索取。

图书在版编目(CIP)数据

公路工程施工监理/王义国,邹定南,李向春主编.—武汉:华中科技大学出版社,2017.8(2024.7重印)
ISBN 978-7-5680-3252-0

Ⅰ.①公… Ⅱ.①王… ②邹… ③李… Ⅲ.①道路施工-施工监理-高等职业教育-教材 Ⅳ.①U415.1

中国版本图书馆 CIP 数据核字(2017)第 183943 号

公路工程施工监理　　　　　　　　　　　　　　王义国　邹定南　李向春　主编
Gonglu Gongcheng Shigong Jianli

策划编辑:	康　序
责任编辑:	康　序
责任监印:	朱　玢
出版发行:	华中科技大学出版社(中国·武汉)　电话:(027)81321913
	武汉市东湖新技术开发区华工科技园　邮编:430223
录　　排:	武汉正风天下文化发展有限公司
印　　刷:	武汉市首壹印务有限公司
开　　本:	787 mm×1 092 mm　1/16
印　　张:	16.5
字　　数:	422 千字
版　　次:	2024 年 7 月第 1 版第 6 次印刷
定　　价:	45.00 元

本书若有印装质量问题,请向出版社营销中心调换
全国免费服务热线:400-6679-118　竭诚为您服务
版权所有　侵权必究

前言

目前我国交通运输业正处于加快改革发展的重要战略机遇期,交通建设的持续发展,给广大立志从事工程建设监理事业的技术人员提供了更广阔的舞台,同时高职教育也在蓬勃发展,为满足公路工程建设需要,提高监理从业人员的业务水平和现场工作能力,结合多个高职院校专业教师,以及公路建设单位、施工单位、监理单位的意见特编写本书。本书按照高职高专教学需求,力求全面反映监理人员从事监理工作所必需的基本知识,以培养学生工作能力为目标,突出高职高专教育以服务为宗旨,以就业为导向,走产学研相结合的发展道路的方针,侧重培养学生实践操作技能,强调实践性与动手能力,并结合监理员岗位要求,按照最新的国家规范编写。

"公路工程施工监理"是道路与桥梁工程技术、公路监理等相关专业的一门专业课程。本书包括了公路工程施工监理概述、公路工程施工组织协调、公路工程施工质量监理、公路工程施工进度监理、公路工程施工费用监理、公路工程施工安全监理、公路工程施工环境保护监理、公路工程施工合同监理、公路工程施工监理信息管理等九部分内容。学生通过对本课程的学习,能在工程实际监理过程中真正做好"五监控两管理一协调"的工作,提高监理服务水平。

本书具有以下特点:在充分调研一线施工单位工程师、监理单位监理工程师、高职院校一线专业教师的基础上,反映一线施工技术,使技能培训与生产实际相结合;反映公路工程最新颁布实施的标准和规范;顺应交通高职院校人才培养模式和教学内容体系改革要求,按照专业培养目标进一步加强内容的针对性和实用性,合理精简和完善内容,调整本书体系,贴近模块式教学的要求;服务于师生,每个项目后均配有习题,内容上注重学生基本素质和能力的培养,更加贴近工程实际。

本教材由江苏联合职业技术学院无锡交通分院王义国,邹定南,新疆石河子职业技术学院李向春担任主编,由江苏联合职业技术学院无锡交通分院丁峥时、甘肃建筑职业技术学院侯小强高级工程师、山东华远公路勘察设计有限公司曾宪宝高级工程师、山东交通职业学院郭聚坤、江苏联合职业技术学院无锡交通分院赵巧明和邹江娜担任副主编,由山东华远公路勘察设计有限公司李延安高级工程师担任主审。具体编写分工为:王义国编写项目3、项目5、项目6、项目8;邹定南编写项目2;李向春编写项目7;丁峥时编写项目9的任务1;侯小强编写项目4;郭聚坤编写项目1;曾宪宝编写项目9的任务3;赵巧明编写项目9的任务2;邹江娜编写并制作了本书课件。

本书在编写过程中得到了上述院校领导和专业老师的关心和支持,在此深表感谢!同时本书的编写还得到了中铁六局集团有限公司项目试验室主任王景黄,无锡路桥集团股份有限公司项目经理顾健,江苏纬信工程咨询有限公司总经理陈志坚、总工程师宗建平,中设设计集团股份有限公司、苏交科集团股份有限公司、无锡市政建设集团有限公司、无锡开元建设工程咨询有限公司、昆山市市政工程有限公司、江苏鼎峰环境建设有限公司等工程一线工作人员提供的建议和一线工程资料等,在此一并致以衷心的感谢!

为了方便教学,本书还配有电子课件等教学资源包,可以登录"我们爱读书"网(www.ibook4us.com)浏览,任课教师可以发邮件至 husttujian@163.com 索取。

由于编者水平有限,时间仓促,书中谬误及疏漏之处在所难免,敬请读者批评指正。

目录

项目 1　公路工程施工监理概述 ·· 1

　任务 1　国内外监理制度的发展 ·· 2
　　一、国外的工程监理制度 ··· 2
　　二、国内公路工程监理制度的发展 ··· 3
　　三、国内公路工程监理的现状与存在的问题 ·· 4
　任务 2　工程建设项目管理制度 ·· 5
　　一、项目法人责任制 ·· 5
　　二、招标投标制 ·· 6
　　三、工程监理制 ·· 6
　　四、合同管理制 ·· 6
　任务 3　工程监理相关行为主体及关系 ··· 7
　　一、与工程监理有关的行为主体 ·· 7
　　二、工程监理中行为主体间的相互关系 ··· 7
　任务 4　监理人员及监理单位 ··· 8
　　一、监理人员岗位职责 ··· 8
　　二、监理单位的资质等级与资质管理 ··· 10
　思考题 ··· 12

项目 2　公路工程施工组织协调 ·· 13

　任务 1　组织协调 ·· 14
　　一、组织协调概述 ·· 14
　　二、组织协调的工作内容 ·· 14
　　三、组织协调的方法 ··· 14
　任务 2　工地会议 ·· 15
　　一、工地会议的目的 ··· 15
　　二、工地会议的作用 ··· 16
　　三、第一次工地会议 ··· 16
　　四、工地例会 ··· 17
　　五、专题工地会议 ·· 18
　任务 3　监理记录与报告 ·· 18
　　一、工程监理月报 ·· 18

二、工程监理报告 ………………………………………………………… 19
　　三、常用施工监理表 ……………………………………………………… 19
　　四、常用支付表 …………………………………………………………… 19
　　五、常用工程质量检验表 ………………………………………………… 19
　　六、档案 …………………………………………………………………… 19
　思考题 ………………………………………………………………………… 24

项目3　公路工程施工质量监理 …………………………………………… 25
　任务1　工程质量管理概述 ………………………………………………… 26
　　一、工程质量监理的依据 ………………………………………………… 26
　　二、工程质量监理的任务 ………………………………………………… 26
　　三、工程质量管理的程序 ………………………………………………… 27
　　四、工程质量监理的方法 ………………………………………………… 27
　任务2　路基工程施工质量控制 …………………………………………… 29
　　一、路基施工的一般规定 ………………………………………………… 29
　　二、挖方路基施工与质量控制 …………………………………………… 30
　　三、路堤填筑施工质量监理 ……………………………………………… 32
　　四、软土地区路基施工质量监理 ………………………………………… 42
　　五、路基工程常见质量问题与防治 ……………………………………… 48
　任务3　路面工程施工质量控制 …………………………………………… 50
　　一、基层(底基层)施工阶段的质量控制 ………………………………… 50
　　二、沥青路面施工阶段质量控制 ………………………………………… 58
　　三、水泥混凝土路面施工阶段质量控制 ………………………………… 66
　　四、连续配筋混凝土路面施工质量控制 ………………………………… 72
　　五、沥青路面常见质量问题与防治 ……………………………………… 77
　　六、水泥混凝土路面常见质量问题与防治 ……………………………… 80
　任务4　桥涵工程施工质量控制 …………………………………………… 83
　　一、桥梁总体质量控制的基本要求 ……………………………………… 83
　　二、桥梁基础质量控制的基本要求 ……………………………………… 84
　　三、桥梁下部构造质量控制的基本要求 ………………………………… 86
　　四、桥梁上部构造质量控制的基本要求 ………………………………… 86
　　五、桥面系质量控制的基本要求 ………………………………………… 86
　　六、涵洞(通道)的质量控制的基本要求 ………………………………… 86
　　七、构造物回填工程质量控制的基本要求 ……………………………… 87
　　八、桥涵施工阶段的监理 ………………………………………………… 87
　　九、中间交工验收阶段的监理 …………………………………………… 99
　任务5　工程质量缺陷及质量事故处理 …………………………………… 102
　　一、工程质量缺陷及事故产生原因 ……………………………………… 102
　　二、工程质量缺陷及事故处理程序 ……………………………………… 102

三、质量缺陷的处理原则 …………………………………………………………… 103
四、质量缺陷的现场处理 …………………………………………………………… 103
五、质量缺陷的修补与加固 ………………………………………………………… 104
六、工程质量事故的含义及其分类 ………………………………………………… 104
七、工程质量事故的处理 …………………………………………………………… 105
思考题 ………………………………………………………………………………… 106

项目 4　公路工程施工进度监理 ……………………………………………………… 109

任务 1　工程进度监理的任务和作用 ……………………………………………… 110
任务 2　工程进度管理的基本方法 ………………………………………………… 110
一、横道图法 ………………………………………………………………………… 110
二、S 曲线法 ………………………………………………………………………… 112
三、进度管理曲线 …………………………………………………………………… 114
任务 3　工程进度监理的工作内容 ………………………………………………… 115
一、工程施工进度计划的编制 ……………………………………………………… 115
二、进度计划的审批 ………………………………………………………………… 116
三、进度计划的检查 ………………………………………………………………… 117
四、进度计划的调整 ………………………………………………………………… 118
任务 4　影响进度计划的主要原因 ………………………………………………… 119
一、承包人的原因 …………………………………………………………………… 119
二、业主的原因 ……………………………………………………………………… 119
三、监理工程师的原因 ……………………………………………………………… 119
四、其他特殊原因 …………………………………………………………………… 120
思考题 ………………………………………………………………………………… 120

项目 5　公路工程施工费用监理 ……………………………………………………… 121

任务 1　工程费用监理概述 ………………………………………………………… 122
一、工程费用的特点 ………………………………………………………………… 122
二、工程费用监理的原则 …………………………………………………………… 122
三、工程费用监理的目的和主要作用、程序、方法 ……………………………… 123
任务 2　工程量清单 ………………………………………………………………… 124
一、工程量清单的内容 ……………………………………………………………… 124
二、工程量清单的作用 ……………………………………………………………… 126
三、工程量清单单价说明 …………………………………………………………… 127
任务 3　工程计量 …………………………………………………………………… 127
一、工程计量的必要性 ……………………………………………………………… 127
二、工程计量的概述 ………………………………………………………………… 127
三、工程计量方法的基本规定 ……………………………………………………… 130
四、开办项目计量方法 ……………………………………………………………… 133

五、路基工程计量方法 ··· 133
　　六、路面工程计量方法 ··· 139
　　七、桥梁工程计量方法 ··· 140
任务 4　工程费用支付 ··· 144
　　一、支付的种类 ··· 144
　　二、支付的原则 ··· 144
　　三、常见的工程款项支付 ·· 145
　　四、工程变更费用的计算与支付 ································· 152
　　五、索赔费用的交付 ··· 155
思考题 ··· 157

项目 6　公路工程施工安全监理　158

任务 1　施工安全监理概述　159
　　一、施工安全监理的概念 ·· 159
　　二、施工安全监理的依据 ·· 159
　　三、施工安全监理责任的工作原则 ······························ 160

任务 2　施工准备　160
　　一、施工现场驻地和场站建设 ···································· 160
　　二、施工便道 ·· 161
　　三、施工现场临时用电 ·· 162
　　四、生产生活用水 ·· 163
　　五、施工机械设备 ·· 163

任务 3　路基工程　163
　　一、一般规定 ·· 163
　　二、场地清理 ·· 164
　　三、土方工程 ·· 164
　　四、石方工程 ·· 165
　　五、防护工程 ·· 165
　　六、排水工程 ·· 166
　　七、软基处理 ·· 166

任务 4　路面工程　167
　　一、一般规定 ·· 167
　　二、基层与底基层 ·· 167
　　三、沥青面层 ·· 168
　　四、水泥混凝土面层 ··· 168

任务 5　桥涵工程　168
　　一、一般规定 ·· 168
　　二、预应力混凝土工程 ·· 168
　　三、钻(挖)孔灌注桩 ··· 169

四、沉入桩 170
　　五、沉井 171
　　六、地下连续墙 171
　　七、围堰 172
　　八、明挖地基 172
　　九、承台与墩台 173
　　十、砌体 174
　　十一、钢筋混凝土和预应力混凝土梁式桥 175
　　十二、拱桥 176
　　十三、桥面及附属工程 179
　　十四、涵洞与通道 179
　任务6　特殊季节与特殊环境施工 179
　　一、一般规定 179
　　二、冬季施工 180
　　三、雨季施工 180
　　四、夜间施工 180
　　五、高温施工 180
　　六、台风季节施工 180
　　七、汛期施工 181
　　八、能见度不良施工 181
　　九、沙漠地区施工 181
　　十、高海拔地区施工 181
　任务7　工程安全隐患和安全事故处理 181
　　一、工程安全隐患及处理 181
　　二、工程安全事故及处理 183
　思考题 184

项目7　公路工程施工环境保护监理 186
　任务1　公路工程施工环境保护概述 187
　　一、施工环境保护监理的概念与任务 187
　　二、施工环境保护监理的依据 187
　　三、公路施工期对环境的影响因素 188
　任务2　路基工程环境保护监理 189
　　一、路基工程环境保护基本要求 189
　　二、路基工程环境保护要点 190
　　三、路基工程环境保护监理要点 194
　任务3　路面工程环境保护监理 194
　　一、路面工程环境保护的基本要求 194
　　二、路面施工环境保护要点 195

  三、路面施工环境保护监理要点 ··· 197

任务 4　桥涵工程环境保护监理 ··· 198
  一、桥涵工程环境保护基本要求 ··· 198
  二、桥涵工程环境保护要点 ·· 198
  三、桥涵工程环境保护监理要点 ··· 201
 思考题 ·· 202

项目 8　公路工程施工合同监理 ··· 203

任务 1　工程变更 ·· 204
  一、工程变更概念 ·· 204
  二、公路工程合同变更的起因 ··· 204
  三、公路工程合同变更的内容 ··· 205
  四、工程变更的提出和审批程序 ··· 205
  五、变更的估价原则 ·· 207
  六、暂列金额和暂估价 ··· 207
  七、计日工 ··· 208

任务 2　工程索赔 ·· 209
  一、索赔的概念 ··· 209
  二、造成索赔的原因 ·· 209
  三、承包人索赔的提出 ··· 210
  四、监理工程师审理索赔的程序 ··· 211
  五、索赔的证据 ··· 211
  六、工期索赔原因 ·· 213
  七、工期延误的种类 ·· 214
  八、工期延误的处理原则 ·· 215
  九、费用索赔的费用构成 ·· 216

任务 3　索赔案例分析 ·· 217
  一、合同文件错误引起索赔 ·· 217
  二、由于图纸延迟交出造成索赔 ··· 218
  三、由于不利物质条件引起索赔 ··· 219
  四、由于测量放线引起索赔 ·· 222
  五、由于试验和检验引起索赔 ··· 222
  六、由于不可抗力引起索赔 ·· 222
  七、由于化石、文物引起索赔 ··· 223
  八、由于对已覆盖的隐蔽工程重新检查引起索赔 ·· 223
  九、由于暂停施工引起索赔 ·· 224
  十、由于发包人将土地延迟移交引起索赔 ··· 225
  十一、由于发包人违约解除合同的索赔 ··· 225
  十二、由于法律变化引起的价格调整 ··· 226

任务 4　工程分包 ··· 226
　　　一、分包的概念及分类 ··· 226
　　　二、签订分包合同的主要内容 ··· 227
　　　三、转让与分包的区别 ··· 228
　　　四、对工程分包的审批和管理 ··· 228
　　任务 5　工程违约及争议处理 ··· 230
　　　一、业主违约 ·· 230
　　　二、承包人的违约 ·· 231
　　　三、合同纠纷的解决 ··· 232
　　任务 6　工程保险 ··· 235
　　　一、保险的种类 ··· 235
　　　二、对各项保险的一般要求 ··· 236
　　　三、工程保险的管理 ··· 237
　　思考题 ·· 237

项目 9　公路工程施工监理信息管理 ··· 239
　　任务 1　监理信息管理概述 ··· 240
　　　一、监理信息的特点 ··· 240
　　　二、监理信息管理的任务和内容 ·· 241
　　　三、监理信息管理的方法 ·· 242
　　　四、监理信息管理系统任务的概念与作用 ································· 243
　　任务 2　监理文件与资料的内容 ·· 244
　　　一、监理管理文件与资料 ·· 245
　　　二、质量监理文件与资料 ·· 245
　　　三、施工安全和环境保护监理文件 ··· 246
　　　四、费用监理文件与资料 ·· 246
　　　五、进度监理文件与资料 ·· 246
　　　六、合同管理文件与资料 ·· 246
　　　七、工程监理月报 ·· 247
　　　八、监理工作报告 ·· 247
　　　九、其他监理文件与资料 ·· 248
　　任务 3　监理文件与资料的管理 ·· 250
　　　一、监理文件与资料的日常管理 ·· 250
　　　二、监理文件与资料的归档管理 ·· 250
　　思考题 ·· 252

参考文献 ··· 253

项目 1
公路工程施工监理概述

学习目标

1. 知识目标

(1) 了解国内外监理制度的发展。
(2) 熟悉工程建设项目管理制度。
(3) 掌握工程监理相关行为主体及其关系。

2. 能力目标

(1) 能根据监理人员岗位职责行使监理员的权力和承担监理员义务。
(2) 能配合单位进行资质管理。

任务 1　国内外监理制度的发展

"监理"一词是根据英文 supervision 的含义得来的,一般直译为监督、管理、引导等。"监理"的含义可以表述为:一个执行机构或执行者,依据一定的准则,对某一行为的有关主体进行督察、监控或评价,同时采取组织、协调、疏导等措施,协助行为主体实现其行为目的。

工程监理是对工程建设有关活动的监理,是指监理的执行者依据有关工程建设的法律法规和技术标准,综合运用法律、经济、技术等手段,对工程建设合同有关各方的行为及其职责权利,进行必要的协调与约束;对工程质量、安全、环保、费用、进度等实施有效的监督管理,避免建设行为的随意性和盲目性,使工程建设目标得以最优实现。工程监理不同于一般性的监督管理,而是一个以严密的制度构成为显著特征的综合管理行为。

按照交通运输部的有关规定,目前公路工程监理仅在施工阶段实施,因而公路工程监理实际上是公路工程施工监理。它是指具有相应资质的监理单位,按国家有关规定,受项目业主的委托,依据监理合同,对工程质量、施工安全、施工环境保护、工程进度、工程费用及合同其他事项等方面实施的监督和管理活动。

一、国外的工程监理制度

工程监理作为建设领域的一项科学管理制度,起源于产业革命发生以前的 16 世纪的欧洲,它的产生和发展是与商品经济的发展、建设领域的专业化分工、社会化大生产相伴随的。

16 世纪以前的欧洲,建筑师就是总营造师,他受雇于业主,负责设计、购买材料、雇佣工匠,并组织和管理工程的施工。

进入 16 世纪以后,欧洲出现了华丽的花型建筑,立面设计比较讲究,社会上对建筑技术的要求越来越高,因而设计与施工逐渐分离。建筑师队伍出现了专业分工,一部分建筑师联合起来专门从事设计,另一部分专门负责施工。其中,还有一部分建筑师便专门向社会传授技艺,为业主提供建筑咨询或接受业主的聘请,专门监督、管理施工,这就是监理行业的萌芽。但这时的监理业务仅仅局限于施工过程中的质量监督和为业主计算工程量、验方。

18 世纪 60 年代兴起的英国产业革命,大大促进了整个欧洲工业化的发展进程,社会上的大兴土木带来了建筑业的空前繁荣,建筑技术日趋复杂。工程建设规模不断扩大,质量要求也越来越高,相应地要求采取一种高效率而又精确的工作方式和建立一种新的雇佣关系,来达到工程建设高质量的要求。业主也越来越感觉到,单靠自己来监督、管理工程建设已力不从心,因此监理服务的必要性逐步为人们所认识。

19 世纪初,随着建设领域商品经济关系的日益复杂,为了维护各方经济利益并加快工程进度,明确业主、设计者、施工者之间的责任界限,英国政府于 1830 年以法律手段推出了总合同制度(lump sum system of constructing),要求每个建设项目由一个承包商进行总包。总包制度的实施,导致了招标投标交易方式的出现,也促进了工程监理制度的发展。此时,工程监理的业务内容得到进一步扩充,其主要任务是帮助业主计算标底,协助招标,控制费用、进度、质量,进行合同管理以及项目的组织和协调等。

第二次世界大战以后,欧美各国在恢复建设中加快了向现代化发展的速度。20世50年代末和20世纪60年代初开始,由于科学技术的发展、工业和国防建设的开展以及人民生活水平的不断提高的要求,需要建设许多大型、巨型工程,如航天工程、大型水利工程、高速公路、水电站、核电站和新型城市开发等。这些工程投资多、风险高、规模大、技术复杂,无论是投资者还是承包商,都难以承担由于投资不当或管理不善而造成的损失。竞争激烈的社会环境、巨大的项目风险迫使业主更加重视项目建设的科学管理。业主为减少投资风险,节约工程费用,需要聘请有经验的咨询监理人员,对工程建设前期的可行性进行研究论证,帮助其进行决策分析,并在工程的建设实施阶段进行全面的监理。这样工程监理的业务范围由项目实施阶段向前延伸至项目决策阶段,工程监理工作便贯穿于建设活动的全过程。

20世纪70年代以后,欧、美、日等工业发达国家的工程监理制度向程序化、规范化、法制化的方向发展。美国的《统一建筑管理法规》、日本的《建筑师法》及《建筑基准法》、我国香港地区的《建筑条例》和《建筑管理法规》等,都对工程监理的内容、方法以及从事监理的社会组织进行了详尽的规定。工程监理制度正逐步成为工程建设管理组织体系的重要组成部分。在西方国家工程建设中形成了业主、承包商和监理工程师三足鼎立的基本格局。

20世纪80年代以来,工程监理制度在国际上有了很大的发展。一些发展中国家也开始效仿发达国家的做法,结合本国实际,建立或引进监理机构,对工程项目建设实施监理。世界银行和亚洲开发银行等国际金融组织,也都把实行工程监理作为提供贷款的必备条件之一,工程监理已成为国际惯例和工程建设必须遵循的制度。

二、国内公路工程监理制度的发展

改革开放以来,我国基本建设管理体制改革的重大举措之一,就是实行了工程监理制度。经过20多年来的试点先行、稳步提高和全面推行三个阶段,工程监理制度从无到有、从探索实践到完善提高,对提高工程质量、建设管理水平和投资效益等方面发挥了重要作用。我国的公路工程监理制度是参照国际惯例,并结合我国国情而建立起来的。公路工程监理制度在我国的产生和发展大致经历了以下三个阶段。

1. 试点先行阶段(1986—1990)

为了适应我国改革开放形势的发展,推动公路工程建设领域改革开放的进一步深化,经国务院同意,原交通部于1986年和1987年率先在利用世界银行贷款建设的西安至三原一级公路和京津塘高速公路上开展了工程监理的试点,接着又在全国各地的许多项目上推行监理试点。为了保证试点工作有章可循,原交通部在总结全国各地监理试点的经验和教训的基础上,于1989年4月发布了《公路工程施工监理暂行办法》等规范文件,并于1989年12月25日成立了交通部工程建设监理总站,以便更好地指导公路工程监理有序开展。值得一提的是,京津塘高速公路参照国际惯例,结合国情,坚持高标准,实现严格监理、热情服务的经验对我国工程监理制度的实施产生了巨大的影响和推动作用,极大地促进了监理试点工作的健康发展。在此期间,原交通部多次邀请国外专家来华讲学,派出有关人员出国考察,举办工程监理研讨班,理清了工程监理的思路。同时,还委托有关高等院校举办监理业务培训班,迅速培养了一大批公路工程监理人员,承担起了工程监理的重大任务,为工程监理的稳步提高奠定了坚实的基础。

2. 稳步提高阶段(1991—1994)

四年多的监理试点工作,积累了大量的经验,取得了很大成绩,我国公路工程监理行业已初步形成,公路工程监理进入了稳步提升阶段。在此期间,全国范围内大部分国道和高等级公路实行了工程监理。同时,原交通部就公路工程监理的实施先后发布了《公路工程施工监理办法》、《公路、水运工程监理工程师注册办法》、《公路、水运工程监理单位资格审批暂行规定》等一系列规范性文件,并有计划地对公路工程监理人员进行培训,共举办监理业务培训班60多期,接受培训的人员达5 000多人。1992年,我国开始在工程建设领域推行项目业主负责制,这样我国公路建设项目开始形成了业主、监理工程师、承包人三位一体的新型建设管理体制和三元建设市场主体。此时,已形成了较为完善的公路工程监理模式,并形成了一支具有较高素质的监理工程师队伍,工程监理向着制度化、规范化、科学化的方向迈进,在全国范围内全面推行监理制度的条件已经具备。

3. 全面推行阶段(1995年以后)

经过近十年的监理实践,全国各地形成了许多成熟的做法,积累了大量的经验。原交通部又先后发布了一系列部门规章和规范性文件,初步形成了我国公路工程监理法规体系,开始在制度上建立起一种比较科学的制约机制。经过不断努力,在全国范围内全面推行监理制度的条件已经成熟。1995年4月,原交通部颁布了公路工程监理行业标准《公路工程施工监理规范》(JTJ 077—1995),这标志着我国公路工程监理已进入了全面推行阶段。1997年,原交通部为适应公路工程监理事业发展的需要,又制定并推广使用了《公路工程施工监理合同范本》,提高了监理服务委托合同签订的质量,促进了公路工程监理工作的制度化、规范化和科学化建设。1997年,全国人大先后通过的《中华人民共和国公路法》和《中华人民共和国建筑法》均载入了工程监理的内容,使工程监理制度在公路工程建设管理体制中的重要地位有了法律的保障。

三、国内公路工程监理的现状与存在的问题

公路工程监理在我国基础设施建设领域起步早、发展快,已基本形成了开放、竞争的市场格局,为保证公路建设质量做出了重大贡献。为了培育和规范公路监理行业,交通运输部颁布了《公路工程施工监理办法》、《公路工程施工监理规范》、《公路工程施工监理招标文件范本》、《公路、水运工程监理工程师资质管理办法》、《公路水运工程监理单位资质管理暂行规定》等规章和规范,基本建立起公路工程监理工作的法规标准体系框架,使监理工作和监理管理工作有法可依,实行工程监理取得了显著的成效。

虽然取得了一定成效,但我国的工程监理制度仍然处在初级阶段,其还存在以下突出的问题。

(1) 监理队伍发展参差不齐,整体素质不高。
(2) 监理职业化程度很低,人员无序流动比较严重。
(3) 监理企业自律意识不强,管理松懈。
(4) 现场监理水平差异大,管理深度不一,监理工作大多只侧重质量控制,未真正实现费用、进度、质量、安全及环保的全方位监理。
(5) 监理市场的招标投标行为不规范。

这些问题均需要通过对监理市场的治理整顿、增强执法监督力度等措施来加以解决。随着我国社会主义市场经济体制的进一步建立完善,我国工程监理事业必将得到更大的发展。

任务 2　工程建设项目管理制度

按照《公路建设监督管理办法》(交通部令,2006 年第 6 号)中的规定,我国公路建设项目应当实行项目法人责任制度、招标投标制度、工程监理制度和合同管理制度。这些制度相互关联、相互支持,共同构成了我国公路工程建设项目管理制度体系。在这套管理制度体系中,以项目法人责任制为核心,招标投标制和工程监理制为服务体系,合同管理制为手段。

在建立和推行上述项目管理制度的同时,也逐步形成了以项目法人为主体的工程招标发包体系,以设计、施工和材料设备供应单位为主体的投标承包体系,以及以工程监理单位为主体的中介技术咨询服务体系的市场三元主体。这三元主体之间以经济为纽带,以合同为依据,相互监督,相互制约,彻底改变了计划经济时期以政府投资为主、以指令性投资计划为基础的管理模式,转而变为以企业投资为主、项目法人负责、政府宏观控制引导和以投资主体自主决策、自担风险为基础的市场调节资本配置模式。

一、项目法人责任制

项目法人包括建设项目的投资者及投资风险的承担者、贷款建设项目的负债者、项目建设与运行的决策者、项目投产或使用效益的受益者、建成项目资产的所有者等。

实行项目法人责任制,是适应社会主义市场经济发展,转换项目建设与经营体制,实现我国建设管理模式与国际接轨,在项目建设与经营全过程中应用现代企业制度进行管理的一项具有战略意义的重大举措。

实行项目法人责任制的目的,是使各类投资主体形成自我发展、自主决策、自担风险和讲究效益的建设和运营机制,使各类投资主体成为从项目建设到生产经营均独立享有民事权利和独立承担民事义务的法人。

项目法人的责任制是指:对项目的策划、资金筹措、建设实施、生产经营、债务偿还及资产的保值增值,实行全过程负责的制度。项目法人是工程建设投资行为的主体,要承担投资风险,并对投资效果全面负责,必然要委托高智能的监理单位为其提供技术咨询和管理服务。

公路工程施工监理

实行项目法人责任制是推行工程建设管理体制改革的关键,是我国建设市场繁荣发展的基础,是全面实行工程招标投标制和工程监理制的必要条件。

二、招标投标制

在计划经济体制下,我国建设项目管理体制是按投资计划采用行政手段分配建设任务,设计、施工和设备材料供应单位依靠行政手段获取建设任务,缺乏必要的竞争机制和经济制约机制,从而严重影响了我国建设投资的经济效益。

招标投标制是市场经济体制下买卖双方的一种主要的竞争性交易方式。我国在工程建设领域推行招标投标制,目的是为了适应社会主义市场经济的需要,在建设领域引进竞争机制,形成公开、公正、公平的市场交易方式,择优选择承包单位,促使设计、施工、材料设备生产供应等企业不断提高相关技术和管理水平,以保证建设项目的质量和工期等目标的实现,从而提高投资效益。

1999年8月30日,《中华人民共和国招标投标法》经中华人民共和国第九届全国人民代表大会常务委员会第十一次会议通过。该法的颁布实施,对于规范招标投标行为,保护国家利益、社会公共利益和招标投标活动当事人的合法权益,提高经济效益,保证项目质量等,都具有重要的意义。

三、工程监理制

工程监理制作为一种科学的管理制度,它是以专门从事工程建设管理服务的工程监理单位,受项目法人的委托,对工程建设实施管理的制度。实行工程监理制是我国工程建设领域中项目管理体制改革的重大举措之一。

实行工程监理制,可培养专业化、高水平的建设项目管理队伍,提高工程建设管理水平;强调建设市场各主体之间的合同关系及监督、制约与协调的机能,提高工程建设项目管理的科学性与公正性。在我国实行工程监理制度,是为了适应我国社会主义市场经济的发展,学习和借鉴国际工程项目管理的先进经验与模式,建立具有中国特色的一种现代化建设项目管理制度。

工程监理制是与项目法人责任制、招标投标制相配套的一项建设管理的科学制度。它的推行,使我国的工程建设项目管理体制由传统的自筹、自建、自管的小生产管理模式,向社会化、专业化、现代化的管理模式转变。

四、合同管理制

为了使勘察、设计、施工、监理和材料设备供应单位切实履行各自的责任和义务,在工程建设中必须实行合同管理制。合同是约束和规范合同双方行为的重要依据和手段。工程建设项目的勘察、设计、施工、监理以及与工程建设有关的重要设备、材料的采购,必须依法签订合同,明确双方的权利和义务。合同双方应按合同要求履行各自的义务,不得违约,否则应承担相应的违约责任。工程合同的科学性、公平性和法律效力,规范了合同双方的行为,使工程建设活动有章可循。

市场经济体制的确立和完善,为工程建设市场的形成和完善提供了有利条件,而合同管理制的实行,更加有利于建设市场的规范和发展。合同管理制是实行招标投标制和工程监理制的必然要求,也是我国建设行业与国际市场接轨的需要。

任务 3 工程监理相关行为主体及关系

一、与工程监理有关的行为主体

(1)业主 即建设单位、项目法人、发包人,它是指某个工程项目的投资者或资金筹集者,并在工程建设的前期及实施阶段对工程建设的费用、进度、质量等重大问题有决策权的组织。业主一般就是建设项目的产权所有人,与工程建设项目有着密切的利害关系,在工程建设中拥有确定建设工程规模、标准、功能,以及选择施工、监理单位等重大问题的权力。

(2)承包人 有时也称为承包商、承建单位,包括施工单位和材料、设备供应单位,它是指通过工程施工费用,承担进度、质量、安全、环保责任的经济组织。

(3)监理单位 即监理人,它是指取得法人资格,并取得交通主管部门颁发的公路施工监理资质证书,受发包人委托,对合同履行和工程项目建设实行管理,依法从事工程监理业务的法人或其他组织。

二、工程监理中行为主体间的相互关系

1. 业主与监理单位的关系

业主与监理单位应签订监理委托合同,二者是通过监理合同确定的委托与被委托关系。在工程项目建设过程中,二者应做到各负其责,独立工作,相互尊重,密切合作。业主不得随意干涉监理工作,否则为侵权违约;监理单位必须保持公正,不得和承包人有经济联系,更不得串通承包人侵犯业主利益,否则业主将用合同或法律手段,追究监理单位的经济和法律责任。

2. 业主与承包人的关系

业主与承包人应签订施工承包合同,二者是发包与承包的合同关系。业主将工程发包给承包人,承包人按合同约定完成工程,双方必须按合同履行所有的承诺,违约者要承担相应的违约责任。

3. 监理单位与承包人的关系

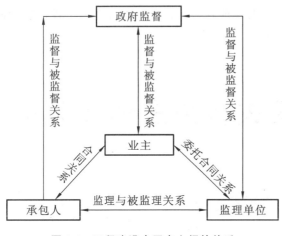

图 1-1 工程建设中四方之间的关系

监理单位与承包人不签订任何合同,二者是监理与被监理的关系,这个关系在业主与承包人签订的施工承包合同中应予以明确。监理单位代表业主对承包人的建设行为进行监理,但同时也要维护承包人的合法权益;承包人应按施工承包合同的规定接受监理单位的监督和管理。若监理人员的行为不公正,承包人有权向有关部门申诉。

需要特别强调指出的是:作为行使政府监督职能的各级质量监督机构,在整个工程建设活动中将对业主、承包人和监理单位实施有效的监督。四方之间的关系如图 1-1 所示。

任务 4 监理人员及监理单位

一、监理人员岗位职责

监理工程师按岗位职责和专业性质一般可分为总监理工程师、驻地监理工程师、专业监理工程师。总监理工程师是由监理单位法定代表人任命并书面授权,经项目业主同意,行使合同赋予监理单位的全部职责,负责项目工程全部监理工作的总负责人。总监理工程师对监理单位负责,管理监理机构的日常事务。驻地监理工程师是指经总监理工程师书面委托并授权,代表总监理工程师行使部分职权,负责该项目部分工程监理工作的驻地监理负责人。专业监理工程师是根据项目监理岗位职责分工,经总监理工程师或驻地监理工程师的授权,负责实施某一专业或某一方面监理工作的监理工程师。经监理业务培训合格,取得交通主管部门颁发的监理业务培训证书,但尚未取得监理工程师资格证书而从事监理工作的人员统称为监理员。

1. 总监理工程师的职责

工程监理实行总监理工程师负责制。总监理工程师负责全面履行监理合同中所约定的监理单位的职责。其主要职责应包括以下内容。

(1) 主持编制监理计划。

(2) 主持召开监理交底会及第一次工地会议。

(3) 按合同要求建立中心试验室。

(4) 审批施工组织设计及总体施工进度计划,以及重要工程材料及配合比。

(5) 签发支付证书、合同工程开工令、单位或合同工程的暂停令、复工令。

(6) 审核变更单价和总额以及延期和费用索赔。

(7) 协助建设单位审查交工验收申请,评定工程质量。

(8) 组织编写监理月报、编制监理竣工文件、编写监理工作报告。

2. 驻地监理工程师的职责

驻地监理工程师应按照总监理工程师所授予的职责权限开展监理工作,是执行监理工作的直接责任人,并对总监理工程师负责。其主要职责包括以下内容。

(1) 主持编制监理细则。

(2) 主持召开工地会议。

(3) 按合同要求建立驻地试验室。

(4) 审批一般工程原材料和混合料配合比、施工单位的机械设备,以及施工方案。

(5) 审批施工单位测量基准点的复测、原地面线测量及施工放线成果。

(6) 审批分项工程开工申请,签发分项或分部工程的暂停令、复工令。

(7) 日常巡视、旁站、抽检,并做好记录。

(8) 核算工程量清单,负责对已完工程进行计量。

(9) 组织分部、分项工程中间验收和质量评定,签发中间交工证书。

(10) 审批月进度计划,编写合同段监理工作报告。

3. 专业监理工程师的职责

专业监理工程师应按总监理工程师或驻地监理工程师所授予的职责权限开展监理工作,其主要职责包括以下内容。

(1) 负责编制本专业的监理细则。

(2) 负责本专业监理工作的具体实施。

(3) 组织、指导、检查和监督本专业监理员的工作,当人员需要调整时向总监理工程师提出建议。

(4) 审查承包人提交的涉及本专业的计划、方案、申请、变更,并向总监理工程师或者驻地监理工程师提出报告。

(5) 日常巡视、旁站、抽检,并做好记录。

(6) 定期向总监理工程师或驻地监理工程师提交本专业监理工作实施情况报告,对于重大问题及时向总监理工程师和驻地监理工程师汇报和请示。

(7) 根据本专业监理工作实施情况做好监理日记。

(8) 负责本专业监理资料的收集、汇总及整理,参与编写监理月报。

(9) 检查进场材料、设备、构配件的原始凭证、监测报告等质量证明及其质量情况,根据实际情况认为有必要时对进场材料、设备、构配件进行平行检验,合格时予以签认。

(10) 负责本专业的工程计量工作,审核工程计量的数据和原始凭证。

4. 监理员的职责

监理员应按监理工程师授予的职责权限开展监理工作,其主要职责应包括以下内容。

(1) 核实进场原材料质量检验报告和施工测量成果报告等原始资料。

(2) 检查承包人用于工程建设的材料、构配件、工程设备的使用情况,并做好现场记录。

(3) 按设计图纸及有关标准,对承包商的工艺过程或施工工序进行检查和记录,对工序施工质量检查结果进行记录,对工程的重要环节或关键部位及隐蔽工程实施全过程监理。

(4) 参加审查承包人的施工进度计划和施工方案,并督促检查其执行情况。

(5) 监督检查承包人的各项试验、测量工作,复核所有试验、测量记录,认定并留下痕迹。

(6) 初审承包人提交的各种资料和表格,核实承包人提交的工程计量表,提出审查意见。

(7) 执行监理细则,做好监理日志和填好各种监理图表。

(8) 授权核查关键岗位施工人员的上岗资格;检查、监督工程现场施工安全和环境保护措施的落实情况,发现异常情况及时向监理工程师报告。

(9) 授权检查承包人的施工日志和试验室记录。

(10) 协助专业监理工程师做好日常巡视、旁站、抽检取样等工作,并做好记录。

二、监理单位的资质等级与资质管理

1. 监理单位的资质等级和从业范围

1) 监理单位资质等级划分

公路工程监理单位的监理资质分为甲级、乙级、丙级三个等级和特殊独立大桥专项、特殊独立隧道专项、公路机电工程专项等。

2) 监理单位的从业范围

公路工程监理单位应当按照其获得的资质等级和业务范围开展监理业务,见表1-1。

表1-1 公路工程监理单位资质等级和业务范围

资质等级	从业范围	监理业务范围
公路工程专业甲级监理资质	全国范围	一、二、三类公路工程、桥梁工程、隧道工程
公路工程专业乙级监理资质	全国范围	二、三类公路工程、桥梁工程、隧道工程
公路工程专业丙级监理资质	省级行政区域	三类公路工程、桥梁工程、隧道工程
公路工程专业特殊独立大桥专项监理资质	全国范围	特殊独立大桥项目
公路工程专业特殊独立隧道专项监理资质	全国范围	特殊独立隧道项目
公路工程专业公路机电工程专项监理资质	全国范围	各等级公路、桥梁、隧道工程通信,监控、收费等机电工程项目

公路工程监理业务分级标准见表1-2和表1-3。

表 1-2　公路工程监理业务分组标准

业　　务	一　类	二　类	三　类
1　公路工程	高速公路	高速公路路基工程及一级公路	一级公路路基工程及二级以下各级公路
2　桥梁工程	特大桥	大桥、中桥	小桥、涵洞
3　隧道工程	特长隧道、长隧道	中隧道	短隧道

表 1-3　公路工程专项监理业务范围标准

1	特殊独立大桥	主跨 250 mn 上钢筋混凝土拱桥、单跨 250 mm 以上预应力混凝土连续结构、400 mm 以上斜拉桥、800 m 以上悬索桥等结构复杂的独立特大桥项目
2	特殊独立隧道	大于 3 000 m 的独立特长隧道项目
3	公路机电工程	通信、监控、收费等机电工程

2. 监理单位的资质管理

交通运输部是全国公路工程监理单位资质管理工作的主管部门,其所属的质量监督机构受交通运输部委托,具体负责全国公路工程监理单位资质的监督管理工作。省、自治区、直辖市人民政府交通主管部门负责本行政区域内公路工程监理企业资质管理工作,其所属的质量监督机构受省、自治区、直辖市人民政府交通主管部门委托,具体负责本行政区域内公路工程监理企业资质的监督管理工作。

交通运输部负责公路工程专业甲级、乙级监理资质和公路工程专业特殊独立大桥专项、特殊独立隧道专项、公路机电工程专项监理资质的行政许可工作。省级交通主管部门负责公路工程专业丙级监理资质的行政许可工作。监理单位资质的有效期为 4 年。

监理单位资质实行定期检验制度,每两年检验一次。监理单位的定期检验工作由作出许可决定的许可机关委托其所属的质量监督机构负责。定期检验的内容是检查监理单位现状与资质等级条件的符合程度以及监理单位在检验期内的业绩情况。对定期检验合格的监理企业,由质量监督机构在其《监理资质证书》上签署意见并盖章。对定期检验不合格的监理企业,质量监督机构应当责令其在 6 个月内进行整改。整改期满仍不能达到规定条件的,由质量监督机构提请原许可机关对其予以降低资质等级或者撤销对其的资质许可。监理单位未按规定的期限申请资质定期检验的,其资质证书失效。

监理企业资质实行复查制度,资质有效期满,拟继续从事监理业务的监理企业应向原资质许可机关提出资质复查申请。申请资质复查的企业,应在《监理资质证书》有效期满 60 日前,向原资质许可机关提交下列复查材料。

(1) 公路水运工程监理企业资质复查表。
(2) 企业法人营业执照(复印件)。
(3) 企业章程和制度。
(4) 主要试验检测仪器设备和装备证明。
(5) 近 4 年的项目监理评定书(复印件,相关内容及相应监理人员业绩应录入质监总站指定的数据库)。

对符合原有资质等级所要求的各项条件的企业,资质许可机关予以核发新资质证书;对达不到原有资质等级所要求条件的企业和未按期限申请复查的企业,资质许可机关不予核发新资质证书,原资质证书在有效期满后自动失效。

监理企业遗失《监理资质证书》,应当在公开媒体和质量监督机构指定的网站上声明作废,并到原许可机关办理补证手续。监理企业的名称、地址、法定代表人、企业负责人和技术负责人等发生变更,应当在变更后两个月内到原许可机关办理证书变更手续。有关行政机关应当依据资质等级条件予以审查办理。

思考题

1. 什么是项目法人责任制度?
2. 什么是招投标制度?
3. 什么是工程监理制度?
4. 什么是合同管理制度?
5. 与工程监理有关的行为主体有哪些?
6. 简述工程监理行为主体间的相互关系。
7. 简述总监理工程师的职责。
8. 简述驻地监理工程师的职责。
9. 简述监理员的职责。
10. 简述监理单位的资质等级和从业范围。
11. 简述监理单位的资质管理。

项目 2 公路工程施工组织协调

学习目标

1. 知识目标

（1）掌握组织协调的内容和方法。
（2）掌握工地会议的形式、内容、程序。
（3）掌握监理工作过程中常规监理记录和报告。

2. 能力目标

（1）能在监理工作过程中进行组织协调工作。
（2）能参与各种工地会议并做好相应工作。
（3）能根据现场内容填写相关记录，能根据实际情况编写各种监理报告。

任务 1　组织协调

一、组织协调概述

组织协调即通过一定的措施和方法,使事物内部及事物之间和谐、协调,是指客观事物诸方面的配合。公路工程监理的组织协调即通过联系、沟通、调解、协商、会议等方式,组织各有关方面为共同完成工程项目,达到预期目标,解决各有关方面之间的矛盾、冲突,协调领导机构内部的关系,解决实际工程问题。

二、组织协调的工作内容

公路工程施工监理的核心任务是利用合同的实施,对工程项目的进度、质量、费用这三大目标进行监理,但是三大目标间的对立统一关系及公路工程项目的复杂性,给公路工程施工监理带来了一些困难和问题。通过工地会议等方法协调各方关系,使影响监理目标实现的各个方面处于统一状态下,使项目系统结构均衡,使监理工作的实施和运行过程顺利。

组织协调的工作内容主要包括以下几项。

(1) 监理工程师组织协调业主、承包人等各关系方对技术标准、规范等质量标准的认识,使之符合设计文件要求。

(2) 监理工程师组织协调各方统一计量支付的方法和原则,使其按合同的规定进行各期工程的计量及工程款支付。

(3) 组织协调各方的进度安排,保证按期完工。

(4) 对工程施工的安全、环保措施等予以高度重视,协调工程施工各方保质保量文明施工,保护环境。

(5) 组织协调、落实施工活动按计划进行。对发现的施工质量问题应及时予以纠正,对发现的重大问题提出召开专门会议或在工地会议上进行研究处理。

(6) 监理工程师对施工进度和施工质量应予以充分关注,对不符合合同文件要求的工程质量、进度、计划问题应及时指示承包人采取措施纠正,保证工程按计划顺利进行。

三、组织协调的方法

1. 会议协调法

为了做好工程项目目标的动态跟踪管理,项目建设管理人员应督促项目监理机构的总监理工程师建立工地会议制度,定期组织召开工地会议,针对出现的工程质量、施工安全、施工环境保护、工程费用、工程进度及合同其他事项等问题重点协调解决。

2. 交谈协调法

在实践中,并不是所有问题都需要开会来解决,有时可采用交谈这一方法。交谈包括面对面交谈和电话交谈两种形式。

无论是内部协调还是外部协调,这种方法使用频率都是相当高的,其作用在于:①保持信息畅通;②寻求协作和帮助。

3. 书面协调法

当会议或者交谈不方便或不必要时,或者需要精确表达自己的意见时,就可以采用书面协调的方法。书面协调方法的特点是具有合同效力,一般常用于以下几个方面:①不需双方直接交流的书面报告、报表、指令和通知等;②需要以书面形式向各方提供详细信息和情况通报的报告、信函和备忘录等;③事后对会议记录、交谈内容或口头指令的书面确认。

4. 访问协调法

访问法主要用于外部协调中,有走访和邀请两种形式。走访是指监理工程师在建设工程施工前或施工过程中,对与工程施工有关的各政府部门、公共事业机构、新闻媒体或工程毗邻单位等进行访问,向他们解释工程的情况,了解他们的意见。邀访是指监理工程师邀请上述各单位(包括业主)代表到施工现场对工程进行指导性巡视,了解现场工作。因为在多数情况下,这些有关单位并不了解工程,不清楚现场的实际情况,如果进行一些不适当的干预,会对工程产生不利影响。这个时候,采用现场随机访问法可能是一个相对有效的协调方法。

5. 情况介绍法

情况介绍法通常是与其他协调方法紧密结合在一起的,它可能是在一次会议前,或是一次交谈前,或是一次走访或邀访前向对方进行的情况介绍。其形式主要采用口头介绍的形式,有时也采用书面介绍的形式。情况介绍法往往作为其他协调方法的引导,目的是使别人首先了解情况。因此,监理工程师应重视任何场合下的每一次介绍,应使别人能够理解自己介绍的内容、问题和困难,以及自己想得到的帮助等。

任务 2 工地会议

公路工程施工监理中制订并实施的工地会议制度,是工程建设三方的工作协调会议,通过工地会议检查合同执行情况与存在的问题,为工程施工全过程的监理工作提供了大量的反馈信息,是监理工程师对工程项目进行全面管理的一种重要方法,也是合同管理项目中普遍采用的一种手段。

一、工地会议的目的

工地会议旨在检查、督促合同各方,特别是承包人对工程项目承包合同的执行情况,协调各方关系,促进工程项目的顺利进行。工地会议可根据会议召开时间、内容及参加人员的不同,分为第一次工地会议、工地例会和专题工地会议等三种形式,其目的如下。

(1) 第一次工地会议的目的是便于监理工程师对工程开工前的各项准备工作进行全面的检查,确保工程实施有一个良好的开端。

(2) 工地例会的目的是便于监理工程师对工程实施过程中的进度、质量、费用、安全、环保等方面的情况进行全面检查,为正确决策提供依据,确保工程的顺利进行。

(3) 专题工地会议的目的是便于监理工程师对日常或经常性的施工活动中的专门问题进行研究、协商和落实,使监理工作与施工活动密切配合。

二、工地会议的作用

工地会议在施工监理过程中发挥着重要的作用。通过工地会议,便于监理工程师对工程施工的进度和质量的矛盾进行协调,同时方便各种信息迅速在业主、承包人间传递,有利于工程施工的顺利进行。工地会议可用来协调业主、监理单位、承包人三方之间的矛盾,也可以协调工程施工中的一些矛盾,使矛盾和问题及时得到解决,避免影响工程项目的三大目标。工地会议是监理工程师对工程施工进度、质量、费用情况的经常性检查,通过对执行合同的情况和施工技术问题的讨论,可以发现问题,为监理工程师决策提供依据。工地会议还可以集思广益,对施工过程中出现的各种问题,提出建设性的意见和措施。因此,工地会议是监理工程师开展监理工作的一项重要的工作内容和方法。

三、第一次工地会议

第一次工地会议是承包人、监理工程师进入工地后召开的第一次会议,是业主、承包人、监理单位建立良好合作关系的一次机会。第一次工地会议应在工程正式开工前召开,会议由总监理工程师主持,监理单位应在会前将会议议程及有关事项通知业主、承包人及有关方面,必要时可先召开一次预备会议,使参加会议的各方面都做好资料准备。在会议举行中,如果某些重大问题达不到目的要求,可以暂时休会,待条件具备时再行复会。

1. 第一次工地会议的组织

第一次工地会议应在工程正式开工前召开。总监理工程师办公室应事先将会议议程及有关事项通知建设、施工单位及其他有关单位并做好会议准备。第一次工地会议应由总监理工程师主持,建设单位、施工单位的法定代表人或授权代表必须出席会议。各方在工程项目中担任主要职务的人员及分包单位负责人应参加会议。若有需要,还可以邀请质量监督部门参加第一次工地会议。

2. 第一次工地会议的主要内容

1) 介绍人员及组织机构

第一次工地会议上,各方应介绍各自的人员、组织机构、职责范围及联系方式。建设单位应宣布对监理工程师的授权,总监理工程师应宣布对驻地监理工程师的授权,施工单位应书面提交对工地代表(项目经理)的授权书。

2)建设单位说明开工条件

建设单位应就工程占地、临时用地、临时道路、拆迁、工程支付担保情况以及其他与开工条件有关的内容及事项进行说明。

3)施工单位陈述

施工单位应陈述开工的各项准备情况,汇报开工的试验、测量、项目部建设、工地现场、施工设备、工程材料等准备情况,介绍总体施工进度安排等。监理工程师应就各项施工准备,特别是质量、安全、环保等予以评述,确定是否具备开工条件。

4)监理单位陈述

监理单位就监理工作准备情况以及有关事项进行陈述。监理工程师应就主要监理程序、质量和安全事故报告程序、报表格式、函件往来程序、工地例会等进行说明。

5)会议小结

总监理工程师应进行会议小结,明确施工准备工作还存在的主要问题及解决措施。

会议通过对开工准备情况的汇报、检查、核实后,若认为开工条件已具备时,在会议结束前应由总监理工程师通知承包人尽快提交《合同工程开工报审表》;若认为不具备开工条件时,也应对存在的问题提出解决的具体意见,特别是要对准备的开工日期提出要求,并统一各方认识。

四、工地例会

工地例会属于开工后举行的一种例行的工地会议,用于解决施工中出现的问题,协调合同各方的关系。工地例会应在开工后的整个活动期内定期举行,具体时间间隔可根据工程施工中存在的问题程度与合同实施的情况由监理工程师决定。一般正常情况下,宜每月召开一次。工地例会由总监理工程师或驻地监理工程师主持。

1. 会议的组织

会议参加者应包括:①监理单位的总监理工程师和驻地监理工程师、专业监理工程师及总监理工程师办公室的有关人员;②承包人的授权代表、特殊分包单位及有关助理人员;③业主代表及有关助理人员等。

2. 会议的内容

会议按既定的例行议程进行,一般由承包人逐项进行陈述并提出问题和建议,由监理工程师逐项组织讨论并做出决定或决议。会议一般应按以下议程进行讨论和研究。

(1)检查上次会议议定事项的落实情况。

(2)审查工程进度,主要是审查关键线路上的施工进展情况及影响施工进度的因素,并给出对策。

(3)审查现场情况,主要是审查现场机械、材料、劳动力的数量以及对进度和质量的适应情况,并提出解决措施。

(4)审查工程质量,主要是针对工程缺陷和质量事故,就执行标准控制、施工工艺、检查验收等方面提出问题及提供解决措施。

(5) 审查工程费用事项,主要是审查材料设备预付款、价格调整、额外的暂定金额等已经发生或即将发生的问题,并给出初步的处理意见。

(6) 审查安全事项,主要是对发生的安全事故或隐藏的不安全因素进行审查,以及对交通和民众的干扰等提出问题并提供解决措施。

(7) 审查环保事项,主要是对施工中出现违反环保规定,未按合同要求落实环保措施的情况进行讨论,并提供解决措施。

(8) 讨论施工环境,主要是讨论承包人无力防范的外部施工阻挠或不可预见的施工障碍等方面的问题,并提供解决措施。

(9) 讨论索赔等合同其他事项,主要是对承包人提出延期或索赔的意向进行初步的澄清和讨论,应按程序申报并约定专门的会议时间和地点。

(10) 审议工程分包,主要是对承包人提出的工程分包的意向进行初步审议和澄清,确定进行正式审查的程序和安排,并解决监理工程师已批准(或批准进场)分包中管理方面的问题。

(11) 其他事项,会议中若出现索赔及工程事故等重大问题,可另行召开专门会议协调处理。

五、专题工地会议

由于工地例会需研究和讨论的问题较多,施工过程中出现的某些重点、难点问题在工地例会上有时不能深入讨论,为此就要召开专题工地会议进行专题讨论。

(1) 专题工地会议由监理工程师主持,根据工程需要及时召开,业主代表和承包人代表及其他有关人员参加,必要时应邀请有关专家参加。

(2) 会议对施工期间出现的工程质量、安全、环保、进度、费用以及合同管理等方面的重点问题、难点问题和需要协调的问题进行研讨,并提出明确的解决方案和落实措施。

工地会议应由监理单位做好记录,并应根据记录事项形成会议纪要。纪要中应包括三方协商一致的意见及各方有保留的意见。会议纪要由参加单位确认,并发放给各参会单位及有关部门,并作为合同文件的一部分。

任务 3 监理记录与报告

监理记录是整个监理工作的重要组成部分,是强化监理工作管理和实行三大控制不可缺少的内容。《公路工程施工监理规范》(JTG G10—2016)中提供的一套记录与报告表格应认真推行和贯彻,并在实践中不断完善和提高。

一、工程监理月报

监理工程师应根据工程进展情况、存在的问题等每月以报告书的形式向业主和监理单位报告。月报所陈述的问题可以是已存在的,也可以是将对工程费用、质量及工期产生实质性影响的事件,对陈述的问题应一并提出相应的处理措施,月报中要同时报告承包人主要人员和监理工程师人员的变动情况。监理月报的主要内容包括:工程描述、认可的分包人及供应人、工程质量、工程进度、支付情况、监理工作执行情况、小结和附录等。

二、工程监理报告

工程结束后，监理工程师应提交监理工作报告，其内容一般为：工程的基本情况；监理组织机构及工作起止时间；关于工程质量、工程费用、工程进度及合同管理的执行情况；分项、分部、单位工程的质量评估；工程费用分析；对工程建设中存在的问题的处理意见和建议；照片和录像等。

三、常用施工监理表

常用施工监理表包括：施工放样报验表、分项工程开工申请批复单、承包人每周工作计划、监理日报、检验申请批复单、工作指令、工程变更令、索赔申请单、索赔时间/金额审批表、工地会议记录、中间交工证书、分包申请报告单、工程暂时停工指令、复工指令、工程质量事故处理报告单、工程交工证书、工程缺陷责任期终止证书等。

四、常用支付表

常用支付表包括：工程进度表、中期支付证书、清单支付报表、计日工支付报表、工程变更一览表、价格调整汇总表、价格调整表、单价变更一览表、永久性材料价差金额一览表、永久性工程材料到达现场计量表、扣回材料设备预付款一览表、扣回动员预付款一览表、中间计量表、中间计量支付汇总表等。

五、常用工程质量检验表

常用工程质量检验表包括：路基工程检验表，排水工程检验表，挡土墙、防护及其他砌石工程检验表，路面工程检验表，桥梁工程检验表，隧道工程检验表，交通工程设施检验表等。

六、档案

监理工程师与业主、承包人和指定分包人之间有关工程质量、进度和费用的一切往来函件和报表均应分类编号归档保存。监理工程师应督促承包人在合同规定的时间内，向业主提交完整、准确、清晰的竣工图纸、资料和各类档案。档案一般分行政档案、计量（支付）档案和技术档案。

下面以某高速公路某监理组为例，列举部分监理报告和记录，供参考。

实例1 监理月报。

工程监理报告（月报）

一、工程进度情况

我组所监理的7个土建合同段均完成底基层的交验，除P合同段鸳鸯山挖方地段的挡防工程尚余少量未完工程,Q合同龙佛寺桥的桥面防撞栏杆和中央分隔带缘石尚余部分混凝土未浇筑,所有合同段的土路肩加固、边坡修整、中央分隔带、防水已施工大半,多数合同段已转到现场清理、桥梁和涵洞修饰及剩余工程的扫尾和缺陷工程的整治等工作上。R1合同的基层已全部铺筑完成,拌和场已撤场。S1合同的沥青混凝土铺筑保持月进度6 000 m的速度,进展顺利。交通安全设施的波形梁护栏随着沥青路面的摊铺而延伸。标志混凝土基础除新都立交桥两个特殊的基础外,已全部完成,仅隔离栅工程受地方干扰,进度受到影响。9月份我组监理的合同段共计完成挡防工程2 420 m³、土路肩加固砌筑8 466 m、路基交验153 m、底基层交验483 m、浇筑桥面铺装混凝土34孔、防撞护栏723 m、基层铺筑单幅2 996 m、基层交验单幅长8 729 m、铺筑9 cm粗粒式沥青混凝土路面半幅长11 399 m、6 cm厚中粒式沥青混凝土路面半幅长12 916 m。

　　截至本月25日桥梁工程的基础和下部构造全部完成。梁板安装场全部结束,累计浇筑桥面铺装混凝土196孔、防撞护栏5 240 m、累计完成挖方246 544 m³、利用填方175 575 m³、借土填方1 163 468 m³、排水工程18 394 m³、挡防工程22 643 m³;累计交验路基11 500 m、青白江分离式桥引道路基交验376 m、底基层交验11 500 m、青白江桥引道二灰基层交验376 m、土路肩加固19 983 m、基层铺筑半幅23 096 m、基层交验单幅21 166 m、铺筑9 cm厚粗粒式沥青混凝土路面单幅16 153 m及6 cm厚中拉式沥青混凝土路面单幅18 355 m、浇筑匝道水泥混凝土路面140 m、青白江桥引道铺筑3 cm厚沥青混凝土376 m。

　　龙佛寺桥的防撞栏杆和中央分隔带缘石,由于共同交点和放样失误,造成桥台位置偏右4.4 cm,采用调整两岸引道缘石的办法接顺。

　　田比河桥桥面铺装混凝土高程超高,拟提高沥青混凝土高程5 cm,并在两岸引道50 cm范围内接顺。

　　9月15日延时到9月16日凌晨最后一段二灰基层K2+145至K2+770段长625米右半幅进行摊铺,原准备连续作业一次铺完,由于下雨,只好停止施工,尚余半幅300 m未铺,已铺二灰有50 m被雨淋,必须返工处理。

　　新都立交桥桥面很窄,采用两台摊铺机共同作业。因巴巴·格林摊铺机的熨平板不平整造成沥青混凝土桥面平整度较差,承包人决定采用2~3 cm细粒式沥青混凝土加铺一层,9月5日至9月7日完成加工。

　　二、支付情况

　　白鹤林玉唐家寺段合同总价22 763.4万元,其中:原土建合同总价为16 298.34万元,路面及交通安全设施为6 465.08万元。100~900章金额为19 360.04万元,其中原土建合同为13 436.33万元,路面及交通安全设施为5 923.71万元。截至9月25日,原土建合同累计变更增加701.11万元,变更后100~900章金额为14 137.42万元。本月支付2 216.74万元,其中原土建合同支付197.12万元,占100~900章的1.32%,变更后100~900章的1.39%;路面及交通安全设施支付2 019.62万元,占100~900章的34.09%;累计支付1 594 862万元,其中原土建合同支付13 428.82万元,占100~900章的89.80%,占变更后100~900章的94.99%;路面及交通安全设施支付2 519.80万元,占100~900章的42.54%。

　　各合同段支付情况及各合同段累计完成情况,详见表2-1。材料试验及抽样送检情况,详见表2-2和表2-3。

表 2-1 各合同段支付情况表

合同号	合同总金额/万元	含材料价差金额/万元	合同100~900章金额/万元	变更后100~900章金额/万元	本月支付情况					累计支付情况				
					本月支付金额/万元	含材料价差/(%)	合同100~900章/(%)	变更后100~900章/(%)		累计支付金额/万元	含材料价差/(%)	合同100~900章/(%)	变更后100~900章/(%)	
M	3 147.95	3 149.39	2 685.58	2 798.17						2 818.58	89.5	104.95	101.43	
N1	2 111.48	1 930.13	1 813.5	1 843.9						1 655.12	85.75	91.27	87.91	
N2	1 603.46	1 465.9	1 375.56	1 549.46						1 514.96	103.35	110.13	97.77	
O1	3 429.98	315.76	2 742.21	2795.62						2 692.66	85.32	98.19	96.84	
O2	1 095.17	999.39	957.77	994.77	49.34	4.94	5.15	4.96		933.9	93.45	97.51	93.88	
P	2 832.55	2 586.82	2 457.33	2 653.34	147.78	5.71	6.01	4.88		2 436.04	94.17	99.13	80.43	
Q	1 807.74	1 667.3	1 404.38	1 502.16	197.12	1.32	1.46	1.39		1 377.56	82.62	98.09	91.83	
小计	16 298.34	14 954.69	13 436.33	14 137.42						13 428.82	89.8	99.94	94.99	
R1	1 209.71	1 099.74	1 099.74		361.41	32.86	32.86	32.86		861.59	78.34	78.35	78.34	
S1	3 842.16	3 492.87	3 492.87		1 572.48	45.02	45.02	45.02		1 572.48	45.02	45.02	45.02	
T1	842.09	801.99	801.99											
U1	229.07	218.16	218.16											
V1	342.05	310.95	310.95		85.73	27.57	27.57	27.57		85.73	27.57	27.57	27.57	
小计	6 465.08	5 923.71	5 923.7		2 019.62	31.09	34.09	34.09		2 519.8	42.54	42.54	42.54	
合计	22 763.42	20 878.4	19 360.04	14 137.42	2 216.74	10.62	11.45	15.08		15 948.62	76.39	82.38	112.81	

表 2-2 材料试验及抽样送检表一

序号	项目	单位	合同段 M 自检	M 抽检	N1 自检	N1 抽检	N2 自检	N2 抽检	O1 自检	O1 抽检	O2 自检	O2 抽检	P 自检	P 抽检	Q 自检	Q 抽检	合计 自检	合计 抽检
1	压实度取样	处											61	24		3	61	27
2	混凝土强度取样	组					2	2	2	2			10	12	46	70	60	84
3	砂浆强度取样	组	3	6	20	5	3	2	12	12			9	11	9	9	58	51
4	混凝土抗渗试验	组									12	6				9		9
5	回弹弯沉试验	点											6		21		175	522
6	镀锌层厚度检测	组	20	20	19	19	16	19		19							101	98

不合格及处理意见：N1、N2、O1、Q 合同段田比河等桥上防护栏镀锌钢管镀锌厚度不合格，其中 Q 合同段田比河桥已联系处理合格，请其余承包人予以返工处理

表 2-3 材料试验及抽样送检表二

序号	项目	单位	R1 自检	R1 抽检	S1 自检	S1 抽检	T1 自检	T1 抽检	U1 自检	U1 抽检	V1 自检	V1 抽检	合计 自检	合计 抽检
1	压实度取样	处	105	52									105	52
2	7 d 侧限抗压强度试验	组	9	12									9	12
3	回弹弯沉试验	点		1 800										1 800
4	灰、粉煤灰化学分析试验	组		1										1
5	灰剂量测量试验	组	10	2									10	2
6	集料筛分试验	组	7	1	5									30
7	沥青指数试验	组			30									46
8	马歇尔试验	组			46									46
9	抽提试验	组			46									46
10	钻心取样	组			106								106	106
11	混凝土抗压强度试验	组										2		2
12	镀锌层厚度检测	组						98						98

不合格及处理意见：

实例 2　监理记录,含旁站记录、监理日志等。

(1) 旁站记录见表 2-4。

表 2-4　旁站记录
_____工程项目旁站记录

施工单位		合同号	
旁站监理	小杨	日期	6 月 3 日
到场时间	上午 10:00	离场时间	上午 11:30
质检人员		部位或桩号	K4+600 右岸桥台
天气	晴		
旁站工序或主要工作内容	K4+600 右岸桥台 基础混凝土浇筑		
施工过程简述	用清水冲洗砂,基础设计采用混凝土等级为 C25,搅拌站墙上挂有配合比示意图表。施工单位采用体积配合比控制		
监理工作简述	监理检查一次,发现一盘料少 10 kg 水泥		
主要数据记录			
发现问题及处理结果	口头向现场施工负责人指出并纠正,同时,对前面施工的混凝土抽检		

(2) 监理日志见表 2-5。

表 2-5　监理日志
_____工程项目监理日志

监理机构		所辖合同号	
记录人		日期	6 月 3 日
审核人		日期	6 月 10 日
天气	晴		
各合同段主要施工项目简述	二灰稳定沙砾基层。 采用红岩自卸货车、推土机、装载机、平地机、轮胎压路机、钢齿压路机联合作业。30 cm 分两层铺筑、下层压实度抽检合格、即可铺筑上层。 完成 K4+400～K4+170 右幅上下层铺筑、完成 K4+170～K4+531 右幅下层铺筑		
监理机构主要工作简述(审批、验收、旁站、指令、会议等)	下午监理抽检 N2 所在地段(K13+985～K14+300)压实度(共 4 处、监理组现场监理小陈、小杨在场)。承包人下午自检此段二灰稳定沙砾基层的顶面高程和横坡、监理组派人参加		
就有关问题与建设单位、承包人等进行澄清或处理的情况简述	K3+100～K4+170 右靠板深处原铺底基层没有洒水润湿,后立即通知承包人调洒水车到工地,从 K4+170 开始洒水至 K4+531		

1. 什么是组织协调？
2. 组织协调的内容包括哪些？
3. 组织协调的方法有哪些？
4. 简述工地会议的目的、作用。
5. 简述第一次工地会议的组织、内容。
6. 简述工地例会的组织、内容。
7. 简述专题工地会议的组织、内容。
8. 什么是工程监理月报？
9. 常用施工监理用表、支付用表、工程质量检验表有哪些？

项目 3 公路工程施工质量监理

学习目标

1. 知识目标

(1) 熟悉工程质量监理的依据、任务、程序、方法。
(2) 熟悉路基工程质量控制要点。
(3) 熟悉路面工程质量控制要点。
(4) 熟悉桥涵工程质量控制要点。
(5) 掌握工程质量缺陷及质量事故的处理原则及程序。

2. 能力目标

(1) 能根据工程现场情况有选择合适的采取工程质量监理方法。
(2) 能进行路基、路面、桥涵的工程质量监理。
(3) 能在实际工作中把握工程质量缺陷及事故的处理原则。
(4) 能在实际工程中按工程质量缺陷及事故的处理程序进行工作。

任务 1 工程质量管理概述

为了加强公路工程质量管理,控制工期和工程费用,提高投资效益及工程管理水平,使施工监理工作法制化、标准化、规范化、程序化,根据《公路建设市场管理办法》,公路工程实行政府监督、法人管理、社会监理、企业自检的质量保证体系。监理单位应通过招标、聘请、委托等方式确定。业主应在工程施工招标之前确定监理单位并签订监理服务合同。

监理单位和监理人员应认真贯彻执行有关施工监理的各项方针政策、法规,制订详细的监理计划和监理细则,明确岗位职责,严格检查制度,努力做好施工监理工作。

一、工程质量监理的依据

监理机构应依据以下法律、法规、文件展开工作。
(1) 国家和地方法律、法规。
(2) 国家和行业、地方有关标准、规范、规程。
(3) 监理合同。
(4) 施工合同。
(5) 工程前期有关文件。
(6) 工程设计文件和图纸。
(7) 工程实施过程中的有关函件。

二、工程质量监理的任务

施工阶段建设工程质量监理的主要任务是通过对施工投入、施工及安装过程和产出品进行全过程控制,以及对参加施工的单位和人员的资源、材料和设备、施工机械和机具、施工方案和方法、施工环境实施全面控制,以期按标准达到预定的施工质量目标。

为了完成施工阶段质量监理任务,监理工程师应当做好以下工作:①协助业主做好施工现场准备工作,为施工单位提交质量合格的施工现场;②确认施工单位资质;③审查确认施工分包单位;④做好材料和设备检查工作,确认其质量;⑤检查施工机械和机具,保证施工质量;⑥审查施工组织设计;⑦检查并协助搞好各项生产环境、劳动环境、管理环境条件;⑧进行施工工艺过程质量控制工作;⑨检查工序质量,严格工序交接检查制度;⑩做好各项隐蔽工程的检查工作;⑪做好工程变更方案的比选,保证工程质量;⑫进行质量监督,行使质量监督权;⑬认真做好质量签证工作;⑭行使质量否决权,协助做好付款控制;⑮组织质量协调会;⑯做好中间质量验收工作;⑰做好竣工验收工作;⑱审核竣工图等。

三、工程质量管理的程序

为保证监理工程师能有效地控制质量,使质量监理工作标准化、程序化,必须制定一套质量监理程序来指导工程的施工和监理,以规范承包人的施工活动和监理工程师为监督、检查和管理而确定的工作步骤。它以框图的形式表示出来,实际上是一个指导工程质量监理工作的流程图。一经确定,承包人和监理人员都必须严格执行。

质量监理流程图的通用形式如图3-1所示。

四、工程质量监理的方法

公路工程质量监理是对公路工程施工中各个环节、各道工序进行严格、系统、全面地监督和管理,以保证达到质量监理的目标。一般可以采用以下监理手段来开展质量监理工作:检查核实、试验、测量、旁站、巡视和指令文件。

1. 检查核实

监理工程师在施工的全过程中,需要经常对承包人所报送的各类报表和质量数据进行检查核算(内业)或进行现场核实(外业),此即检查核实。例如,监理工程师审批承包人提交的开工报告时,对承包人为开工准备的施工人员组织、施工机械配备、材料质量和配合比试验及施工放样等进行检查和核实。

2. 试验

试验包括室内试验和现场试验两大类,是监理工程师确认各种材料及施工部位质量的主要依据,是监理工程师坚持一切用数据说话的基础。

公路工程施工质量的判断,必须经过取样试验才能得出结论,因此试验是监理工程师控制工程质量的一个重要手段。

3. 测量

在整个施工监理过程中,监理工程师离不开测量。测量是监理工程师在质量监理过程中,对施工各部位的平面位置、高程、几何尺寸等进行检查和控制的重要手段,主要包括施工放样、现场复核、施工过程中的测量跟踪、工程验收检测等各项工作。

4. 旁站

旁站即盯现场,就是监理工程师在承包人施工期间,用全部或部分时间在施工现场监督,对承包人的各项活动进行跟踪监理,这种方法在公路工程质量监理中十分重要。实际工作中,监理工程师对施工条件比较复杂、工程质量难于保证的关键工序及工程关键部位,一般进行全过程的旁站监督,如钻孔灌注桩施工中的混凝土灌注工序等;而对施工质量相对稳定且由多道施工工序组成的施工项目,可进行部分时间旁站监督,只对影响施工质量的关键工序进行旁站、抽

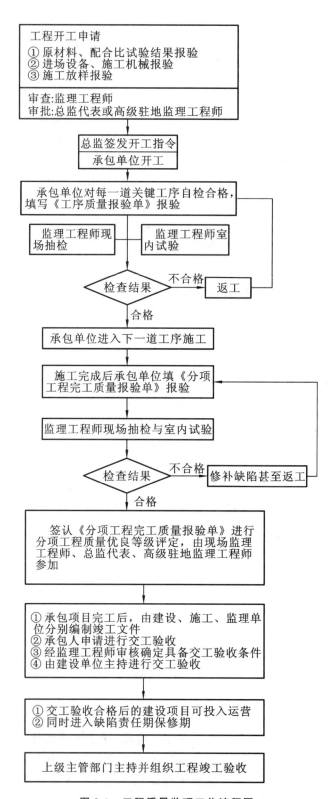

图 3-1 工程质量监理工作流程图

检,如水泥混凝土面层的摊铺等。

5. 巡视

巡视是指监理工程师在公路工程的施工中,为了解工程施工质量的全貌,利用相对较短的时间,对工程的整体(包括工程的较次要部位、较次要工序等)进行巡查、检视。这也是监理工程师进行质量监理的基本方法之一。

6. 指令文件

指令文件一方面指施工监理过程中,监理工程师以书面文件的形式提醒承包人注意施工中存在的质量隐患或质量问题;另一方面指监理工程师为保证工程质量,向承包人发布的工程变更、补充技术标准、施工技术要求、工地会议纪要等,这些文件都直接关系到工程质量,是进行工程质量监理必不可少的手段。

任务 2 路基工程施工质量控制

一、路基施工的一般规定

路基施工应做好施工期临时排水总体规划和建设,临时排水设施应与永久性排水设施综合考虑,并与工程影响范围内的自然排水系统相协调。

其中,路基填料应符合下列规定。

(1)含草皮、生活垃圾、树根、腐殖质的土严禁作为路基填料,见图 3-2。

(2)泥炭、淤泥、冻土、强膨胀土、有机质土及易溶盐超过允许含量的土,不得直接用于填筑路基;确需使用时,必须采取技术措施进行处理,经检验满足设计要求后方可使用。

(3)液限大于 50%、塑性指数大于 26、含水率不适宜直接压实的细粒土,不得直接作为路堤填料;确需使用时,必须采取技术措施进行处理,经检验满足设计要求后方可使用。

图 3-2 草皮、树根

(4)粉质土不宜直接填筑于路床,不得直接填筑于浸水部分的路堤及冰冻地区的路床。

(5)填料强度和粒径,应符合表 3-1 的规定。

表 3-1　路基填料最小强度和最大粒径要求

填料使用部位		填料强度(CBR)/(%)			填料最大粒径 /mm
（路床顶面以下深度）/m		高速公路、一级公路	二级公路	三、四级公路	
路堤	上路床(0～0.3)	8	6	5	100
	下路床(0.30～0.80)	5	4	3	100
	上路堤(0.80～1.50)	4	3	3	150
	下路堤(大于1.50)	3	2	2	150
零填及挖方路基	0～0.30	8	6	5	100
	0.30～0.80	5	4	3	100

注：(1) 表列强度按现行《公路土工试验规程》(JTG E40—2007)规定的浸水 96 h 的 CBR 试验方法测定。
(2) 三、四级公路铺筑沥青混凝土和水泥混凝土路面时，应采用二级公路的规定。
(3) 表中上、下路堤填料最大粒径 150 mm 的规定，不适用于填石路堤和土石路堤。

二、挖方路基施工与质量控制

1. 土方工程

（1）开挖施工应符合下列规定。

① 可作为路基填料的土方，应分类开挖分类使用。非适用材料应按设计及规范要求或作为弃方按规定进行处理。

② 土方开挖应自上而下进行，不得乱挖超挖，严禁掏底开挖。

③ 开挖过程中，应采取措施保证边坡稳定。开挖至边坡线前，应预留一定宽度，预留的宽度应保证刷坡过程中设计边坡线外的土层不受到扰动。

④ 路基开挖中，基于实际情况，如需修改设计边坡坡度、截水沟和边沟的位置和尺寸等时，应及时按规定报批。边坡上稳定的孤石可保留。

⑤ 开挖至零填、路堑路床部分后，应尽快进行路床施工；如不能及时进行，宜在设计路床顶面高程以上预留至少 300 mm 厚的保护层。

⑥ 应采取临时排水措施，确保施工作业面不积水。

⑦ 挖方路基路床顶面终止高程，应考虑因压实而产生的下沉量，其值可通过试验确定。

（2）边沟与截水沟应从下游向上游开挖。截水沟通过地面坑凹处时，应将坑凹处填平夯实。边沟及截水沟开挖后，应及时进行防渗处理，不得渗漏、积水和冲刷边坡及路基，见图 3-3。

（3）挖方路基施工遇到地下水时，应按下列规定处理。

图 3-3　合理安排边沟坡度及急流槽位置

① 应采取排导措施,将水引入路基排水系统,不得随意堵塞泉眼。

② 路床土含水率高或为含水层时,应采取设置渗沟、换填、改良土质、土工织物等处理措施,路床填料应符合规定,还应具有良好的透水性能。

(4) 土质路基开挖应根据地面坡度、开挖断面、纵向长度及出土方向等因素,结合土方调配,选用安全、经济的开挖方案。

2. 石方工程

(1) 石方开挖应根据岩石的类别、风化程度、岩层产状、岩体断裂构造、施工环境等因素确定开挖方案。

(2) 深挖路基施工,应逐级开挖,逐级按设计要求进行防护。

(3) 爆破作业必须符合《爆破安全规程》(GB 6722—2014)的规定。爆破施工组织设计应按相关规定报批。

(4) 石方开挖严禁采用洞室爆破,近边坡部分应采用光面爆破或预裂爆破。

(5) 爆破法开挖石方,应先查明空中电缆线、地下管线的位置,开挖边界线外可能受爆破影响的建筑物结构类型、居民居住情况等,然后制订详细的爆破技术安全方案。

(6) 爆破开挖石方,宜按以下程序进行:①爆破影响调查与评估;②爆破施工组织设计、培训考核;③技术交底;④主管部门批准;⑤清理爆破区施工现场的危石等;⑥炮眼钻孔作业;⑦爆破器材检查测试;⑧炮孔检查合格;⑨装炸药及安装引爆器材;⑩布设安全警戒岗;⑪堵塞炮孔;⑫撤离施爆警戒区和飞石、震动影响区的人、畜等;⑬爆破作业信号发布及作业;⑭清除盲炮;⑮解除留戒;⑯测定、检查爆破效果(包括飞石、地震波及对施爆区内构造物的损伤损失等)。

(7) 边坡整修及检验,具体要求如下。

① 挖方边坡应从开挖面往下分段整修,每下挖2~3米,宜对新开挖边坡刷坡,同时清除危石及松动石块。

② 石质边坡不宜超挖。

③ 石质边坡要求边坡上无松石、危石。

(8) 路床清理及验收,具体要求如下。

① 欠挖部分必须凿除。超挖部分应采用无机结合料稳定碎石或级配碎石填平碾压密实,严禁用细粒土找平。

② 石质路床底面有地下水时,可设置渗沟进行排导,渗沟宽度不宜小于100 mm,横坡不宜小于0.6%。渗沟应用坚硬碎石回填。

③ 石质路床的边沟应与路床同步施工。

3. 深挖路基

(1) 施工前应理解设计的边坡方案,并编制详细的施工方案,获批准后实施。

(2) 施工过程中,应根据开挖情况随时进行地质核查,并对边坡稳定性进行监测。如果实际情况与设计不符,应会同设计单位等进行处理。

(3) 应根据地形特征设置边坡控制点。

4．弃方

（1）施工前,应对设计提供的弃方方案进行现场核对,若有疑问,应及时处理。

（2）弃土不得占用耕地。

（3）沿河弃土不得影响排洪、通航,不得加剧河岸冲刷。不得向水库、湖泊、岩溶漏斗及暗河口处弃土。禁止在贴近桥墩台、涵洞口处弃土。

（4）沿线弃土堆设置应符合设计要求,设计无要求时应符合下列规定。

① 弃土应相对集中堆放,并与周边环境相协调,严禁随意处理。

② 弃土堆的几何尺寸、压实程度、位置,应保证路基边坡和弃土堆自身的稳定。弃土堆的边坡坡度不陡于1∶1.5,顶面向外设不小于2%的横坡,其内侧高度不宜大于3 m。

③ 在地面横坡陡于1∶5的路段,不得在高于路堑边坡顶的山坡上方设弃土堆。

④ 在山坡上侧的弃土堆,应连续而不间断,并在弃土堆上侧设置截水沟。山坡下侧的弃土堆,应每隔50～100 m设宽度不小于1 m的缺口排水,排水主流方向不得对地面结构物及农田等造成不利影响,必要时可设人工沟渠导引排水。弃土堆坡脚应进行防护和加固。

（5）弃土应按设计要求进行压实。

（6）应按设计要求及时完成弃土场的防护、排水工程。

三、路堤填筑施工质量监理

1．施工取土

（1）路基填方取土,应根据设计要求,结合路基排水和当地土地规划、环境保护要求进行,不得任意挖取。

（2）施工取土应不占或少占良田,尽量利用荒坡、荒地,取土深度应结合地下水等因素考虑,利于复耕。原地面耕植土应先集中存放,以利再用。

（3）自行选定取土方案时,应符合下列技术要求。

① 地面横向坡度陡于1∶10时,取土坑应设在路堤上侧。

② 桥头两侧不宜设置取土坑。

③ 取土坑与路基之间的距离,应满足路基边坡稳定的要求。取土坑与路基坡脚之间的护坡道应平整密实,表面设1%～2%向外倾斜的横坡。

④ 取土坑兼作排水沟时,其底面宜高出附近水域的常水位或与永久排水系统及桥涵出水口的高程相适应,纵坡不宜小于0.2%,平坦地段不宜小于0.1%。

⑤ 线外取土坑等与排水沟、鱼塘、水库等蓄水（排洪）设施连接时,应采取防冲刷、防污染的措施。

（4）对取土造成的裸露面,应采取整治或防护措施。

2．土质路堤

（1）土质路堤地基表层处理应符合下列规定。

① 二级及二级以上公路路堤基底的压实度应不小于90%。路基填土高度小于路面和路床总厚度时,基底应按设计要求处理。

② 原地面坑、洞、穴等,应在消除沉积物后,用合格填料分层回填并分层压实,压实度应符合规范的规定和要求。

③ 泉眼或露头地下水,应按设计要求,采取有效的导排措施后方可填筑路堤。

④ 地基为耕地、松散土、水稻田、河塘(见图3-4)、软土、高液限土等时,应按设计要求进行处理,局部软弹的部分也应采取有效的处理措施。

⑤ 地下水位较高时,应按设计要求进行处理。

⑥ 陡坡地段、土石混合地基、填挖界面、高填方地基等,都应按设计要求进行处理。

图3-4 河塘压实度检测

(2) 路堤填筑应符合下列规定。

① 性质不同的填料,应水平分层,分段填筑,分层压实。同一水平层路基的全宽应采用同一种填料,不得混合填筑。每种填料的填筑层压实后的连续厚度不宜小于500 mm。填筑路床顶最后一层时,压实后的厚度应不小于100 mm。

② 潮湿或冻融敏感性小的填料应填筑在路基上层。强度较小的填料应填筑在下层。在有地下水的路段或临水路基范围内,宜填筑透水性好的填料。

③ 在透水性不好的压实层上填筑透水性较好的填料前,应在其表面设2%~4%的双向横坡,并采取相应的防水措施。不得在由透水性较好的填料所填筑的路堤边坡上覆盖透水性不好的填料。

④ 每种填料的松铺厚度应通过试验确定。

⑤ 每一填筑层压实后的宽度不得小于设计宽度。

图3-5 台阶

⑥ 路堤填筑时,应从最低处起分层填筑,逐层压实。当原地面纵坡大于12%或横坡陡于1∶5时,应按设计要求挖台阶,或设置坡度向内并大于4%、宽度大于2 m的台阶。

⑦ 填方分几个作业段施工时,接头部位如不能交替填筑,则先填路段应按1∶1坡度分层留台阶(见图3-5);如能交替填筑,则应分层相互交替搭接,搭接长度不小于2 m。

(3) 选择施工机械,应考虑工程特点、土石种类及数量、地形、填挖高度、运距、气候条件、工期等因素,经济合理地确定。填方压实应配备专用的碾压机具。

(4) 土质路基压实度应符合表3-2的规定。

表 3-2 土质路基压实度标准

填挖类型		路床顶面以下深度/m	压实度/(%)		
			高速公路、一级公路	二级公路	三、四级公路
路堤	上路床	0~0.3	≥96	≥95	≥94
	下路床	0.3~0.8	≥96	≥95	≥94
	上路堤	0.85~1.50	≥94	≥94	≥93
	下路堤	>1.50	≥93	≥92	≥90
零填及挖方路基		0~0.3	≥96	≥95	≥94
		0.3~0.8	≥96	≥95	—

注：① 表列强度按现行《公路土工试验规程》(JTG E40—2007)重型击实试验法为准。
② 三、四级公路铺筑沥青混凝土和水泥混凝土路面时，其压实度应采用二级公路的规定值。
③ 路堤采用特殊填料或处于特殊气候地区时，压实度标准应根据试验路在保证路基强度要求的前提下可适当降低。
④ 特别干旱地区的压实度标准可降低2%~3%。

图 3-6 灌砂法测压实度

(5) 压实度检测应符合以下规定。

① 用灌砂法(见图 3-6)、灌水(水袋)法检测压实度时，取土样的底面位置为每一压实层底部。用环刀法试验时，环刀中部处于压实层厚的 1/2 深度。用核子仪试验时，应根据其类型，按说明书要求办理。

② 施工过程中，每一压实层均应检验压实度，检测频率为每 1 000 m² 至少检验 2 点，不足 1 000 m² 时检验 2 点，必要时可根据需要增加检验点。

(6) 路堤填筑至设计高程并整修完成后，其施工质量应符合表 3-3 的规定。

表 3-3 土质路堤施工质量标准

项次	检查项目	规定值或允许偏差			检验方法和频率
		高速公路、一级公路	二级公路	三、四级公路	
1	压实度	符合规定	符合规定	符合规定	施工记录
2	弯沉	不大于设计值	不大于设计值	不大于设计值	
3	纵断高程/mm	+10，-15	+10，-20	+10，-20	每 200 m 测 4 个断面
4	中线偏位/mm	50	100	100	每 200 m 测 4 点，弯道加测 HY、YH 两点
5	宽度	不小于设计值	不小于设计值	不小于设计值	每 200 m 测 4 处
6	平整度/mm	15	20	20	3 m 直尺；每 200 m 测 2 处×10 尺
7	横坡/(%)	±0.3	±0.5	±0.5	每 200 m 测 4 个断面
8	边坡坡度	不陡于设计坡度	不陡于设计坡度	不陡于设计坡度	每 200 m 抽查 4 处

3. 填石路堤

(1) 填石路堤的填料应符合以下规定。

① 膨胀岩石、易溶性岩石不宜直接用于路堤填筑,强风化石料、崩解性岩石和盐化岩石不得直接用于路堤填筑。

② 路堤填料粒径应不大于 500 mm,并不宜超过层厚的 2/3,不均匀系数宜为 15~20。路床底面以下 400 mm 范围内,填料粒径应小 150 mm。

③ 路床填料粒径应小于 100 mm。

(2) 填石路堤的基底处理应符合以下要求。

① 承载能力应满足设计要求。

② 在非岩石地基上,填筑填石路提前,应按设计要求设置过渡层。

(3) 填石路堤填筑时应符合以下规定。

① 路堤施工前,应先修筑试验路段,确定满足规定空隙率标准的松铺厚度、压实机械型号及组合、压实速度及压实遍数、沉降差等参数。

② 路床施工前,应先修筑试验路段,确定能达到最大压实干密度的松铺厚度、压实机械型号及组合、压实速度及压实遍数、沉降差等参数。

③ 二级及二级以上公路的填石路堤应分层填筑压实。二级以下砂石路面公路在陡峻山坡地段施工特别困难时,可采用倾填的方式将石料填筑于路堤下部,但在路床底面以下不小于 1.0 m 范围内仍应分层填筑压实。

④ 岩性相差较大的填料应分层或分段填筑。严禁将软质石料与硬质石料混合使用。

⑤ 中硬、硬质石料填筑路堤时,应进行边坡码砌。码砌边坡的石料强度、尺寸及码砌厚度应符合设计要求。边坡码砌与路基填筑宜基本同步进行。

⑥ 压实机械宜选用自重不小于 18t 的振动压路机。

⑦ 在填石路堤顶面与细粒土层之间应按设计要求设置过渡层。

(4) 填石路堤施工质量应符合以下规定。

① 上、下路堤的压实质量标准如表 3-4 所示。

表 3-4 填石路堤上、下路堤压实质量标准

分区	路床顶面以下深度/m	硬质石料空隙率/(%)	中硬石料空隙率/(%)	软质石料空隙率/(%)
上路堤	0.8~1.50	≤23	≤22	≤20
下路堤	>1.50	≤25	≤24	≤22

② 填石路堤施工过程中的每一压实层,可用试验路段确定的工艺流程和工艺参数,控制压实过程,用试验路段确定的沉降差指标检测压实质量。

③ 填石路堤填筑至设计高程并整修完成后,其施工质量应符合表 3-5 的要求。

表 3-5 填石路堤施工质量标准

项次	检查项目		规定值或允许偏差		检查方法和频率
			高速公路和一级公路	其他等级公路	
1	压实度		符合试验路确定的施工工艺		施工记录
			沉降差≤试验路确定的沉降差		水准仪:每 40 m 检测 1 个断面,每个断面检测 5～9 点
2	纵面高程/mm		+10,-20	+10,-30	水准仪:每 200 m 测 4 个断面
3	弯沉		不大于设计值		
4	中线偏位/mm		50	100	经纬仪:每 200 m 测 4 点,弯道加 HY、YH 两点
5	宽度		不小于设计值		米尺:每 200 m 测 4 处
6	平整度/mm		20	30	3 m 直尺:每 200 m 测 4 点×10 尺
7	坡度/(%)		±0.3	±0.5	水准仪:每 200 m 测 4 个断面
8	边坡	坡度	不陡于设计值		每 200 m 抽查 4 处
		平顺度	符合设计要求		

④ 填石路堤成型后的外观质量标准如下:①路堤表面无明显的孔洞;②大粒径石料不松动,铁锹挖动困难;③边坡码砌紧密、密实,无明显孔洞、松动,砌块间承接面应向内倾斜,坡面平顺。

4. 土石路堤

(1) 土石路堤填料应符合以下规定。

① 膨胀岩石、易溶性岩石等不宜直接用于路堤填筑,崩解性岩石和盐化岩石等不得直接用于路堤填筑。

② 天然土石混合填料中,中硬、硬质石料的最大粒径不得大于压实层厚的 2/3;石料为强风化石料或软质石料时,其 CBR 值应符合规范的规定,石料最大粒径不得大于压实层厚。

(2) 基地处理应满足规范要求。在陡、斜坡地段,土石路堤靠山一侧,应按设计要求做好排水和防渗处理。

(3) 土石路堤填筑时应符合以下规定。

图 3-7 土石路堤分层碾压

① 压实机械宜选用自重不小于 18 t 的振动压路机。

② 施工前,应根据土石混合材料的类型分别进行试验路段施工,确定能达到最大压实干密度的松铺厚度、压实机械型号及组合、压实速度及压实遍数、沉降差等参数。

③ 土石路堤不得倾填,应分层填筑压实,如图 3-7 所示。

④ 碾压前应使大粒径石料均匀分散在填料

中,石料间孔隙应填充小粒径石料、土和石渣。

⑤ 压实后透水性差异大的土石混合材料,应分层或分段填筑,不宜纵向分幅填筑。如确需纵向分幅填筑,应将压实后渗水良好的土石混合材料填筑于路堤两侧。

⑥ 土石混合材料来自不同料场,其岩性或土石比例相差较大时,宜分层或分段填筑。

⑦ 填料由土石混合材料变化为其他填料时,土石混合材料最后一层的压实厚度应小于300 mm,该层填料最大粒径宜小于150 mm,压实后,该层表面应无孔洞。

⑧ 中硬、硬质石料的土石路堤,应进行边坡码砌。码砌边坡的石料强度、尺寸及码砌厚度应符合设计要求。边坡码砌与路堤填筑宜基本同步进行。软质石料土石路堤的边坡按土质路堤边坡处理。

(4) 中硬、硬质石料土石路堤质量应符合以下规定。

① 施工过程中的每一压实层,可用试验路段确定的工艺流程和工艺参数,控制压实过程;以及用试验路段确定的沉降差指标,检测压实质量。

② 路基成型后的质量应符合规范的规定。

(5) 软质石料填筑的土石路堤,应符合相关规范的要求。

(6) 土石路堤的外观质量标准为:① 路基表面无明显孔洞;② 大粒径填石无松动,铁锹挖动困难;③ 中硬、硬质石料土石路基边坡码砌紧贴、密实,无明显孔洞、松动,砌块间承接面应向内倾斜,坡面平顺。

5. 高填方路堤

(1) 高填方路堤填料宜优先采用强度高、水稳性好的材料,或采用轻质材料。受水淹、浸的部分,应采用水稳性和透水性均良好的材料。

(2) 高填方路堤的基底处理应符合下列规定。

① 基底承载能力应满足设计要求。特殊地段或承载能力不足的地基,应按设计要求进行处理。

② 覆盖层较浅的岩石地基,宜清除覆盖层。

(3) 高填方路堤填筑过程应符合下列规定。

① 施工中应按设计要求预留路堤高度与宽度,并进行动态监控。

② 施工过程中宜进行沉降观测,按照设计要求控制填筑速率。

③ 高填方路堤宜优先安排施工。

6. 桥涵构造物基坑及台背回填

(1) 填料宜采用透水性材料、轻质材料、无机结合料等,非透水性材料不得直接用于回填。

(2) 基坑回填必须在隐蔽工程验收合格后方可进行,基坑回填应分层填筑、分层压实(见图3-8),分层厚度应统一,宜为100～200 mm。二级及二级以上公路,采用小型夯实机具时(见图3-9和图3-10),基坑回填的分层压(夯)实厚度不宜大于150 mm,并应压(夯)实到设计要求的压实度。

图 3-8　圆管涵台背回填分层压实

图 3-9　圆管涵回填小型夯实机具

（3）台背与路堤间的回填施工应符合以下规定。

① 二级及二级以上公路应按设计做好过渡段，过渡段路堤压实度应不小于 96％，并应按设计要求做好纵向和横向防排水系统。

② 二级以下公路的路堤与回填的联结部，应按设计要求预留台阶，如图 3-11 所示。

图 3-10　箱涵回填小型夯实机具

图 3-11　回填台阶

③ 台背回填部分的路床宜与路堤路床同步填筑。

④ 桥台背和锥坡的回填施工宜同步进行，一次填足并保证压实整修后能达到设计宽度的要求。

（4）涵洞回填施工应符合以下规定。

① 洞身两侧，应对称分层回填压实，填料粒径宜小于 150 mm。

② 两侧及顶面填土时，应采取措施防止压实过程对涵洞产生不利后果。

7. 半填半挖路基、路堤与路堑过渡段

（1）基底处理应符合下列规定。

① 应从填方坡脚起向上设置内侧倾斜的台阶，每个行车道宽度不小于 2 米，在挖方一侧，台阶应与每个行车道宽度一致、位置重合。

② 石质山坡，应清除原地面松散风化层，按设计开凿台阶。

③ 孤石、石笋应清除。

④ 纵向填挖结合段,应合理设置台阶。
⑤ 有地下水或地面水汇流的路段,应采用合理措施导排水流。
（2）其施工应符合下列规定。
① 路基应从最低高程处的台阶开始分层填筑,分层压实。
② 填筑时,应严格处理横向、纵向、原地面等结合界面,以确保路基的整体性。
③ 路基填筑过程中,应及时清理设计边坡外的松土、弃土。
④ 高度小于 800 mm 的路堤、零填及挖方路床的加固换填宜选用水稳定性较好的材料。

8．粉煤灰路堤

（1）用于高速公路、一级公路路堤的粉煤灰,烧失量宜小于 20%;烧失量超过标准的粉煤灰应通过对比试验,分析论证后方可采用。

（2）粉煤灰的粒径,宜在 0.001～1.18 mm 之间,小于 0.075 mm 的颗粒含量宜大于 45%。粉煤灰中不得含团块、腐殖质及其他杂质。

（3）包边土和顶面封层的填料,宜采用塑性指数不小于 12 的黏性土。隔离层和土质护坡中的盲沟所用沙砾料、矿渣料等,最大粒径应小于 75 mm,4.75 mm 以下细料含量小于 50%,含泥量小于 5%。

（4）施工前应铺筑试验路段。

（5）储运粉煤灰应符合下列规定。
① 调节粉煤灰含水率宜在储灰场或灰池中进行。
② 粉煤灰运输、装卸、堆放,应采取有效措施防止扬尘、流失与污染环境。
③ 储灰场地,应排水畅通,地面应硬化。大的储存场宜设置雨水沉淀池。堆场应安装洒水设备,防止干灰飞扬。

（6）粉煤灰路堤填筑应符合下列规定。
① 温度在 0 ℃ 以上方可施工,并避开大风季节。
② 颗粒组成、最大干密度和最佳含水率有显著差别的灰源应分别堆放,分段填筑。
③ 按设计要求铺筑隔离层,隔离层界面的路拱横坡应与路堤同坡。
④ 粉煤灰路堤应采用水平分层填筑施工。当分成不同作业段填筑时,先填地段应分层预留台阶,每个压实层应相互重叠搭接,搭接长度宜大于 1.5 m,相邻作业段接头范围内的压实度应达到规定要求。
⑤ 土质包边土施工,应与粉煤灰填筑同步进行。土质护坡铺筑宽度应保证削坡后的净宽满足设计要求,同时应按设计要求做好土质护坡的排水盲沟,底层盲沟应具有一定的高程,以避免地表水倒灌。
⑥ 施工过程中,应及时洒水,防止干灰飞扬。
⑦ 粉煤灰摊铺后,必须及时碾压,做到当天摊铺,当天碾压完毕。
⑧ 粉煤灰路堤的压实,应遵循先轻后重、先低后高的原则。
⑨ 铺筑上层时,宜采取洒水湿润,控制卸料车行驶路线、速度、掉头、紧急制动等措施,防止压实层松散。

⑩ 若暂时不能及时铺筑上层粉煤灰,除特殊情况外,应禁止车辆通行,并洒水湿润,防止表面干燥松散。施工间隔较长时,应在路堤顶面覆盖适当厚度的封闭土层并压实,横坡宜稍大于路拱。当铺筑至粉煤灰路堤顶层时,宜及时按设计要求做封闭层。应按设计要求做好粉煤灰与混凝土结构、金属结构物等接触界面的防护。

(7) 粉煤灰路堤压实度应符合表3-6的规定。

表3-6 粉煤灰路堤压实度标准

填料应用部位(路床顶面以下深度) /m	压实度/(%)	
	二级及以上公路	其他等级公路
上路床	0~0.30	≥95	≥93
下路床	0.30~0.80	≥93	≥90
上路堤	0.80~1.50	≥92	≥87
下路堤	>1.50	≥90	≥87

注:① 表列压实度以现行《公路土工试验规程》(JTG E40—2007)重型击实试验法为准。
② 特别干旱或潮湿地区的压实度标准可降低1%~2%。
③ 包边土和顶面封层压实度应符合规范规定。

9. EPS路堤

(1) EPS块体在工地堆放时,应采取防火、防风、防雨水滞留、防有机溶剂及石油类油剂的侵蚀等保护措施,还应采取措施避免强阳光直接照射。

(2) 垫层厚度应均匀、密实,垫层宽度宜超过路基边缘0.5~1 m。

(3) EPS块体铺筑应符合下列规定。

① 非标准尺寸EPS块体宜在生产车间加工。现场加工时,宜用电热丝进行切割。

② 施工基面必须保持干燥。EPS块体应逐层错缝铺设。允许偏差范围之内的缝隙或高差,可用砂或无收缩水泥砂浆找平。

③ 严禁重型机械直接在EPS块体上行驶。

④ 与其他填料路堤或旧路基的接头处,EPS块体应呈台阶状铺设。

⑤ 最底层块体与垫层之间、同一层块体的侧面联结,以及不同层的块体之间的联结应牢固,联结件应进行防锈处理。

⑥ EPS块体顶面的钢筋混凝土薄板、土工膜或土工织物等,应覆盖全部EPS块体,并向土质护坡延伸0.5~1.0 m。

⑦ EPS路堤两边的土质护坡,坡面法向厚度应不小于0.25 m,分层碾压夯实,防渗土工膜宜分级回包。

(4) EPS路堤质量应符合表3-7的规定。

表 3-7　EPS 路堤质量标准

项次	检查项目		规定值或允许偏差	检查方法和频率
1	EPS 块体尺寸	长度	1/100	卷尺丈量,抽样频率<2 000 m³,抽检 2 块;2 000～5 000 m³,抽检 3 块;5 000～10 000 m³,抽检 4 块;≥10 000 m³,每 2 000 m³ 抽检 1 块
		宽度	1/100	
		厚度	1/100	
2	EPS 块体密度		≥设计值	天平,抽样频率同项次 1
3	基底压实度		≥设计值	环刀法或灌砂法,每 1 000 m² 检测 2 点
4	垫层平整度/mm		10	3 m 直尺,每 20 m 检查 3 点
5	EPS 块体之间平整度/mm		20	3 m 直尺,每 20 m 检查 3 点
6	EPS 块体之间缝隙、错台/mm		10	卷尺丈量,每 20 m 检查 1 点
7	EPS 块体路堤顶面横坡/(%)		±0.5	水准仪,每 20 m 检查 6 点
8	护坡宽度		≥设计值	卷尺丈量,每 40 m 检查 1 点
9	钢筋混凝土板厚度/mm		+10,-5	卷尺丈量,量板边,每块 2 点
10	钢筋混凝土板宽度/mm		20	卷尺丈量,每 100 m 检查 2 点
11	钢筋混凝土板强度		符合设计要求	抗压试验,每工作台班留 2 组试件
12	钢筋网间距/mm		±10	卷尺丈量

10. 路基拓宽改建施工

(1) 路堤拓宽施工应符合下列规定。

① 应按设计拆除老路路缘石、旧路肩、边坡防护、边沟及原有构造物的翼墙或护墙等。

② 施工前,应截断流向拓宽作业区的水源,开挖临时排水沟,保证施工期间排水畅通。

③ 拓宽部分路堤的地基处理应按设计和规范的有关条款进行。

④ 老路堤与新路堤交界的坡面,挖除清理的法向厚度不宜小于 0.3 m,然后从老路堤坡脚向上按设计要求挖设台阶;老路堤高度小于 2 m 时,在对老路堤进行坡面处理后,可直接填筑新路堤。严禁将边坡清挖物作为新路堤填料。

⑤ 拓宽部分的路堤采用非透水性填料时,应在地基表面按设计铺设垫层,垫层材料一般为沙砾或碎石,含泥量不大于 5%。

⑥ 拓宽路堤的填料宜选用与老路堤相同的填料,或选用水稳定性较好的沙砾、碎石等填料。

(2) 拓宽施工中的挖方路基按规范的相关要求执行。

(3) 拓宽施工中的半填半挖路基,按规范的相关要求执行。

(4) 边通车边拓宽时,应有交通管制和安全防护措施。

(5) 拓宽施工不得污染环境,不得破坏或污染原有水系。

11. 填方路基现场压实质量的评定

在压实过程中,施工单位的自检人员应经常检查压实度是否符合要求。检测频率为每

200 m每压实层测4处,必要时可增加检查点数,以防止压实不足处漏检。

压实度的评定以1~3 km长的路段压实层为检验评定单元,若检验不合格要及时补压,不致等待过久而使含水率变化过大。检验评定段的压实度K_1按式(3-1)计算,若$K_1 \geq$压实度的标准值K_0,且单点压实度K_1全部大于等于规定值减2个百分点时,评定路堤的压实度合格率100%;当$K_1 \geq$压实度的标准值K_0,且单点压实度全部大于等于规定极值时,按测定值不低于规定值减2个百分点的测点数计算合格率。$K_1 < K_0$或某一单点压实度K_1小于规定极值时,该评定路段压实度为不合格,相应分项工程评为不合格,其公式如下。

$$K_1 = K - t_a S / \sqrt{n} \geq K_0 \tag{3-1}$$

式中:K——检验评定段内各检验点压实度的算术平均值;

t_a——t分布表中随测点数和保证率(或置信率)而变的系数,通常保证率为95%;

S——检验值的标准差;

n——检验点数。

四、软土地区路基施工质量监理

1. 一般规定

软土地基处治的施工必须保证施工质量,科学地做好施工组织设计,加强工地技术管理,严格按照有关的操作规程实施,严格执行有关安全、劳保和环境保护等规定。

所有运至工地的软土地基处置材料必须分类堆放,妥善保管,按有关标准进行质量检验,不合格材料不得用于工程中。

软土处治施工前,应做好施工期间的排水措施。对常年地表积水、水塘地段,应按设计要求先做好抽水、排淤、回填工作。

施工中应遵守"按图施工"的原则和"边观察、边分析"的方法。如发现现场地质情况与设计提供资料不符,或原设计的处治方法因故不能实施需改变设计时,应及时报告监理并根据有关规定报请变更设计。

采用新技术、新机具、新工艺、新材料、新测试方法时,必须制定不低于规范水平的质量标准和工艺要求,并应征得监理工程师认可。

2. 质量监理程序框图

软土地基处理施工程序流程及监理工作项目内容如图3-12所示。

3. 软土地基处治施工方法及质量要求

1)砂垫层

砂垫层为设置于路堤填土与软土地基之间的透水性垫层,可起排水作用,可以保证填土荷载作用下地基中孔隙水的顺利排出,从而加快了地基的固结。

砂垫层材料宜采用洁净中、粗砂,含泥量不应大于5%,并应将其中的植物、杂质除净。也可以采用天然级配沙砾料,其最大粒径不应大于5 cm,砾石强度不低于四级(即洛杉矶磨耗率小

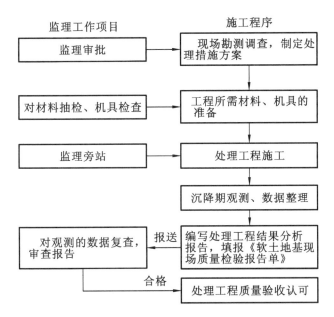

图 3-12 软土地基处理施工流程及监理工作项目内容框图

于 60%)。

摊铺后适当洒水,分层压实,压实厚度宜为 15~20 cm。如果采用砂砾石,应无粗细粒料分离现象。砂垫层宽度应宽出路基边脚 0.5~1.0 m,两侧端以片石护脚或采用其他方式防护,以免砂料流失。

2) 浅层处治

表层分布厚度小于 2~3 m 的软土时,可采用换填、抛石挤淤的方法进行处治。

软土、泥沼地区采用换填地基时,其填筑、压实的施工与监理应按照前述的规定执行。

抛石挤淤是强迫换土的一种形式,它不必抽水挖淤,施工简便。抛石挤淤应采用不易风化的石料,片石厚度或直径不宜小于 300 mm。

当软土地层平坦、软土呈流动状时,填筑应沿路基中线向前成三角形方式投放片石,再渐次向两侧全宽范围扩展。软土地层横坡陡于 1∶10 时,应自高侧向低侧填筑,并在低侧坡脚外一定宽带内同时抛填而形成片石平台。

片石填出软土面后,应用较小石块填塞垫平,并碾压密实。

3) 反压护道

反压护道是公路堤一侧或两侧填筑一定宽度和高度的护道,运用力学平衡原理,平衡路堤自重作用而产生的滑动力矩,以提高路基的稳定性。

用作反压护道填料材质及护道的高度、宽度应符合设计要求。反压护道施工宜与路基同时填筑,分开填筑时,必须在路堤达到临界高度前将反压护道填筑好。

4) 土工合成材料加筋路堤

使用变形小、老化慢的土工合成材料作为路堤的加筋体,可以减少路堤填筑后的地基不均匀沉降,又可以提高地基的承载能力,同时也不影响排水,故可以提高路基的整体性和稳定性。

土工合成材料应具有质量轻、整体连续性好、抗拉强度较高、抗腐蚀性和抗微生物侵蚀性好、施工方便等优点。非织型的土工纤维应具有当量孔隙直径小、渗透性好、质地柔软、能与土很好结合的性质。

应根据出厂单位提供的幅宽、质量、厚度、抗拉强度、顶破强度和渗透系数等测试数据,选用满足设计要求的土工合成材料。土工合成材料在存放以及施工铺设过程中,应尽量避免长时间暴露或暴晒,以免其性能劣化。

土工合成材料加筋路堤施工时,应符合以下规定。

(1) 应在平整好的下承层上按路堤底宽断面铺设,摊铺时应拉直平顺,紧贴下承层,不得出现扭曲、折皱、重叠。在斜坡上摊铺时,应保持一定松紧度(可用 U 形钉控制)。

(2) 铺设土工聚合物,应在公路堤每边各留足够的锚固长度,回折覆盖在压实的填料面上,平整顺适,外侧用土覆盖,以免人为破坏。锚固长度应满足设计要求。

(3) 应保证土工合成材料的整体性,当采用搭接法连接时,搭接长度宜为 30～60 cm;采用缝接法时,缝接宽度应不小于 5 cm,缝接强度应不低于土工合成材料的抗拉强度;采用黏结法时,黏结宽度不应小于 5 cm,黏合长度应不低于土工合成材料的抗拉强度。

(4) 现场施工中发现土工合成材料有破损时必须立即修补好。双层土工合成材料上、下层接缝应交替错开,错开长度不应小于 0.5 m。

5) 袋装砂井

采用一定的施工方法在地基中获得按一定规律排列的孔眼,在孔眼中灌入砂袋即形成了袋装砂井。袋装砂井的主要材料是袋和砂。宜选用聚丙烯或其他适用的编织料制成袋,抗拉强度应能保证承受砂袋自重,装砂后砂袋的渗透系数应不小于砂的渗透系数。砂则宜采用渗水率较高的中、粗砂,大于 0.6 mm 的砂的含量宜占总重的 50% 以上,含泥量不应大于 3%,渗透系数不应小于 $5×10^{-2}$ mm/s。

袋装砂井的主要施工机具为导管式振动打桩机,在行进方式上普遍采用的有轨道门架式、履带臂架式、吊机导架式等。

袋装砂井施工的质量应符合以下规定。

(1) 袋装砂井的井距、井长、井径及灌砂率,均应符合设计规定,砂井的垂直度允许偏差为 1.5%。

(2) 砂袋灌入砂后,露天堆放时应有遮盖,切忌长时间暴晒,以免砂袋老化。砂袋入井,应使用桩架吊起垂直起吊,以防止砂袋发生扭结、缩颈、断裂和砂袋磨损。

(3) 为了控制砂井的设计入土深度,在钢套管上应划出标尺,以确保井底高程符合设计要求。拔钢套管时应注意垂直起吊,以防止带出或损坏砂袋。施工中若发现上述现象,应在原孔边缘重打;连续两次将砂袋带出来时,应停止施工,待查明原因后再施工。

(4) 砂袋留出孔口长度应保证伸入砂垫层至少 30 cm,并不得卧倒。

6) 塑料排水板

塑料排水板是由芯体和滤套组成的复合体,或是由单一材料制成的多孔管道板带(无滤套)。

芯板是由聚乙烯或聚丙烯加工而成的多孔管道或其他形式的板带,应具有足够的抗拉强度和垂直排水的能力。其抗拉强度不应小于 130 kN/cm;当周围土体压力在 15 cm 深度范围内不大于 250 kPa 或在大于 15 cm 范围内不大于 350 kPa 条件下,其排水能力应不低于 30 cm³/s。

芯板应具有耐腐蚀性和足够的柔性,保证塑料排水板在地下的耐久性并在土体固结变形时,不会发生折断或破坏。

滤套一般由无纺织物制成,应具有一定的隔离土颗粒和渗透功能,应等效于 0.025 mm 孔隙,其最小自由透水表面积宜为 1 500 cm²/m,渗透系数应不小于 5×10^{-2} mm/s。

使用塑料排水板处治软土的主要施工机具是插板机,也可与袋装砂井打设机具共享,但应将圆形套管换成矩形套管。其施工质量应符合以下规定。

(1) 施工现场堆放的塑料排水板应加以适当覆盖,以防止其暴露在空气中老化。

(2) 插入过程中导轨应垂直,钢套管不得弯曲,施工中应防止泥土等杂物进入套管内,一旦发现应及时清除,透水滤套不应被撕破和污染,排水板底部应有可靠的锚固措施,以免拔出套管时将芯板带出。

(3) 塑料排水板留出孔口长度应保证伸入砂垫层不小于 50 cm,使其与砂垫层贯通,并将其保护好,以防机械、车辆进出时受损,影响排水效果。

(4) 塑料排水板禁止搭接。

(5) 塑料排水板的板长要求不小于设计值,板距容许偏差为 -15 cm~+15 cm,垂直度偏差不大于 1.5%。

7) 砂桩

采用一定的施工方法在地基中获得按一定规律排列的孔眼,在孔眼中灌入中、粗砂即形成砂桩。砂桩顶面应铺设砂垫层,以构成完整的地基排水系统。用作砂桩的砂,其要求同袋装砂井,也可使用含泥量小于 5% 的砂和角砾混合料。

砂桩的施工机具有振动打桩机、柴油打桩机,其成型工艺有冲击式和振动式,桩管下端装有活瓣桩尖。砂桩的施工工艺流程为:整平原地面→机具定位→桩管沉入→加料压密→拔管→机具移位。

砂桩的施工质量应符合以下规定。

(1) 砂的含水率对桩体密实度有很大影响,应根据成桩方法分别符合以下规定:①当采用单管冲击法、一次打桩管成桩法或复打成桩法施工时,应使用饱和砂;②当采用双管冲击法、重复压拔法施工时,可使用含水率为 7%~9% 的砂,饱和土中施工也可用天然湿砂。

(2) 地面以下 1~2 m 土层由于侧向约束软弱,不利成桩,应采取超量投砂法,通过压挤提高表层砂的密实程度。

(3) 桩体在施工中应确保连续、密实;在软弱黏性土中成型困难时,可隔行施工,各行中也可间隔施工。

(4) 实际灌砂量未达到设计用量要求时,应在原位将桩管打入,补充灌砂后复打一次,或在旁边补桩一根。

(5) 砂桩的桩长、桩径、灌砂量应符合设计要求,桩距允许偏差为 -15 cm~+15 cm,垂直度偏差应小于 1.5%。

8) 碎石桩

采用砾石、碎石等散粒材料,以专用振动沉管机械或水振冲器施工形成碎石桩,碎石桩与周围地基组成复合地基。粒料桩对地基有置换、挤密和竖向排水作用。

碎石桩的填料应为未风化的干净砾石或轧制碎石,粒径宜为 19~63 mm,含泥量不应大于

10%。一般饮用水均可用于碎石桩的施工。

施工前应按规定做成桩试验,监理工程师应检查承包人冲扎、清孔、制桩时间和深度、冲水量、水压、压入碎石量及电流的变化等记录。经验证设计参数和施工控制的有关参数作为碎石桩施工的控制指标。

碎石桩的主要施工机具是振冲器、吊机或施工专用平车和水泵。其施工工艺的程序为:整平原地面→振冲器就位对中→成孔→清孔→加料振密→关机停水→振冲器移位。

碎石桩施工质量控制应符合以下规定。

(1) 碎石桩施工应根据制桩试验成果,严格控制水压、电流和振冲器在固定深度位置的留振时间。

水压视土质及其强度而定,一般对强度较低的软土,水压要小一些;对强度较高的软土,水压宜大。成孔时水压宜大,制桩振密时水压宜小。水量应充足,使孔内充满水,以防塌孔。

应严格控制电压稳定,一般为(380±20)V。应控制加料振密过程中的密实电流,密实电流的规定值应根据现场制桩试验定出,宜为潜水电动机的空载电流加上 10～15 A,或为额定电流的 90% 左右,严禁在超过额定电流的情况下作业。

振冲器在固定深度位置的留振时间宜为 10～20 s。

(2) 填料要分批加入,不宜一次加料过量,原则上要"少吃多餐",保证试桩标定的装料量,一般制作最深桩体时填料偏多。每一深度的桩体在未达到规定的密实电流时应继续加料,继续振实,严格防止"断桩"和"缩颈桩"的发生。

(3) 施工时碎石桩的桩径、桩长、灌碎石量均应符合设计要求,桩距施工允许误差为±15 cm,垂直度偏差小于 1.5%。

(4) 碎石桩密实度自检频率宜抽查 2%,要求用重Ⅱ型动力触探测试,贯入量 10 cm 时,击实不少于 5 次。

9) 加固土桩

用某种深层拌和的专用机械,将软土地基的局部范围内用固化材料加以改善、加固,即形成加固土桩。加固土桩与桩间土形成复合地基。

(1) 加固土桩的固化材料可用水泥、生石灰、粉煤灰或 NCS 固化剂等,其质量规格应符合设计要求。

生石灰是磨细的,最大粒径应小于 0.236 cm。生石灰应无杂质,氧化镁和氧化钙含量不应小于 85%,其中氧化钙含量不低于 80%。

水泥宜采用普通水泥或矿渣水泥。严禁使用过期、受潮、结块、变质的劣质水泥。

粉煤灰化学成分中要求二氧化硅和三氧化二铝的含量应大于 70%,烧失量应小于 10%。

有条件地区可采用石膏粉作为掺加剂,以利于强度的提高。

施工实际使用的固化剂和外掺剂,必须通过室内试验的检验,符合设计要求后方可使用。

(2) 加固土桩施工前必须进行成桩试验,应达到下列要求并取得以下技术参数。

① 满足设计喷入量的各种技术参数,如钻进速度、提升速度、搅拌速度、喷气压力、单位时间喷入量等。

② 应确定能保证胶结料与加固软土拌和均匀性的工艺。

③ 掌握下钻和提升的阻力情况,选择合理的技术措施。

④ 根据地层、地质情况确定覆喷范围,成桩工艺性试验桩数不宜少于 5 根。

（3）施工工艺应按以下程序进行：整平原地面→钻机定位→钻杆下沉钻进→上提喷粉（或喷浆）强制搅拌→复拌→提杆出孔→钻机移位。

（4）施工前应丈量钻杆长度，并标上显著标志，以掌握钻杆钻入深度、复拌深度，保证设计桩长。

（5）施工机械应按固化剂喷入的形态（浆液或粉体），采用不同的施工机械组合。

对浆液固化剂：主机为深层搅拌机，有双搅拌轴中心管输浆方式和单搅拌轴叶片喷浆方式两种；配套机械主要有灰浆拌制机、集料斗、灰浆泵、控制柜及计量装置等。

对粉体固化剂：主要为钻机、粉体发送器、空气压缩机、搅拌钻头。

（6）加固土桩的施工质量应符合以下规定。

① 采用浆液固化剂时，具体要求如下。

● 固化剂浆液应严格按预定的配比拌制，如图 3-13 所示。制备好的浆液不得离析，不得停置过长，超过 2 h 的浆液应降低等级使用；浆液倒入集料时应加筛过滤，以免浆内结块，损坏泵体。

● 泵送浆液前，管路应保持潮湿，以利于输浆。现场拌制浆液，应有专人记录固化剂、外掺剂用量，并记录泵送浆开始、结束时间。

● 根据成桩试验确定的技术参数进行施工。操作人员应记录每米下沉时间、提升时间，记录送浆时间、停泵时间等有关参数的变化。

图 3-13 检测水泥浆比重

● 供浆必须连续，拌和必须均匀。一旦因故停浆，为防止断桩和缺浆，应使浆搅拌机下沉至停浆面以下 0.5 m，待恢复供浆后再喷浆提升。若因故停机超过 3 h，为防止浆液硬结堵管，应先拆卸输浆管路，清洗后备用。

● 搅拌机提升至地面以下 1 m 时宜用慢速；当喷浆口即将出地面时，应停止提升，搅拌数秒以保证桩头均匀密实。

② 采用粉体固化剂时，具体要求如下。

● 粉喷桩施工应根据成桩试验确定的技术参数进行；操作人员应随时记录压力、粉喷量、钻进速度、提升速度等有关参数的变化。

● 严格控制粉喷高程和停粉高程，不得中断喷粉，确保桩体长度；严禁在尚未喷粉的情况下进行钻杆的提升作业。严格控制粉喷时间、停粉时间和喷入量。应采取措施防止桩体上下喷粉不匀、下部剂量不足、上下部强度差异大等问题，应按设计要求的深度复搅。

● 当钻头提升到地面以下不足 50 cm 时，送灰器应停止喷灰，并用人工回填同剂量的混合土压实。

● 桩身根据设计要求在一定深度，即在地面以下 1/3～1/2 桩长并不小于 5 m 的范围内必须进行重复搅拌，使固化剂与地基土均匀拌和。

● 施工中，发现喷粉量不足，应整桩复打，复打的喷粉量应不小于设计用量。如遇停电、机械故障等原因，造成喷粉中断时，必须复打，复打重叠孔段应大于 1 m。

● 施工机具设备的粉体发送器必须配置粉料计量装置，并记录水泥的瞬时喷入量和累计喷入量。严禁无粉料喷入计量装置的粉体发送器投入使用。

- 储灰罐容量应不小于一根桩的用灰量加 50 kg。当储量不足时,不得对下一根桩开钻施工。
- 钻头直径的磨损量不得大于 1 cm。

(7) 粉喷桩的桩径、桩长、单桩粉喷量均应符合设计要求,应 28 d 后在桩体三等分段各钻取芯样一个,一根桩取三个试块进行强度测试,强度应不低于设计要求。桩距允许偏差为±10 cm,垂直度偏差应小于 15%。

五、路基工程常见质量问题与防治

整个路基及其各部分都处在自重、行车荷载及各种自然因素的作用之下,行车荷载与路堤自重相比,一般都较小。

对路基稳定性起主要作用的自然因素有水分(流动的和不流动的)、温度变化(特别是从正温度过渡到负温度,或者从负温度过渡到正温度)以及风蚀作用等。由于这些力与因素的作用,路基及其各部分将产生弹性的(可恢复的)和残留的(不能恢复的)变形。

路基在自重、土的干缩以及汽车车轮的重复作用下所产生的残留变形,可能使土的密实度和强度有所增加,但若作用剧烈和变形过大,则可能危害路基的稳定性。

在正确设计、修建和养护的路基中,变形不应达到危及路基及其各部分的完整性和稳定性的程度。

1. 路基变形、破坏及其原因

1) 路堤的沉陷

路基因填料(主要指填土)不适、填筑方法不合理、压实不足,在荷载、水和温度的综合作用下,堤身可能向下沉陷。填筑方法不合理,包括不同土混杂、未分层填筑和压实、土中含有未经打碎的大土块或冻土块等情况。填石路堤由于石料规格不一、性质不匀,或者由于就地爆破堆积,乱石中空隙很大,在一定期限内(如经过一个雨季)可能会产生局部的明显下沉。此外,若原地面比较软弱,如遇到泥沼、流沙或垃圾堆积等,填筑前未经换土或压实,将造成地基下沉,亦可能引起路堤下陷。路堤不均匀下陷会造成局部路段破坏,影响车辆通行。

填土因季节性交替发生含水率变化及温度变化的物理作用,使土体发生膨胀、收缩以及冬季冻胀、春季融化,强度减弱,形成翻浆而破坏路基。

2) 路基边坡的塌方

路基边坡的塌方是较常见的路基病害,也是水毁的普遍现象。按照破坏规模与原因的不同,路基边坡塌方可以分为剥落、碎落、滑坍、崩坍及坍塌等。

剥落是指边坡表土层或风化岩层表面,在大气的干湿或冷热的循环作用下,表面发生胀缩的现象使零碎薄层成片状从边坡上剥落下来,而且老的薄层剥落后,新的又不断产生。此种破坏现象,对于填土不均匀和易溶盐含量大的土层,以及泥灰岩、泥质页岩、绿泥岩等松软岩层而言,较易产生。路堑边坡剥落的碎屑,堆积在坡脚下,堵塞边沟,影响路基的稳定,妨碍车辆通行。

碎落是岩石碎块的一种剥落现象,其规模与危害程度比剥落严重。产生碎落的主要原因是路堑边坡较陡(大于45°),岩石破碎和风化严重,在胀缩、振动及水的侵蚀与冲刷作用下,块状碎屑沿坡面向下滚落。如果落下的岩块较大(直径为40 cm以上),以单个或多块落下,此种碎落现象可称为落石或坠落。落石的石块较大,降落速度很快,所产生的冲击力可使路基结构物遭到破坏,亦会威胁到行车和行人的安全,有时还会引起其他病害同时发生。

滑坍是指路基边坡土体或岩石,沿着一定的滑动面成整体状向下滑动,其规模与危害程度,较碎落更为严重,有时滑动体可达数百立方米以上,造成严重的阻塞。产生滑坍的主要原因是原山坡具有倾向公路的软弱构造面,由于施工以及水的侵蚀、冲刷改变了原山坡的平衡状态,使山坡在重力作用下沿软弱面整体滑动。例如,岩层倾向公路,层间又有软弱夹层或风化层、覆盖层,基岩的界面倾向公路,特别是有地下水作用时,均可能形成滑坍。

崩坍是整体岩块在重力作用下发生倾倒、崩落。崩坍的主要原因是岩体风化破碎,以及边坡较高,它是比较常见且危害较大的路基病害之一。它与滑坍的主要区别,就在于崩坍无固定滑动面,坡脚线以下地基无移动现象,崩坍体的各部分相对位置在移动过程中完全打乱,其中较大石块翻滚较远,边坡下部形成倒石堆或岩堆。此外,还有坍塌(亦称为堆塌)等。其成因与形态同崩坍相似,但坍塌主要是土体(或土心混杂的堆积物)遇水软化,在45°~60°的较陡边坡无支撑情况下,自身重量所产生的剪应力,超过黏聚力和摩擦力所形成的抗剪力,而沿松动面坠落散开,其变形速度比崩坍慢,很少有翻滚现象。

3) 路基沿山坡滑动

在较陡的山坡上填筑路基,当原地面未清除杂草、凿毛或人工挖台阶,坡脚又未进行必要支撑,特别是又受到水的润湿时,填方与原地面之间的抗剪力很小,填方在自重和荷载作用下,有可能使路基整体或局部沿原地面向下移动。这种破坏现象虽然不普遍,但也不应忽视,如果不针对上述产生破坏的原因采取相应的预防措施,路基的稳定性就得不到保证,破坏将难以避免。

4) 特殊地质水文情况的毁坏

公路通过不良地质和水文地带,或遇到较大的自然灾害,如滑坡、岩堆、错落、泥石流、雪崩、岩溶、地震及特大暴雨等,均可能导致路基结构出现严重破坏。

2. 原因分析

路基病害的原因是多方面的,各种病害既有各自的特点,又往往具有共同原因,大致可归纳为以下几个方面。

(1) 不良的工程地质和水文地质条件,如地质构造复杂,岩层走向与倾角不利,岩性松软、风化严重、土质较差、地下水位较高,以及其他地质不良灾害等。

(2) 不利的水文与气候因素,如降雨量大、洪水猛烈、干旱、冰冻、积雪或温差大等。

(3) 设计不合理,如断面尺寸不符合要求,其中包括边坡取值不当,挖填布置不符合要求,最小填土高度不足,以及排水、防护与加固不当等。

(4) 施工不合规定,如填筑顺序不当,土基压实不足,盲目采用大型爆破,以及不按设计要求和操作规程进行施工,工程质量不符合标准等。

上述原因中,地质条件是影响路基工程质量和产生病害的基本前提,水是路基病害的主要原因。因此,设计前应进行地质与水文的勘察工作,针对具体条件及各种因素的综合作用,采取正确的设计方案与施工方法,才能消除和尽可能减轻路基病害,确保路基工程达到规定的质量要求。

任务 3　路面工程施工质量控制

一、基层（底基层）施工阶段的质量控制

1. 水泥稳定沙砾（碎石）、石灰粉煤灰稳定沙砾（碎石）施工

1）拌和与运输

（1）水泥稳定混合料或二灰稳定混合料的拌和应采用厂拌机铺法。

（2）厂拌的设备及布置位置应在拌和以前提交监理人并取得批准。水泥、石灰、粉煤灰与集料应准确过秤，按质量比例掺配，并以质量比加水。拌和时加水应采用高精度流量计准确控制，并提交监理人员检验。

（3）当进行拌和操作时，稳定料加入方式应能保证自始至终均匀分布于被稳定材料中。应在通向称量漏斗或拌和机的供应线上为抽取试样提供安全方便的设备。拌和机内的死角中得不到充分搅动的材料，应及时排除。

（4）运输混合料的运输设备，应分散设备的压力，均匀地在已完成的铺筑层整个表面上通过，速度宜慢，以减少不均匀的碾压或车辙。

（5）当厂拌离摊铺距离较远，混合料在运输中应加覆盖以防水分蒸发，同时保持装载高度均匀以防离析。应注意卸料速度、数量与摊铺厚度及宽度。拌和好的混合料要尽快摊铺。

2）摊铺和整形

（1）摊铺必须采用监理人员批准的机械进行，使混合料按要求的松铺厚度，均匀地摊铺在要求的宽度上。

（2）摊铺时混合料的含水率宜高于最佳含水率 0.5%～1.0%，以补偿摊铺及碾压过程中的水分损失。

（3）当压实层厚度超过 20 cm 时，应分层摊铺，最小压实厚度为 10 cm。先摊铺的一层应经过整形和压实，经监理人员批准后，采用洒布水泥浆等层间处置措施后再继续摊铺上层。并按规定的路拱进行整形。

3）碾压

（1）混合料经摊铺和整形后，应立即在全宽范围内进行碾压。直线段，由两侧向中心碾压；超高段，由内侧向外侧碾压。每道碾压应与上道碾压相重叠，使每层整个厚度和宽度完全均匀地压实到规定的密实度为止。压实后表面应平整无轮迹或隆起，且断面正确，路拱符合要求。

（2）碾压过程中，混合料的表面应始终保持潮湿。若表面水蒸发得快，应及时补洒少量的水。

（3）严禁压路机在已完成的或正在碾压的路段上掉头和紧急制动，以保证结构层表面不受破坏。

（4）施工中，从加水拌和到碾压终了的延迟时间不应超过规定。

4）接缝和掉头的处理

施工接缝和压路机掉头处理。应按《公路路面基层施工技术细则》(JTG/T F20—2015)的规定处理。

5）养生

碾压完成后应立即进行养生。养生时间不应少于7 d。养生方法可视具体情况采用土工布覆盖洒水(见图3-14),或采用沥青乳液等。养生期间应封闭交通,不能封闭时,应将车速限制在30 km/h以下,且应禁止重型车辆通行。

6）气候条件

当工地气温低于5 ℃时,不应进行施工。雨季施工,应特别注意天气变化,勿使水泥和混合料受雨淋。降雨时应停止施工,但已摊铺的混合料应尽快碾压密实。

图3-14　土工布养生

7）取样和试验

混合料应在施工现场每天取样一次或每拌和250 t混合料取样一次,并按《公路工程无机结合料稳定材料试验规程》(JTG E51—2009)中的标准方法进行含水率、稳定剂用量和无侧限抗压强度试验。按《公路工程无机结合料稳定材料试验规程》(JTG E51—2009)规定进行压实度试验,并检查其他项目。所有试验结果,均报监理人员审批。所发生的一切费用,由承包人自负。

2. 石灰土稳定沙砾基层、水泥石灰稳定土基层施工

1）一般要求

(1) 石灰土稳定沙砾基层(见图3-15)、水泥石灰稳定土基层(见图3-16)应在温度适中时组织施工,低温时最低气温应在5 ℃以上。多雨地区,应避免在雨季进行施工。

图3-15　石灰稳定基层

图3-16　水泥稳定基层

（2）石灰土稳定沙砾、水泥石灰稳定土宜用中心站集中拌和的办法施工。也可用路拌法施工。

（3）基层压实宜优先采用20 t以上单钢轮振动压路机振动碾压；当采用12～15 t三轮压路机碾压时，每层的压实厚度不应超过15 cm；当采用18～20 t三轮压路机碾压时，每层的压实厚度不应超过20 cm。压实厚度超过上述规定时，应分层铺筑，每层最小压实厚度为10 cm。

（4）当铺筑层不只一层时，将先铺筑的一层的表面轻轻地耙松，在铺筑下一层之前洒水湿润并洒水泥浆后施工。

2）准备工作

（1）在新完成并经验收的下承层上测量恢复中线，直线段每20～25 m设一排桩，并进行水平测量以确定基层的铺装厚度。

（2）根据监理人员批准的配合比在料场用强制式拌和机或双转轴浆叶式拌和机生产集料，拌和时应做到以下几点：①土块要粉碎；②配料要准确；③含水率要略大于最佳含水率（见图3-17）；④拌和要均匀。

3）摊铺

（1）混合料堆置时间不应过长，尤其是雨季施工时一定要做到当天拌和、当天摊铺、整型、碾压。

（2）用平地机（见图3-18）或摊铺机按摊铺厚度将混合料摊铺均匀，若发现有粗细颗粒离析现象，应用机械或人工补充拌匀。

图3-17 酒精燃烧法测含水量

图3-18 平地机施工

4）碾压

（1）整形后，当混合料处于最佳含水率±1%时进行碾压，若表面水分不足，应适当洒水。

（2）用12 t以上三轮压路机、重型轮胎压路机或振动压路机在路基全宽内进行碾压。直线段由两侧路肩向路中心碾压，平曲线段由内侧路肩向外侧路肩进行碾压。碾压时，后轮应重叠1/2的轮宽，并且必须超过两段的接缝处。后轮压完路面全宽时，即为一遍，持续碾压直到要求的密度为止，一般需碾压6～8遍。压路机的碾压速度，头两遍以采用1挡(1.5～1.7 km/h)为宜，以后用2挡(2.0～2.5 km/h)即可。

（3）在路面的两侧，应多压2～3遍。

（4）严禁压路机在作业段上掉头和紧急制动。

(5) 在碾压结束前,应进行检测,使其纵向顺适,路拱及超高均符合设计要求。

5) 养生

(1) 每一段碾压完成并经压实度检查合格后,即开始进行养生。

(2) 应用湿砂进行养生。用砂覆盖时,砂层应厚 7~10 cm。砂铺均匀后,立即洒水。在整个养生期间都应使砂保持潮湿状态。也可以用潮湿的帆布、粗麻布、草帘或其他合适的材料覆盖,但不得用湿黏性土覆盖。养生结束后,必须将覆盖物清除干净。

(3) 应用土工布覆盖洒水养生。每天洒水次数应视气候而定,要求在整个养生期间始终保持表面潮湿,不应时干时湿。

(4) 养生不宜少于 7 d。除使用洒水车外,还应封闭交通。

(5) 养生期满后,进行工程质量验收,立即喷洒透层沥青,并在 5~7 d 内铺筑沥青面层。

3. 粒料基层(底基层)施工

1) 级配碎石施工

级配碎石施工的具体要求如下。

(1) 用于二级和二级以下公路底基层的级配碎石应预先筛分成几组不同粒径的碎石(如 37.5~19 mm,19~9.5 mm,9.5~4.75 mm 的碎石)及 4.75 mm 以下的石屑组配而成。

(2) 在其他等级公路上,级配碎石可用未筛分碎石和石屑组配而成。

(3) 缺乏石屑时,可以添加细沙砾或粗砂。也可以用颗粒组成合适的含细集料较多的沙砾与未筛分碎石组配成级配碎砾石。

(4) 级配碎石可用于各级公路的基层和底基层。

(5) 级配碎石可用于较薄沥青层与半刚性基层之间的中间层。

(6) 当级配碎石用于二级和二级以下公路的基层时,其最大粒径应控制在 37.5 mm 以内;当级配碎石用于高速公路和一级公路的基层以及半刚性路面的中间层时,其最大粒径宜控制在 31.5 mm 以下。

(7) 级配碎石层施工时,应遵守下列规定。

① 颗粒组成应是一根顺滑的曲线。

② 配料必须准确。

③ 塑性指数应符合规定。

④ 混合料必须拌和均匀,没有粗细颗粒离析现象。

⑤ 在最佳含水率时进行碾压,直到达到按重型击实试验法确定的要求压实度,即中间层 100%,基层 98%,底基层 96%。

⑥ 应使用 12 t 以上的三轮压路机碾压,每层的压实厚度不应超过 15~18 cm。用重型振动压路机和轮胎压路机碾压时,每层的压实厚度可达 20 cm。

⑦ 级配碎石基层未洒透层沥青或未铺封层时,禁止开放交通,以保护表层不受破坏。

(8) 级配碎石用于半刚性路面的中间层以及用于二级以上公路的基层时,应采用集中厂拌法拌制混合料,并用摊铺机摊铺混合料。

级配碎石中心站集中厂拌法施工的具体要求如下。

(1) 级配碎石混合料可以在中心站用多种机械进行集中拌和,如强制式拌和机、卧式双转轴桨叶式拌和机、普通水泥混凝土拌和机等。

(2) 对于高速公路和一级公路的级配碎石基层和中间层,宜采用不同粒径的单一尺寸碎石和石屑,按预定配合比在拌和机内拌制级配碎石混合料。

(3) 不同粒级的碎石和石屑等细集料应隔离,并分别堆放。

(4) 细集料应有覆盖,防止雨淋。

(5) 在正式拌制级配碎石混合料之前,必须先调试所用的厂拌设备,使混合料的颗粒组成和含水率都能达到规定的要求。

(6) 在采用未筛分碎石和石屑时,如未筛分碎石或石屑的颗粒组成发生明显变化,应重新调试设备。

(7) 将级配碎石用于高速公路和一级公路时,应用沥青混凝土摊铺机或其他碎石摊铺机摊铺碎石混合料,摊铺机后面应设专人消除粗细集料离析现象。级配碎石用于二级和二级以下公路时,如没有摊铺机,也可用摊铺箱或自动平地机进行摊铺施工。

(8) 在任何情况下,拌和的混合料都应均匀,含水率适当,无粗细颗粒离析现象。

(9) 级配碎石应在最佳含水率时遵循先轻后重的原则进行碾压,并碾压至要求的压实度。用振动压路机、三轮压路机进行碾压。

① 摊铺后,当混合料的含水率等于或略大于最佳含水率时,立即用 12 t 以上的三轮压路机、振动压路机或轮胎压路机进行碾压。直线和不设超高的平曲线段,由两侧路肩开始向路中心碾压;设置超高的平曲线段,由内侧路肩向外侧路肩进行碾压。碾压时,后轮应重叠 1/2 轮宽;后轮必须超过两段的接缝处。后轮压完路面全宽时,即为一遍。碾压一直进行到要求的密实度为止。一般需碾压 6~8 遍,应使表面无明显轮迹。压路机的碾压速度,头两遍以采用 1.5~1.7 km/h 为宜,以后用 2.0~2.5 km/h。

② 路面的两侧应多压 2~3 遍。

③ 严禁压路机在已完成的或正在碾压的路段上掉头或紧急制动。

(10) 级配碎石基层,如果没有摊铺机,也可用自动平地机(或摊铺路)摊铺混合料。

① 根据摊铺层的厚度和要求达到的压实干密度,计算每个混合料的摊铺面积。

② 将混合料均匀地卸在路幅中央,路幅较宽时,也可将混合料卸成两行。

③ 用平地机将混合料按松铺厚度摊铺均匀。

④ 设立一个三人小组跟在平地机后面,及时消除粗细集料离析现象。对于粗集料"窝"和粗集料"带"现象,应添加细集料,并拌和均匀;对于细集料"窝"现象,应添加粗集料,并拌和均匀。

(11) 用平地机摊铺级配碎石基层混合料后的整形应按下列步骤进行。

① 混合料拌和均匀后,立即用平地机初步整平和整形。在直线段,平地机由两侧向路中心进行刮平;在曲线段,平地机由内侧向外侧进行刮平。必要时,再返回刮一遍。

② 用推土机、平地机或轮胎压路机立即在初平的路段上快速碾压一遍,以暴露潜在的不平整。

③ 用平地机再进行整形,再碾压一遍。

④ 对于局部低洼处,应用齿耙将其表面层 5 cm 以上耙松,并用新拌的水泥混合料进行找补整平。

⑤ 再用平地机整形一次。

⑥ 每次整形都应按照规定的横坡和路拱进行。应特别注意接缝必须顺适平整。

⑦ 当用人工整形时,应用揪和耙先将混合料摊平,用路拱板进行初步整形。用推土机初压 1~2 遍后,根据实测的压实系数,确定纵横断面的高程,并设置标记和挂线。利用揪耙按线整形,再用路拱板校正成型。

⑧ 在整形过程中,严禁任何车辆通行,并配合人工消除粗细集料"窝"现象。

(12) 集中厂拌法施工时的横向接缝按下述方法处理。

① 用摊铺机摊铺混合料时,靠近摊铺机当天未压实的混合料,可与第二天摊铺的混合料一起碾压,但应注意此部分混合料的含水率。必要时,应人工补充洒水,使其含水率达到规定的要求。

② 用平地机摊铺混合料时,两作业段的衔接处,应搭接拌和。第一段拌和后,留 5~8 m 不进行碾压,第二段施工时,前段留下未压部分与第二段一起拌和整平后进行碾压。

(13) 应避免纵向接缝。如摊铺机的摊铺宽度不够,必须分两幅摊铺时,宜采用两台摊铺机一前一后相隔约 5~8 m 同步向前摊铺混合料。在仅有一台摊铺机的情况下,可先在一条摊铺带上摊铺一定长度后,再开到另一条摊铺带上摊铺,然后一起进行碾压。

(14) 在不能避免纵向接缝的情况下,纵向接缝必须垂直相接,不应斜接,并按下述方法处理。

① 在前一幅摊铺时,在靠后一幅的一侧应用方木或钢模板做支撑,方木或钢模板的高度与级配碎石层的压实厚度相同。

② 在摊铺后一幅之前,将方木或钢模板除去。

③ 如在摊铺前一幅时未用方木或钢模板支撑,靠边缘的 30 cm 左右难于压实,而且形成一个斜坡,在摊铺后一幅时,应先将未完全压实部分和不符合路拱要求部分挖松并补充洒水,待后一幅混合料摊铺后一起进行整平和碾压。

2) 级配砾石施工

级配砾石施工的一般要求如下。

(1) 天然沙砾符合规定的级配要求,而且塑性指数在 6 到 9 以下时,可以直接用于基层。

(2) 塑性指数偏大的沙砾,可加少量石灰降低其塑性指数,也可以用无塑性的砂或石屑进行掺配,使其塑性指数降低到符合要求,或者塑性指数与细土(粒径小于 0.5 mm 的颗粒)含量的乘积符合要求。

(3) 可在天然沙砾中掺加部分碎石或轧制碎石,以提高混合料的强度和稳定性。天然砂砾掺加部分未筛分碎石组成的混合料的强度和稳定性介于级配碎石和级配砾石之间。

(4) 级配砾石可适用于轻交通的二级和二级以下公路的基层以及各级公路的底基层。

(5) 级配砾石层施工时,应遵循下列规定。

① 颗粒级配应符合规定。

② 配料应准确。

③ 塑性指数应符合规定。

④ 混合料应拌和均匀,没有粗细颗粒离析现象。

⑤ 在最佳含水率时进行碾压,直到达到下列按重型击实试验法确定的要求压实度:基层为 98%,底基层为 96%。

⑥ 级配砾石应用 12 t 以上三轮压路机碾压,每层的压实厚度不应超过 15~18 cm。用重型振动压路机和轮胎压路机碾压时,每层的压实厚度不应超过 20 cm。

⑦ 级配砾石基层未洒透层沥青或未铺封层时,禁止开放交通,以保护表层不受破坏。

级配砾石施工的流程具体如下。

(1) 级配砾石施工的工艺流程如下:准备下承层→施工放样→运输和摊铺主要集料→运输和摊铺掺配集料→洒水拌和→整形→碾压。

(2) 准备下承层,同半刚性基层施工的要求。

(3) 施工放样,同半刚性基层施工的要求。

(4) 计算材料用量。根据各路段基层或底基层的宽度、厚度及预定的干密度,计算各段需要的集料数量。例如,当级配砾石是用两种集料合成时,分别计算两种集料的数量,同时根据料场集料的含水率以及所用运料车辆的吨位,计算每车材料的堆放距离。

(5) 运输和摊铺集料。

① 集料装车时,应控制每车集料的数量基本相等。

② 同一料场供料的路段内,由远到近将料按前述计算的距离卸置于下承层上。卸料距离应严格掌握,避免料不够或过多。采用两种集料时,应先将主要集料运到路上,待主要集料摊铺后,再运另一种集料并摊铺。若粗细两种集料的最大粒径相差很多,应在粗集料处于潮湿状态下摊铺细集料。

③ 料堆每隔一定距离应留一缺口。

④ 集料在下承层上的堆置的时间不宜过长。运送集料较摊铺集料工序宜只提前数天。

⑤ 应通过试验确定集料的松铺系数,并确定松铺厚度。人工摊铺混合料时,其松铺系数约为 1.40～1.50;平地机摊铺混合料时,其松铺系数为 1.25～1.35。

⑥ 用平地机或其他合适的机具将料均匀地摊铺在预定的宽度上,表面应力求平整,并有规定的路拱,应同时摊铺路肩用料。

⑦ 检查松铺材料层的厚度是否符合预计要求,必要时,应进行减料或补料工作。

(6) 拌和及整形。

① 用平地机拌和时,每作业段的长度宜为 300～500 m。

● 拌和时,平地机刀片的安装角度宜符合规定。一般需拌和 5～6 遍。拌和过程中,用洒水车洒足所需的水分。拌和结束时,混合料的含水率应均匀,并较最佳含水率大 1% 左右,应无粗细颗粒的离析现象。

● 使用符合级配要求的天然沙砾时,若摊铺后混合料有粗细颗粒离析的现象,应用平地机进行补充拌和。

● 用平地机将拌和均匀的混合料按规定的路拱进行整平和整形。

● 用拖拉机、平地机和轮胎压路机在已初平的路段上快速碾压一遍,以暴露潜在的不平整。

● 用平地机进行整平和整形。

② 用拖拉机牵引四铧犁或五铧犁进行拌和时,每一作业段的长度宜为 100～150 m。第一遍由路中心开始,将混合料向中间翻,同时机械应慢速前进。第二遍则应从两边开始,将混合料向外翻。拌和过程中,用洒水车洒足所需水分。拌和遍数以双数为宜,一般需拌和六遍。

拌和结束时,混合料含水率应均匀,并较最佳含水率大 1% 左右,且无离析现象。

用平地机或用其他机具按规定的路拱进行整平和整形。在整形过程中,严禁任何车辆通行。

(7) 碾压的有关要求同级配碎石施工。

(8) 横缝的处理同级配碎石施工。
(9) 纵缝的处理同级配碎石施工。

3) 填隙碎石

填隙碎石施工的一般规定如下。

(1) 用单一粒径的粗碎石和石屑组成的填隙碎石可用干法施工,也可用湿法施工。干法施工的填隙碎石特别适宜于干旱缺水地区。

(2) 填隙碎石的一层压实厚度,可取碎石最大粒径的1.5~2.0倍。

(3) 缺乏石屑时,可以添加细砾砂或粗砂等细集料,但其技术性能不如石屑。

(4) 填隙碎石可用于各等级公路的底基层和二级以下公路的基层。

(5) 填隙碎石施工时,应遵循下列规定。

① 细集料应干燥。

② 应采用振动轮每米宽质量不小于1.8 t的振动压路机进行碾压。填隙料应填满粗碎石层内部的全部孔隙;碾压后,表面粗碎石间的孔隙应填满,但不得使填隙料覆盖粗集料而自成一层,表面应看得见粗碎石。碾压后基层的固体体积率应不小于85%,底基层的固体体积率应不小于83%。

③ 填隙碎石基层未洒透层沥青或未铺封层时,禁止开放交通。

填隙碎石的施工的各工序要求具体如下。

(1) 填隙碎石的施工工艺流程见《公路路面基层施工技术细则》(JTG/T F20—2015)的规定。

(2) 准备下承层,同半刚性基层施工的要求。

(3) 施工放样,同半刚性基层施工的要求。

(4) 备料。根据各路段基层或底基层的宽度、厚度及松铺系数,计算各段需要的粗碎石数量。根据运料车辆的车厢体积,计算每车料的堆放距离。

(5) 运输和摊铺粗碎石。

① 碎石装车时,应控制每车料的数量基本相等。

② 在同一料场供料的路段内,宜由远到近将粗碎石按规范计算的距离卸置于下承层上。卸料距离应严格掌控,避免有的路段料不够或料过多。

③ 料堆每隔一定距离应留一缺口。

④ 用平地机或其他合适的机具将粗碎石均匀地摊铺在预定的宽度上,表面应力求平整,并有规定的路拱,应同时摊铺路肩用料。

⑤ 检查松铺材料层的厚度是否符合预计要求,必要时应进行减料或者补料工作。

(6) 撒铺填隙料和碾压。

① 干法施工应进行减料或补料工作,具体如下。

● 初压。用8 t两轮压路机碾压3~4遍,使粗碎石稳定就位。在直线和不设超高的平曲线上,碾压从两侧路肩开始,逐渐错轮向路中心进行;在设置了超高的平曲线上,碾压从内侧路肩开始,逐渐错轮向外侧路肩进行。错轮时,每次重叠1/3轮宽。在第一遍碾压后,应再次找平。初压终了时,表面应平整,并具有要求的路拱和纵坡。

● 撒铺填隙料。用石屑撒布机或类似的设备将干填隙料均匀地撒铺在已压稳的粗碎石层上,松铺厚度为2.5~3.0 cm。必要时,用人工或机械扫匀。

- 碾压。用振动压路机慢速碾压,将全部填隙料振入粗碎石间的孔隙中。如果没有振动压路机,可用重型振动板。碾压方法同初压,但路面两侧应多压 2~3 遍。
- 再次撒布填隙料。用石屑撒布机或类似的设备将干填隙料再次撒铺在粗碎石层上,松铺厚度为 2.0~2.5 cm。用人工或机械扫平。
- 再次碾压。用振动压路机按前述方法进行碾压。在碾压过程中,对局部填隙料不足之处采用人工进行找补。局部多余的填隙料应扫除。
- 再次碾压后,若表面仍有未填满的孔隙,则应补撒填隙料,并用振动压路机继续碾压,直到全部孔隙填满为止。同时,应将局部多余的填隙料铲除或扫除。填隙料不应在粗碎石表面自成一层,表面必须能看得见粗碎石。

若填隙碎石层上为薄沥青面层,则应使粗碎石的棱角外露 3~5 mm。
- 当需分层铺筑时,应将已压成的填隙碎石层表面粗碎石外露 5~10 mm。然后在上摊铺第二层粗碎石,并按前述要求进行施工。
- 填隙碎石表面孔隙全部填满后,用 12~15 t 三轮压路机再碾压 1~2 遍。在报压过程中,不应有任何蠕动现象。在碾压之前,宜在表面先洒少量水,洒水量宜为 3 kg/m² 以上。

② 湿法施工,具体方法如下。
- 开始工序与干法施工的前六条要求相同。
- 粗碎石层表面孔隙全部填满后,立即用洒水车洒水,直到饱和,但应注意避免多余水浸泡下承层。
- 用 12~15 t 三轮压路机跟在洒水车后进行碾压。在碾压过程中,将湿填隙料继续扫入所出现的孔隙中。需要时,再添加新的填隙料。洒水和碾压应一直进行到填隙料和水形成粉砂浆为止。粉砂浆应填塞全部孔隙,并在压路机轮前形成微波纹状。
- 干燥。碾压完成的路段应让水分蒸发一段时间。结构层变干后,表面多余的细料以及细粒覆盖层都应扫除干净。
- 当需要分层铺筑时,应待结构层变干后,将已压成的填隙碎石层表面的填隙料扫除一些,使表面粗碎石外露 5~10 mm,然后在其上摊铺第二层粗碎石,并按上面四条要求施工。

二、沥青路面施工阶段质量控制

1. 原材料的质量控制

1)试验路段

(1)在铺筑试验路段之前 28 d,承包人应安装好与本项工程有关的全部试验仪器和设备(包括沥青、石料、混合料等室内外试验的配套仪器、设备及取芯机等),配备足够数量的熟练试验技术人员,报请监理人员审查批准。

(2)在工程开工前 14 d,承包人应在监理人员批准的现场并在监理人员的监督下,用备齐并投入该项工程的全部机械设备及每种沥青混合料各铺筑一段长 100~200 m(单幅)的试验路段。

(3)试验路段的目的是为了证实混合料的稳定性以及拌和、摊铺和压实设备的效率和施工方法、施工组织的适应性。

(4)沥青混合料摊铺、压实 12 h 以后,应对其厚度、密实度、沥青含量、矿料级配及其他项目进行抽样试验。抽样试验的频度应满足规范要求。

(5)试验路段完成后,承包人应写出书面报告,报请监理人员审查批准。

(6)经监理人员批准的试验路段应成为后期施工的标准,正式工程应按批准的同一方法和同一标准施工。

(7)批准的试验路段应与完成后的工程一起支付。若未能取得监理人员的批准,承包人应破碎清除该试验路段,重新铺筑试验路段,并承担其费用。

2)施工设备

(1)拌和及运料设备。

① 拌和厂应在其设计、协调配合和操作等方面,都能使生产的混合料符合工地配合比设计的要求。拌和厂必须配备具有足够试验设备的试验室,并能及时提供使监理人员满意的试验资料。

② 拌和机应能按用量(以质量计)分批配料,并有装有温度计及示温的成品储料仓和二次除尘设备,拌和设备的产量应与生产进度相匹配,在安装完成后应按批准的配合比进行试拌调试,直到符合要求。

③ 拌和场地布置应远离居民区。其距离不少于1 km。

④ 运料设备应采用干净有金属底板的自卸料斗车辆运送混合料,车槽内不得沾有有机物质。为了防止尘埃污染和热量过分损失,运输车辆应备有覆盖设备,车槽四角应密封坚固。

(2)摊铺及压实设备。

① 沥青混合料摊铺机应是自动式摊铺设备,安装有可调的活动熨平板或整平组件。整平板在需要时可以加热,能按照规定的典型横断面和图纸所示的厚度在车道宽度内摊铺,并备有修边的套筒,摊铺机应有一套夯板和可调整振幅的振动整平板的组合装置,夯板与振动整平板的频率,应能随意变化,并能各自单独调整。

② 摊铺混合料时,摊铺机应能按照与摊铺混合料相协调的前进速度运行。

③ 摊铺机应配备整平板自控装置,其一侧或双侧装有传感器,可通过外面的参考线探出纵坡和整平板的横坡,并能自动产生信号来操纵整平板,使摊铺机能铺筑出理想的纵横坡。

④ 压实设备应配有钢轮式压路机、轮胎式压路机及振动压路机,能按合理的压实工艺进行组合压实。还应备有监理人员认可的小型振动压(夯)实机具,以用于压路机不便压实的地方。

3)混合料的拌和

(1)粗、细集料应分类堆放和供料,取自不同料源的集料应分开堆放。每个料源的材料应进行抽样试验,并经监理人员批准。

(2)拌和前应将集料包括矿粉充分烘干。每种规格的集料、矿粉和沥青都必须分别按要求的配合比进行配料。

(3)沥青的加热温度、石料加热温度、混合料的出厂温度、运到施工现场的温度均应满足规范要求。

(4)所有过度加热的混合料,或者已经炭化、起泡和含水的混合料都应废弃。拌和后的混合料必须均匀一致,无花白、无粗细集料离析和结块现象,否则不得用于工程项目。

(5)材料的规格或配合比发生改变时,都应根据室内试验资料进行试拌。试拌时必须抽样检查混合料的沥青含量、级配组成和有关力学性能,并报请监理人员批准。

4)混合料的运送

(1)已经离析或结成不能压碎的硬壳、团块或在运料车辆卸料时留于车上的混合料,以及低于规定铺筑温度或被雨水淋湿的混合料都应废弃,不得用于工程项目。

(2) 运至铺筑现场的混合料,应在当天或当班完成压实。

5) 混合料的摊铺

(1) 摊铺混合料之前,必须对下层进行检查,并取得监理人员的批准,同时必须按规定铺洒沥青透层、黏层或下封层,如图 3-19 所示。

(2) 在开始摊铺混合料时,应考虑在路面边缘设置路缘石(拦水带)的具体位置、埋设深度,将预制的路缘石块,按图纸要求进行设置,基础及后背填料必须夯实,缝宽均匀、线条顺直、顶面平整、砌筑牢固。

(3) 为了消除纵向接缝,应采用全路摊铺。当采用两台摊铺机组成梯队联合摊铺的方式时,两台摊铺机前后的距离以前面摊铺的混合料尚未冷却为度,一般为 3～5 m。

(4) 沥青混合料的摊铺温度应随沥青的标号及气温的不同通过试验确定,并进行调节。正常施工时摊铺温度不低于 150 ℃,但不得超过 160 ℃。

图 3-19 摊铺沥青混凝土之前喷洒粘层油

(5) 摊铺机应以均匀的速度行驶。它的输出量应与沥青混合料的运送量相匹配,以保证混合料均匀、不间断地摊铺。摊铺过程中不得随意变换速度,避免中途停顿,影响施工质量。

(6) 对外形不规则,路面厚度不同,空间受到限制以及人工构造物接头等摊铺机无法工作的地方,经监理人员批准可以采用人工铺筑混合料。

6) 混合料的压实

(1) 混合料完成摊铺和刮平后应立即进行宽度、厚度、平整度、路拱及温度检查,对不合格之处应及时进行调整,随后按试验路段确定的压实设备的组合及程序进行充分均匀地压实。

(2) 压实分初压、复压和终压,压路机碾压的速度见表 3-8。

表 3-8 压路机碾压速度

碾 压 阶 段		初压/(km/h)	复压/(km/h)	终压/(km/h)
压路机类型	钢轮压路机	2～3	3～5	3～6
	轮胎压路机	2～3	3～5	4～6
	振动压路机	静压 2～3	振动 3～4.5	静压 3～6

(3) 初压应采用钢轮压路机或振动压路机(静压)。初压后应检查平整度和路拱,必要时应予以修整。复压应采用串联式双轮振动压路机或轮胎压路机。终压应采用光面钢轮压路机或振动压路机(静压)。

(4) 碾压作业时混合料的温度,初压温度不应低于 140 ℃,碾压终了温度钢轮压路机不得低于 90 ℃,轮胎压路机不得低于 90 ℃,振动压路机不得低于 90 ℃。

(5) 碾压应纵向并由低边向高边慢速均匀地进行。相邻碾压重叠宽度至少为:双轮压路机为 30 cm,三轮压路机为后轮宽度的二分之一。

(6) 碾压时,压路机不得中途停留、转向或制动。当压路机来回交替碾压时,前后两次停留地点应相距 10 m 以上,并应驶出压实起始线 3 m 以外。

(7) 压路机不得停留在温度高于 60 ℃ 的已经压过的混合料上。同时,应采取有效措施,防止油料、润滑脂、汽油或其他杂质在压路机操作或停放期间落在路面上。

(8) 压实时,若接缝处的混合料温度已不能满足压实温度要求,必须垂直切割混合料至密实处,并重新进行摊铺,摊铺前在切割断面处涂刷黏层油,摊铺完成立即用压路机垂直于摊铺方向,由已压实完成的面层向新摊铺的面层逐渐过渡压实至密实平整,然后压路机再改为纵向碾压,碾压至接缝平整密实,且不得产生明显的接缝离析现象。

(9) 在压路机压不到的其他地方,应采用振动夯板、热的手夯或机夯把混合料充分压实。已经完成碾压的路面,不得修补表皮。

(10) 当层厚等于或大于 40 mm 时,监理人员可使用无破损仪器进行现场密实度检验,以代替试验室试样测定。但每读十个无破损仪读数,必须钻取一个试样送交试验室进行密度试验,以检验其准确性。

7) 接缝的处理

(1) 铺筑工作的安排应使纵、横向两种接缝都保持在最小数量。接缝的方法与设备,应取得监理人员批准。在接缝处的密度和表面修补应与其他部分相同。

(2) 纵向接缝应是热接缝,并应连续和平行,缝边垂直并形成直线。

(3) 纵向接缝上的混合料,应在摊铺机的后面立即用一台钢轮压路机以静力进行碾压。

(4) 纵向接缝与横坡变坡线的重合应在 15 cm 以内,与下层接缝应错开 15 cm 以上。

(5) 由于工作中断,在摊铺混合料的末端已经冷却,或者在第二天恢复工作时,应做一道与铺筑方向大致成直角的横向接缝。上、下层的横向接缝均应错位 1 m 以上。

8) 气候条件

(1) 沥青面层的施工应时常注意天气变化,避开雨天施工。雨后待下承层彻底干燥后,方可继续施工。

(2) 施工气温低于 10 ℃ 时,应停止摊铺,或摊铺时采取措施,并经监理人员同意后方可继续摊铺。否则在气温还没有上升到 10 ℃ 以上之前,不得开始摊铺,当气温下降到 15 ℃ 以下时,应控制混合料的最大运距,保证碾压温度在规定的范围以内。

(3) 未经压实即遭雨淋的沥青混合料应全部清除,更换新料。所发生的一切费用由承包人负担。

9) 取样和试验

(1) 沥青混合料应按统计法取样,以测定集料级配、沥青含量、压实度等,集料取样地点应在沥青掺入前的热拌设备旁,沥青含量试验应在摊铺机后面及压路机前面,从已摊铺的混合料中取样。压实度试验应从压好的路面上钻取试样。

(2) 混合料的试样,应在施工现场每天进行一次,或拌 500 t 混合料取样一次并按规范进行检验。

(3) 所有的试验结果均应报监理人员审批,所发生的一切费用由承包人自理。

2. 沥青表面处治施工质量的控制要点

1) 一般规定

(1) 沥青表面处治宜选择在干燥和较热的季节施工,并在雨季前及日最高气温低于 15 ℃ 到来之前半个月结束。

(2) 沥青表面处治宜采用层铺法施工,厚度不宜大于 3 cm,可采用沥青撒布机及集料撒铺机联合作业。

(3) 施工工序紧密衔接,沥青洒布长度与石料撒铺相配合,避免浇油后等待较长时间才撒铺石料。

2) 施工设备

(1) 沥青表面处治应采用沥青洒布机喷洒沥青,洒布机应能稳定在平稳的速度和确定的用油量下,并能在整个洒布宽度内均匀洒布沥青。

(2) 应采用一台自行式的集料撒铺机,配有可靠的控制系统,能把所需的集料均匀撒铺到沥青材料的整个宽度上。

(3) 沥青表面处治宜采用轮胎式光面钢筒压路机,压路机的吨位应能使集料嵌挤紧密又不致使石料有较多的压碎为度。通常采用 6~8 t 及 10~12 t 压路机进行碾压,乳化沥青表面处治宜采用较轻的压路机进行碾压。

3) 表面准备

(1) 沥青表面处治层的表面应平整、清洁、无松散,并应符合图纸所示或监理人员确定的典型断面。

(2) 当监理人员有指示时,应视需要使用机动路帚或电鼓风机,并辅以人工扫净表面,清除有害害物质。

4) 沥青洒布

(1) 沥青材料的加热温度应满足规范要求。

(2) 沥青应采用压力喷洒机均匀地洒布,洒油量、温度条件及处治面积均应在洒布前获得认可,在洒布沥青之前,集料和集料撒铺设备均应运抵施工现场。处治区附近的结构物和树木的表面应加以保护,以免溅上沥青,受到污染。

(3) 沥青洒布机应在喷嘴打开的同时按适当的洒布速度向前行驶,除监理人员同意采用其他的材料或方法外,应在每次喷洒开始端和结束端后面足够长的距离的表面上铺上施工用纸,以使喷嘴洒出来的沥青在开始和结束时都落在纸上,并保证喷嘴在喷洒的整个长度内喷洒正常。

(4) 在喷洒交接处洒布沥青时应精心控制,不能超过批准的洒油量,应把过量的沥青材料从洒布表面刮掉,漏洒或少洒的地区应补洒纠正。

5) 集料撒铺

(1) 符合指定级配的集料,应事先清除或减少集料上的浮土,以提高和改进黏着质量。

(2) 在沥青洒布后 3 min 内应按确定的用量撒铺集料,撒铺期间,若集料多少不匀,应用补撒集料的方法校正,直至达到均匀的表面结构,撒铺机械无法靠近的地方,须用人工撒铺。

(3) 在半宽施工情况下,应留下一条 15 cm 宽的接头地带暂不撒铺集料,以使沥青材料略微重叠。

6) 碾压

(1) 碾压应在沥青和集料撒铺后立即进行,并在当日完成。

(2) 撒铺一段集料后即用 6~8 t 轮胎或双轮压路机碾压,每层集料应按集料撒铺的全宽初压一遍,并应按需要进行补充碾压以使盖面集料适当就位,碾压时每次轮迹重叠约 30 cm,从路边逐渐移向路中心,然后再从另一边开始移向路中心,以此作为一遍。一般全宽的碾压不少于3~4遍,以不大于2 km/h的速度进行碾压。

7) 养护

(1) 集料表面应用扫帚轻轻扫过,或用其他方法养护4 d,或按指示的天数养护。

(2) 表面养护应包括把盖面料撒铺到整个沥青表面上,以吸收游离的沥青材料或覆盖集料不足之处。

(3) 养护不应使已嵌锁的集料移动位置。

(4) 应采用旋转路帚把多余的材料从整个处治表面上清扫出去,面层清扫应在监理工程师指定的时间进行。

8) 多层表面处治

(1) 多层表面处治是在由准备好的基层上连续洒布的沥青材料和撒铺的盖面集料构成,材料应反复摊铺直至达到所需的层数。

(2) 多层表面处治的沥青洒布、集料撒铺等的施工方法和要求与第一层相同,但第二层、第三层的碾压可采用8~10 t压路机。

9) 稀浆封层、微表处施工质量控制要点

(1) 稀浆封层和微表处必须使用专用的摊铺机进行摊铺。

(2) 微表处必须采用改性乳化沥青,稀浆封层可采用普通乳化沥青或改性乳化沥青,其品种和质量应符合规范的要求。

(3) 稀浆封层和微表处应选择坚硬、粗糙、耐磨、洁净的集料。各项性能应符合前述沥青混合料使用的粗集料和细集料的技术指标要求。其中,稀浆封层用通过4.75 mm筛的合成矿料的砂当量不得低于50%;当用于抗滑表层时,还应符合规范中有关磨光值的要求。细集料宜采用碱性石料生产的机制砂或洁净的石屑。集料中的超粒径颗粒必须筛除。

(4) 稀浆封层和微表处的矿料级配应根据铺筑厚度、处治目的、公路等级条件来选择,见表3-9。

表3-9 稀浆填充层的矿料级配

筛孔尺寸 /mm	不同类型通过各筛孔的百分率/(%)				
	微表处		稀浆封层		
	MS-2型	MS-3型	ES-1型	ES-2型	ES-3型
9.5	100	—	100	100	
4.75	95~100	100	95~100	70~90	
2.36	65~90	90~100	65~90	45~70	
1.18	45~70	60~90	45~70	28~50	
0.6	30~50	40~65	30~50	19~34	
0.3	18~30	25~42	18~30	12~25	
0.15	10~21	15~30	10~21	17~18	
0.075	5~15	10~20	5~15	5~15	
一层的适宜厚度/mm	4~7	2.5~3	4~7	8~10	

(5) 稀浆封层和微表处的混合料中乳化沥青及改性乳化沥青的用量应通过配合比设计确定。混合料的质量应符合表 3-10 中的技术要求。

表 3-10　稀浆封层和微表处混合料的技术要求

项　目	单　位	微表处	稀浆封层	试验方法
可拌和时间	s	>120		手工拌和
稠度	cm	—	2~3	T 0751
黏结力试验 30 min(初凝时间) 60 min(开放交通时间)	N·m	≥1.2 ≥2.0	(仅适用于快开放交通的稀浆封层) ≥1.2 ≥2.0	T 0754
负荷轮碾压试验(LWT) 黏附砂量 轮迹宽度变化率	g/m² %	<450 <5	(仅适用于重交通道路表层) <450 —	T 0755
湿轮磨耗试验的磨耗值(WTAT) 浸水 1 h 浸水 6 d	g/m²	<540 <800	<800 —	T 0752

注：负荷轮碾压试验(LWT)的宽度变化率适用于需要修补车辙的情况。

(6) 稀浆封层和微表处混合料的配合比设计按下列步骤进行。

① 根据选择的级配类型,按表 3-9 确定矿料的级配范围。计算各种集料的配合比例,使合成级配在要求的级配范围内。

② 根据以往的经验初选乳化沥青、填料、水和外加剂用量,进行拌和试验和黏聚力试验。可拌和时间的试验温度应考虑最高施工温度,黏聚力试验的温度应考虑施工中可能遇到的最低温度。

② 根据上述试验结果和稀浆混合料的外观状态,选择 1~3 个认为合理的混合料配方,按表 3-10 中的规定试验稀浆混合料的性能,如不符合要求,应适当调整各种材料的配合比例再试验,直至符合要求为止。

④ 根据经验在沥青用量的可选范围内选择适宜的沥青用量。

⑤ 根据以往经验及配合比设计试验结果,在充分考虑气候及交通特点的基础上综合确定混合料配方。

(7) 稀浆封层和微表处施工前,应彻底清除原路面的泥土、杂物,修补坑槽、凹陷,较宽的裂缝宜清理灌缝。

(8) 稀浆封层和微表处的最低施工温度不得低于 10 ℃,严禁在雨天施工,摊铺后尚未成型混合料遇雨时应予以铲除。

(9) 稀浆封层和微表处两幅纵缝搭接宽度不宜超过 80 cm,横向接缝宜做成对接缝。分两层摊铺时,第一层摊铺后至少应开放交通 24 h 后方可进行第二层摊铺。

(10) 稀浆封层和微表处铺筑后的表面不得有超粒径集料拖拉的严重划痕,横向接缝和纵向接缝处不得出现余料堆积或缺料现象,用 3 m 直尺测量接缝处的不平整度不得大于 6 mm。经养生和初期交通碾压稳定的稀浆封层,在行车作用下应不飞散且完全密水。

10)透层与黏层施工质量控制要点

(1)透层施工质量控制要点。

① 沥青透层的材料要求应符合《公路沥青路面施工技术规范》(JTG F40—2004)的规定。

② 沥青透层可采用煤油稀释沥青或慢裂的洒布型乳化沥青。乳化沥青透层的规格和质量应符合规范的要求。

③ 各种透层沥青的品种和用量应根据基层的种类通过试洒确定。

④ 透层宜在基层表面稍干后浇洒。当基层完工后时间较长、表面过于干燥时,应对基层进行清扫,并在基层表面少量洒水,等表面稍干后浇洒透层沥青。

⑤ 透层沥青宜采用沥青洒布车喷洒。

⑥ 喷洒透层沥青应符合下列要求。

- 喷洒透层前,路面应清扫干净,应采取防止污染路缘石及人工构造物的设施。
- 洒布的透层沥青应渗入基层一定深度,不应在表面流淌,并不得形成油膜。
- 如遇大风或即将降雨时不得喷洒透层沥青。
- 气温低于 10 ℃时,不宜喷洒透层沥青。
- 应按沥青用量一次喷洒均匀,当有遗漏时,应采用人工补洒。
- 喷洒透层沥青后,严禁车辆、行人通过。

⑦ 在铺筑沥青面层前,当局部地方有多余的透层沥青未渗入基层时,应予以清除。

⑧ 透层沥青洒布后应尽早铺筑沥青面层。当用乳化沥青做透层时,洒布后应待其充分渗透,水分蒸发后方可铺筑沥青面层,其时间间隔不宜少于 24 h。

(2)黏层。

① 高速公路路面工程中在中面层与下面层之间,应浇洒黏层,并在与新铺沥青混合料接触的路缘石、雨水进水口、检查井等的侧面也应洒黏层。

② 黏层材料。黏层的沥青材料采用乳化沥青或改性乳化沥青。黏层沥青的规格和质量应符合规范的要求,重交通沥青和改性沥青分别满足相应的技术规范要求。

③ 各种黏层沥青品种和用量应根据黏结层的种类通过试洒确定,并符合《公路沥青路面施工技术规范》(JTG F40—2004)的要求。

④ 黏层沥青应采用沥青洒布车喷洒,洒布车应符合规范要求。在路缘石、雨水进水口、检查井等局部应用刷子进行人工涂刷。

⑤ 喷洒黏层沥青应符合下列要求。

- 施工准备工作。

准备喷洒沥青的工作面,应整洁无尘埃。路面有脏物时应清除干净。当黏有土块时应用水刷净,待表面干燥后喷洒。

- 气候条件。

洒布沥青材料的气温不应低于 10 ℃,风速适度。浓雾或下雨、大风天气、路面潮湿时不应施工。

- 喷洒温度。

液体石油沥青和乳化沥青在正常温度下洒布,如气温较低,黏度较大的可适当加热。重交通沥青和改性沥青应在规范要求的温度下喷洒。

● 喷洒。

黏层沥青应均匀洒布或涂刷,喷洒过量处,应予以刮除。并按《公路路基路面现场测试规程》(JTG E60—2008)中有关要求和方法检测洒布量,每次检测不少于3处。

沥青洒布设备应配备有适用于不同黏度沥青喷洒用的喷嘴,在沥青洒布机喷洒不到的地方可采用手工洒布。喷洒超量或漏洒、少洒的地方应予以纠正。

喷洒黏层油时,喷油管宜与路表面形成约30°角,并有适当高度,以使路面上喷洒的透层油或熟层油形成重叠。

喷洒区附近的结构物和树木表面应加以保护,以免溅上沥青受到污染。

黏层沥青应在铺筑覆盖层之前24 h内洒布或涂刷。

● 养护。

喷洒黏层沥青后严禁除沥青混合料运输车外的其他车辆、行人道过。黏层沥青洒布后应紧接着铺筑沥青层。当使用乳化沥青作黏层时,应待破乳、水分蒸发完后铺筑。

3. 沥青贯入式路面施工质量控制要点

沥青贯入式路面根据沥青贯入深度的不同,可分深贯式及浅贯式。其中,深贯式厚6～8 cm;浅贯式厚4～5 cm。

(1)施工准备。下承层沥青贯入式路面施工前,基层必须清扫干净,贯入式使用乳化沥青时,必须洒透层或黏层沥青。

(2)撒料。撒主层集料时,应注意撒铺均匀,避免颗粒大小不均,并不断检查松铺厚度和校验路拱。撒铺集料后,严禁车辆通行。

(3)碾压。主层集料撒布后,先用6～8 t压路机以2 km/h的初碾速度碾压3～4遍,使集料基本稳定,无显著推移为止,然后再用10～12 t压路机以3～4 km/h的速度进行碾压,直到主层集料嵌挤稳定,无显著轮迹为止,碾压遍数一般为2～4遍,视集料硬度而定。

(4)浇洒第一层沥青。主层集料碾压完毕后,应立即浇洒第一层沥青。当采用乳化沥青贯入时,为防止乳液下漏过多,可在主层集料碾压稳定后,先撒布一部分上一层嵌缝料,再浇洒主层沥青。

(5)撒布第一层嵌缝料。主层沥青浇洒后应立即均匀撒布第一层嵌缝料。当使用乳化沥青时,嵌缝料的撒布必须在乳液破乳前完成。

(6)再碾压。嵌缝料扫匀后立即用8～12 t钢筒式压路机碾压4～6遍,直至稳定为止,碾压时随压随扫,使嵌缝料均匀嵌入。

(7)浇洒第一层沥青→撒布第二层嵌缝料→碾压→浇洒第三层沥青→撒布封层料→最后碾压(宜采用6～8 t压路机碾压2～4遍)。

(8)交通控制及初期养护。

三、水泥混凝土路面施工阶段质量控制

1. 摊铺机施工

1)一般要求

高速公路、一级公路水泥混凝土路面的摊铺必须采用机械摊铺,所采用的摊铺机械性能必

须达到监理人员的要求。基层强度不符合要求者,不得进行路面摊铺。

2)试验路段

(1)在水泥混凝土路面摊铺开工之前,承包人应在严密的组织下,按照批准的施工方案,在监理人员选定的现场上,铺筑面积不小于 400 m² 的试验路段,承包人应提供并使用要在正常生产工作中采用的全部设备。

(2)通过试验路段达到以下目的。

① 通过试拌检验搅拌楼性能及确定合理搅拌工艺,检验适宜摊铺的搅拌楼拌和参数,包括:上料速度,拌和容量,搅拌均匀所需时间,新拌混凝土坍落度、振动黏度系数、含气量、泌水性、VC 值和生产使用的混凝土配合比等。

② 通过试铺检验主要机械的性能和生产能力,检验辅助施工机械组配合理性,检验路面摊铺工艺和质量,检验模板架设固定方式或基准线设置方式,检验摊铺机械(具)的适宜工作参数,包括松铺高度、摊铺速度、振捣时间与频率、滚压遍数、碾压遍数、压实度、中间和侧向拉杆置入情况等,检验整套施工工艺流程。

③ 使工程技术及工作人员熟悉并掌握各自的操作要领。

④ 按施工工艺要求检验施工组织形式和人员编制。

⑤ 建立混凝土原材料、拌和物、路面铺筑全套技术性能检验手段,熟悉检验方法。

⑥ 检验通信联络和生产调度指挥系统。

(3)承包人应根据试验路段结果提出对机械设备或操作的合理改进意见。

(4)竣工的试验路段如经监理人员认可验收,可作为竣工项目支付,如不予验收,则应由承包人把所有不合格的路段清除出去,重做试验,费用由承包人负担。

3)钢筋的设置

(1)横向缩缝及胀缝设置传力杆时,应与中线及路面表面平行,其偏差不应大于 5 mm,传力杆应采用监理人员认可的支承装置,在铺筑路面之前装设好传力杆。

(2)传力杆长度的一半再加上 5 cm,应涂上两层沥青乳液或一层沥青,胀缝处的传力杆还应在涂沥青的一端加一个预制的盖套,内留 36 mm 的空隙,填以纱头或泡沫塑料。

(3)拉杆不应露头。拉杆端应切正,横断面不应变形,装设拉杆时,不应使其穿过已摊铺好的混凝土顶面,拉杆应在混凝土摊铺之前就装设好,或者用一台拉杆振动器把它装入接缝边缘内,或者用混凝土摊铺机上的拉杆自动穿杆器来装设,在已凝固的混凝土内安装拉杆时,应使用经监理人员认可的拉杆穿插装置来进行。

(4)工程中所用的全部钢筋的设置及绑扎都应先经监理人员同意后才能浇筑混凝土,承包人至少应在 12 h 以前把浇筑混凝土的意图通知监理人员,以使他有足够的时间检查钢筋和采取纠正措施。

(5)钢筋不应沾土、污垢、油脂、油漆、毛刺以及松散的或厚的铁锈,以免损坏钢筋与混凝土之间的黏结。

4)混凝土拌和物的搅拌和运输

混凝土的搅拌和运输应符合《水泥混凝土路面施工及验收规范》(GBJ 97—1987)的要求。

5)混凝土拌和物的摊铺

(1)承包人应提供摊铺混凝土板和终饰的推荐设备和方法,以及摊铺宽度、接缝布置和预计的进度等全部详情和细节报监理人审批。

(2) 当气温低于5 ℃或高于35 ℃时,或者正在下雨或估计4 h内有雨时,不得铺筑混凝土,工程中铺筑的混凝土的温度不应低于5 ℃或高于35 ℃。

(3) 承包人应提供测定保养气温、混凝土温度、相对湿度及风速的设备,并应按照监理人的指示测定和记录这些数据。当蒸发率超过$0.75\ kg/(m^2 \cdot h)$,承包人应采取使监理人满意的防止水分损失的预防措施,如果监理人认为这些预防措施不能令人满意时,可下令停止施工。

(4) 监理人应检查和批准所有的模板、基层准备情况,接缝和养生材料的供应情况,备用振捣器的储备情况,以及承包人的全面准备情况,以保证工程的正常进行。

(5) 混凝土应采用摊铺机械铺筑。手工摊铺只应局限于小范围或不能用机械摊铺的区域。手工摊铺应在施工前由承包人报经监理人员审批。

(6) 摊铺机应是经批准的自行式机械。摊铺时应以缓慢的速度均匀地行进,以保证摊铺机的连续操作。摊铺机还应具有以下特点。

① 有带传感装置的自动控制系统,以便把线形和高程按规定的标准进行控制。

② 有能均匀摊铺混合料及调节混合料流向的振捣器,能捣实混凝土整个深度。

③ 有单独的发动机作动力的插入式振捣器,能捣实混凝土的整个深度。

④ 有可调整的挤压整平板和整形板,并在所有表面上做出要求的修饰。

⑤ 具有适应混凝土板不同宽度或组合宽度与板厚的摊铺能力,其组合板宽应符合图纸或监理人员的要求。

(7) 摊铺机应具有摊铺、捣实、整形和修饰的功能,使后面只需要进行较少的手工修饰,就能铺筑成符合规范要求的修饰表面和密实而均质的混凝土。

(8) 摊铺机、汽车以及养生、切缝和做纹理的设备行走路线的承力面,应由承包人进行准备及保养,以便能适应操作。

(9) 混凝土拌和物摊铺工作一旦开始,便不得中断,摊铺机应不致因缺乏混凝土而停工,造成1 h以上的停工或达到2/3初凝时间。距胀缝、缩缝或薄弱面3 m之内不得出现横向施工缝。如果不能充分供应混凝土,则在至少做成3 m长的板的工作中断之时,应把最后一条缝后面的多余混凝土按指示清除掉。

(10) 混凝土应均匀浇筑在模板内,不应有离析现象。靠边角应先用插入式振捣器按顺序捣实,再用平板振捣器纵横交错全面振捣,然后用振动梁振捣,平行移动往返拖振2~3遍,使表面泛浆,赶出水泡。

6) 终饰

(1) 混凝土振动梁振动整平后,应保持路拱的准确,并检查平整度,由承包人用长度不小于3 m的直尺检查新铺混凝土表面,每次用直尺进行检查时,都应与前一次检查带至少重叠1/2的直尺长度。

(2) 表面修饰前应做好清边整缝,清除黏浆,修补掉边、缺角。表面修整时,严禁在混凝土面板上洒水、撒水泥。

(3) 表面整修宜分两次进行,先找平抹面,等混凝土表面无泌水时,再做第二次抹平,板面应平整密实。

(4) 整修作业应在混凝土保持塑性和具有和易性的时候进行,以确保从路表面上清除水分和浮浆。新铺混凝土表面,平整度检查出来的高处,应用手镘法清除高出的混凝土。低洼处不得填以表面的浮浆,必须用新制混凝土填补与修整。

(5) 混凝土板面宜采用机械刻纹,表面纹理应符合图纸规定。当采用拉槽工艺时,一般槽口宽度为 4~5 mm,槽深为 1~2 mm。

7) 工程防护

(1) 承包人应提交在下雨干扰工程时拟采用的防护方法及设备的详细建议。防护设备应停放在工地,以便随时可以投入使用。

(2) 应采取预防措施,保证路面铺筑完的头 96 h 期间混凝土的温度不会降到 5 ℃ 以下,当报道温度偏低,或当有寒冷气候预报以及摊铺混凝土的温度有降到规定极限以下的危险时,承包人应停止摊铺混凝土拌和物作业。如果承包人采取了预防措施,可保证混凝上拌和物的温度能在上述时间内维持在 5 ℃ 时,施工可继续进行,否则,拒绝验收。

8) 接缝

(1) 承包人应在开始铺筑路面混凝土之前 28 d,提交一份整个工程范围的平面图,标示出建议在混凝土路面内设置的全部接缝的部位和布置细节。路面板锚头、桥头搭板及末端板亦均应在平面图中示出。

(2) 横向施工缝。

① 横向施工缝的位置宜改在胀缩缝处,设在缩缝处或非胀、缩缝处时,横向施工缝应采用平缝加传力杆,并应垂直于中线和按图纸所示尺寸及其他要求施工。传力杆采用光面钢筋,其长度的一半以上应涂以沥青。设在胀缝处时,横向施工缝应按胀缝的要求施工,传力杆最外边距接缝或自由边的距离,不应小于 15 cm。

② 因故造成 1 h 以上停工或达到 2/3 初凝时间时应设置横向施工缝。

③ 横向施工缝若与横向缩缝、胀缝分开设置时,其距离不得小于 2 m,必要时为了保证获得最小间距,监理人员可授权改变横向缩缝的间距。

④ 横的施工缝应在做纹理之前修整出光顺平齐的表面。

(3) 横向缩缝。

① 横向缩缝应横过路面全宽设置。缩缝一般采用假缝形式,缝应做成一条直线,不得有任何中断。图纸规定缩缝处设传力杆时,其要求与施工缝的传力杆相同。

② 除监理人员另有指示外,横向缩缝(假缝)应采用锯缝,并按图纸规定的尺寸锯成,承包人应负责修建除规定位置外,不得出现任何横向裂缝的路面。在规定部位之外出现裂缝的混凝土路面应拒绝验收。

③ 锯缝垂直或水平的边缘剥落,不应超过 5 mm,边缘剥落长度,在任何 1 米长的锯缝内不得超过 300 mm。

④ 承包人应采用能适合锯混凝土硬度的锯刀、设备和控制方法,并应由有经验的操作人员来施工,以确保锯口平直和把边缘剥落控制在规定的范围以内。工地上应储备充足的备用锯缝机和锯刀,以供损坏时更换。

⑤ 当混凝土硬化到足以承受锯缝设备时,即可开始锯缝作业,锯缝作业完成后,应立即把所有锯屑和杂物彻底清除干净。

⑥ 混凝土板养生完毕后,用空气压缩机很好地清扫接缝沟槽内任何杂物,混凝土充分干燥后,用符合图纸规定的填料予以填封。

(4)横向胀缝。

① 横向胀缝应按图纸所示或监理人员指示,在桥头搭板端部、路面板的锚头处、沿行车道与交叉道之间以及其他规定处设置,胀缝应采用滑动传力杆,即在传力杆涂沥青的一端加一个盖套,内留 30 mm 的空隙,填纱头或泡沫塑料,盖套一端宜在相邻板中交错市置。

② 横向胀缝应连续贯通路面全宽,并应垂直于道路中心线以及按图纸所示尺寸设置,横向胀缝与其他横缝的距离不得小于 2 m,必要时,为保证获得最小净距,监理人员可授权改变横向缩缝的间距。

③ 接缝用的接缝板和填缝料应符合图纸规定。

④ 在设置接缝材料时,胀缝要彻底扫净,缝的侧面均应用接缝材料制造厂家推荐的结合料抹涂。填缝料的顶部低于路面表面不得少于 5 mm,也不得多于 7 mm。

(5)纵向缩缝。

① 纵向缩缝应平行于中线或监理人员指示的位置设置。拉杆应采用螺纹钢筋。

② 除监理人另有指示外,纵向缩缝采用假缝,用锯缝机按图纸规定的尺寸锯成。

③ 所有纵向缩缝的缝线与平面图所示位置之间的偏差在任何一点上都不得超过 10 mm。

(6)纵向施工缝。

纵向施丁缝一般采用平缝,并应在板厚中央设置拉杆,拉杆的设置与纵向缩缝拉杆设置相同,接缝应采用符合规范或图纸规定的填缝料予以填封。

9)混凝土板养护及模板的拆除

混凝土板表面修整完毕后,应及时采用湿治养护和塑料薄膜养护 14～21 d。模板的拆除,应符合《水泥混凝土路面施工及验收规范》(GBJ 97—1987)的规定。

10)开放交通

混凝土板达到设计强度时,监理人员可允许开放交通。当遇特殊情况需要提前开放交通时,则应根据《公路工程水泥及水泥混凝土试验规程》(JTG E30—2005)的试验方法测定混凝土试块强度,保证其达到设计强度80%以上,其车辆荷载不得大于设计荷载,在开放交通之前,路面应清扫干净,所有接缝均应封闭好。

11)取样和试验

(1)施工过程中,弯拉强度试验取样频率为:高速公路和一级公路每工作班制作 2～4 组,日进度大于等于 1 000 m 取 4 组,大于等于 500 m 取 3 组,小于 500 m 取 2 组;其他公路每工作班制作 1～3 组,日进度大于等于 1 000 m 取 3 组,大于等于 500 m 取 2 组,小于 500 m 取 1 组。每组 3 个试件的 28 d 强度的平均值作为一个统计数据。

抗压强度试验取样频率为:不同强度等级及不同配合比的混凝土应在浇筑地点或拌和地点分别随机制取试件;浇筑一般体积的结构物时每一单元结构物应制取 2 组;连续浇筑大体积结构物时,每 80～200 m³ 或每工作班应制取 2 组。每组 3 个试件的 28 d 强度的平均值作为一个统计数据。

强度试验按《公路工程水泥及水泥混凝土试验规程》(JTG E30—2005)规定方法进行。如果试件的试验结果表明 28 d 混凝土强度达不到规定强度时,监理工程师可允许承包人提交从工程中挖取的试件进行试验,此外监理工程师可选任何时间从工程中提取样芯以使与按要求制备的试样所取得的测试强度结果进行校验核对。

(2)摊铺好的混凝土面板厚度应在统计基础上取样,并进行测量,以确定面板厚度是否符合设计要求。

(3)所有试验结果均应报监理人员审批,所发生的一切费用由承包人自理。

12)混凝土面板的拆除及更换

(1)凡不符合规定要求时,任何混凝土面板均应按监理人员的指示予以拆除及更换,拆除及更换所发生的一切费用均由承包人负担。

(2)拆除的混凝土板应打碎后再拆除,拆除时不能损坏邻近的混凝土板和基层。

(3)更换的新板及接缝均应符合新建的规定。

13)冬季施工和夏季施工

在冬季或夏季施工时,应按《水泥混凝土路面施工及验收规范》(GBJ 97—1987)的要求进行施工。

2. 人工、小型机械化施工

1)模板安装的检查

(1)钢模板的高度应与混凝土板厚度一致。

(2)木模板应选用质地坚实、变形小,以及无腐朽、扭曲、裂纹的木料。

(3)模板高度的允许误差为±2 mm,企口舌部或凹槽的长度允许误差:钢模板为±1 mm;木模板为±2 mm。

(4)立模的平面位置与高程,应符合设计要求,并应支立准确且稳固,接头紧密平顺,不得有离缝、前后错茬和高低不平等现象。

(5)混凝土拌和物摊铺前,应对模板的间隔、高度、润滑、支撑稳定情况和基层的平整、润滑情况以及钢筋的位置和传力杆装置等进行全面检查。

2)混凝土拌和物的搅拌和运输

(1)混凝土拌和物应采用机械搅拌施工,其搅拌站宜根据施工顺序和运输工具设置,搅拌机的容量应根据工程量的大小和施工进度配置。施工工地宜有备用的搅拌机和发电机组。

(2)搅拌机每批的拌和物数量,应按混凝土施工配合比和搅拌机容量确定,并应符合下列规定。

① 进入拌和机的砂、石料必须准确过秤,磅秤使用前应检查校正。用砂必须严格控制泥块含量。

② 散装水泥必须过秤,袋装水泥当以袋计量时,应抽查其重量是否准确。

⑦ 严格控制加水量,每班开工前,实测砂、石料的含水量,根据大气变化,由工地试验确定施工配合比。

(3)搅拌第一批混凝土拌和物时,应先用适量的混凝土拌和物或砂浆搅拌,拌后排弃,然后再按规定的配合比进行搅拌。

(4)混凝土拌和物每批的搅拌时间,应根据搅拌机的性能和拌和物的和易性来确定。

(5)混凝土拌和物的运输,宜采用自卸机动车运输。当运距较远时,宜采用搅拌运输车运输。混凝土拌和物自搅拌机出料后,运至铺筑地点进行摊铺、振捣、做面,直至浇筑完毕的允许最长时间,由试验室根据水泥初凝时间及施工气温确定。

(6) 装运混凝土拌和物,不得漏浆,并应防止离析。夏季和冬季施工,必要时应有遮盖或保温措施,出料及铺筑时的卸料高度,不应超过 1.5 m,当有明显离析时,应在铺筑时重新拌匀。

3) 混凝土浇筑施工的质量控制

混凝土拌和物的施工,应符合下列规定。

(1) 混凝土路面优先采用三辊轴振捣梁进行振捣。厚度不大于 22 cm 的混凝土板,靠边角应先用插入式振捣器顺序振捣,再用功率不小于 2.2 kW 的平板振捣器纵横交错全面振捣。纵横振捣时,应重叠 10~20 cm,然后用振动梁振捣拖平,有钢筋的部位,振捣时应防止钢筋变位。

(2) 振捣器在每一位置振捣的持续时间,应以拌和物停止下沉、不再冒气泡为准,且当水灰比小于 0.45 时,不宜少于 30 s,用插入式振捣器时,不宜少于 30 s。

(3) 当采用插入式与平板振捣器配合使用时,应先用插入式振捣器振捣,后用平板式振捣器振捣。分两次摊铺的,振捣上层混凝土拌和物时,插入式振捣器应插入下层混凝土拌和物 5 cm,上层混凝土拌和物的振捣必须在下层混凝土拌和物初凝以前完成。插入式振捣器的移动间距不宜大于其作用半径的 0.5 倍,并应避免碰撞模板和钢筋。

(4) 振捣时应辅以人工找平,并应随时检查模板,如有下沉、变形或松动,应及时纠正。

(5) 干硬性混凝土搅拌时可先增大水灰比,浇筑后采用真空吸水工艺再将水灰比降低,以提高混凝土在未凝结硬化前的表层结合强度。

(6) 混凝土拌和物整平时,填补板面应先选用碎(砾)石较细的混凝土拌和物,严禁用纯水泥砂浆填补找平。经用振动梁整平后,可再用铁滚筒进一步整平。没有路拱时,应使用路拱成形板整平。整平时必须保持模板顶面整洁,接缝处板面平整。

(7) 混凝土板做面,应符合下列规定。

① 做面前,应做好清边整缝,清除黏浆,修补掉边、缺角。做面时严禁在面板混凝土上洒水、撒水泥粉。

② 做面宜分两次进行。先找平抹平,待混凝土表面无泌水时,再进行第二次抹平。混凝土板面应平整、密实。

③ 抹平后沿横坡方向拉毛或采用机具压槽。公路和城市道路、厂矿道路的拉毛和压槽深度应为 1~2 mm;民航机场道面拉毛的平均纹理深度(填砂法):跑道、高速出口滑行道不得小于 0.8 mm;滑行道、停机坪不得小于 0.4 mm。

4) 水泥混凝土路面接缝施工

对水泥混凝土路面接缝进行人工及小型机械化施工时,其要求与摊铺机施工水泥混凝土路面接缝相同。

5) 混凝土板养护及模板的拆除

混凝土板表面修整完毕后,应及时采用湿治养护或塑料薄膜养护 14~21 d,模板的拆除应符合《水泥混凝土路面施工及验收规范》(GBJ 97—1987)的规定。

四、连续配筋混凝土路面施工质量控制

连续配筋混凝土路面的施工可按图 3-20 所示工序实施。

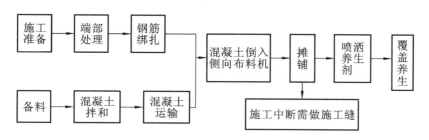

图 3-20 连续配筋混凝土路面施工工序简图

1．配合比设计

(1) 承包人应将计划用于铺筑水泥混凝土面层的各种材料，提前通过试验进行混合料组成配合比设计，这些设计应包括材料标准试验、混凝土抗折和抗压强度、集料级配、水灰比、坍落度、水泥用量、质量控制等，承包人应及时提供所有设计、试验报告单和详细说明，报监理工程师批准。混凝土的单位水泥用量，应根据摊铺选用的水灰比和单位用水量进行计算。

(2) 为了确定在整个施工过程中，混凝土混合料配合比是否需要调整，承包人可按规定做 7 d 的抗折强度试验。

(3) 混凝土配合比除应保证设计强度、耐磨、耐久性外，还必须满足摊铺对混凝土拌和物工作性能的要求。

(4) 承包人按上述要求提供的试验室理论配合比，必须经过试验路段的试拌、试铺检验，检验满足要求后，将确定的配合比资料报监理人员批准后才能用于施工配合比。

(5) 已批准的混凝土施工配合比、施工方法和材料，除由于原材料天然含水量的变化引起的用水量变化需适量调整外，未经监理人的同意不应改变，如需改变时，承包人应重新报送资料，试拌、试铺经监理人批准后才能使用。

2．施工准备

1) 人员准备

在摊铺开始前，施工单位应对施工、试验、机械、管理岗位的技术人员和各工种技术工人进行培训，未经培训的人员不得单独上岗操作。

2) 材料

(1) 施工单位应安排专人负责材料的准备工作，所有材料的供应、储备应不影响摊铺的正常施工。

(2) 所有运至工地的材料必须经监理人员验收。

(3) 料场应建在地势较高、排水通畅的位置，其底部应硬化处理，严禁料堆积水和泥土污染。不同规格的砂石料之间应有隔离设施，严禁混杂。

3) 机械设备

施工前，必须对搅拌楼、运输车辆、布料机、滑模摊铺机（或三轴仪）、拉毛养生机等施工机械，经纬仪、水准仪或全站仪等测量基准线仪器和人工辅助施工的振捣棒、整平梁、模板等机具、工具及试验仪器进行全面的检查、调试、校核、标定、维修和保养，并且试运行正常。对主要设备易损零部件应有适量储备。

4) 下卧层

(1) 面层施工前,应对下卧层进行评定。必须保证下卧层的平整度、高程等指标符合要求。

(2) 摊铺前,必须将下卧层表面清扫干净,并洒水湿润,若下卧层表面被泥土等污染,应使用洒水车冲洗干净。

(3) 摊铺前,应对基层上的沥青封层进行认真检查,若发现沥青封层损坏,应补撒沥青。

(4) 施工前,必须对透层、封层验收合格后,方可进行下一步工作。

5) 模板安装

(1) 下卧层验收合格后,应进行路面施工段的水准复测和补测以及中线的复测,核对原有中线桩和补测丢失的中桩。

(2) 采用 24 cm 厚的钢模板,根据测量的高程进行准确安装,应安装稳固、牢靠。模板安装完毕后,应检查其安装准确与否。

(3) 模板安装完毕后,禁止扰动,特别是正在摊铺时,严禁碰撞和振动。确保模板的稳定,保持混凝土路面边缘形状与高程准确,保证路面的平整度。

6) 基准线设置

(1) 基层验收合格后,应进行路面施工段的水准复测和补侧以及中线的复测,核对原有中线桩和补测丢失的中桩。

(2) 摊铺机导线桩的设置间距为 10 m,在变坡和弯道段应加密至 5 m,每个桩应打牢固,应打入基层 10~15 cm,夹线臂到基层顶面的距离为 45~75 cm。导线必须拉紧,每根导线上应有 100 kg 的拉力,张紧后准线上的垂直高差不应大于 1 mm;其长度最大不超过 400 m。导线安装完毕后,应检查其安装准确与否。

(3) 导线安装完毕后,禁止扰动,特别是正在摊铺时,严禁碰撞和振动。断开的导线连接后可使用,但接头不得大于 1 cm。大风天气将引起导线振动,若导线振动会引起路面平整度不良,应停止施工。

3. 施工

1) 设备

(1) 路面施工应采用以滑模摊铺机为主的大型机械配套施工技术(或人工及小型机械施工)。混凝土的搅拌、运输、表面整修与纹理制作等设备必须与其相配套,搅拌机的生产效率、混凝土运输生产能力必须与摊铺速度合理配套。

(2) 混凝土拌和设备。混凝土拌和机必须采用强制式搅拌机,并有自动供料、自动计量设备,设有集料配料系统、供水系统、外加剂加入装置和水泥及粉煤灰供应系统。

搅拌站的生产能力应保证摊铺均衡的、不停顿的作业,按半幅路面全宽摊铺所需要的水泥混凝土量来决定,其生产能力不宜小于 300 m^3/h。采用多台搅拌机组合时,必须保证新拌混凝土的质量均衡性。

搅拌站应有备用搅拌机和发电机组,应保证搅拌、清洗、养生用水的供应,并保证水质。

应配备足够的试验设备和人员,以对混凝土的质量进行检验与控制。

(3) 新拌混凝土的运输应以 10~20 t 的大吨位自卸汽车为主,辅以汽车式混凝土搅拌运输车,每台运输车应带有附着式振捣器,以方便卸料。自卸车的车斗应平整、光滑、不渗漏,后挡板应关闭严密,不漏浆,不变形。运料时应加盖,以防止水分蒸发,每天应对运输车辆检查清洗。

(4)滑模摊铺机应可以在施工中一次完成主线半幅路面两条行车道(含路缘带)混凝土板的摊铺、振捣、成型、传力杆安置、拉杆插入、抹光等工序。滑模摊铺机应有行驶方向以及摊铺高度两个方向的自动控制功能。

2)钢筋设置

(1)纵向钢筋必须紧密绑扎、安装好且稳固可靠(所有接点必须稳固),搭接点可采用细铁丝绑扎或者点焊,纵向钢筋最小搭接长度为钢筋直径的30倍,搭接位置应错开布置。横向钢筋布置于纵向钢筋之下,一般不应搭接,若有搭接也应错开布置,搭接长度不小于钢筋直径的30倍。纵横向钢筋绑扎的钢筋网必须平直成带片状,至板边的距离应保持相等。除了临时中断的施工缝以外,钢筋网应保持连续。

(2)支架应按照设计图纸设置,根据监理人员批准,也可以采用其他可靠的方法。混凝土摊铺和振捣期间,钢筋的排列和间距应保持和控制在正确的位置,且在规定的允许误差值围内,其竖向允许误差为±5 mm,钢筋网间处允许误差为±5 mm。应将支架牢固地树立在基层上,以防止支架倾倒或刺入基层。固定装置不应影响混凝土的摊铺和振捣。

(3)施工缝和纵缝处外露的普通钢筋和补强钢筋宜进行防锈处理。

(4)拉杆按规范进行设置,其位置位于纵向钢筋之上。

3)混凝土的搅拌与运输

(1)各种规格的集料应分类堆放和供料,取自不同料源的集料应分开堆放。每个料源的材料应进行抽样试验,并报经监理人员批准。

(2)搅拌站的计量系统在工地安装之后,应进行检定、校正,经监理人验收合格后方可正式投入生产。

(3)混凝土拌和物的拌和时间应根据搅拌机的性能和拌和物的和易性确定。净拌最短时间,即材料全部进入拌和楼起,至拌和物开始出料的连续搅拌时间,对强制式搅拌一般不应小于35~40 s。

(4)对搅拌站的大型搅拌机的生产性验证,应根据试验室提供的配合比试拌,进行混凝土和易性、含气量、弯拉强度三项检验,并从每台搅拌机试拌时的初期、中期和后期分别取样制作试件,以检验各台搅拌机拌制混凝土的均匀性。

(5)每天应对混凝土的生产进行全面监督,并要求将多台搅拌机的实际配料记录和材料使用统计、机械操作参数以及搅拌混凝土的生产时间、数量等记录进行统计,并进行定期分析,以提高混凝土生产质量的均匀性。

(6)混凝土拌和物从搅拌机出料后,运至铺筑地点进行摊铺完毕的最长允许时间,由试验室根据水泥初凝时间、施工气温以及坍落度损失试验结果确定,一般不应大于1.5 h,在气温不同的条件下,可以来用外掺剂来调节初凝时间。

(7)自卸汽车装运混凝土拌和物时,不得漏浆,并应防止离析。在夏季或冬季施工时,自卸车厢上应加遮盖。混凝土出料时应注意移动自卸汽车,避免离析。出料时的卸料高度不得超过1.5 m。

4)混凝土的摊铺

(1)连续配筋混凝土路面宜采用能够一次完成半幅路面的滑模摊铺机施工。

(2) 摊铺时,宜采用侧向进料方式,可采用经监理人员同意的侧向布料机或其他侧向进料设备。同时,在布料机械出现故障时,应有相应的应急措施。对布料机上的易损零部件应有储备。当采用人工摊铺时,不应对混合料进行抛掷,以防离析。

(3) 在摊铺机起步、收机等路段,应采用刚运到的新混凝土拌和物,辅以人工浇筑、捣实,以保证混凝土板的板厚、密实度、平整度及饰面质量。

(4) 在滑模摊铺的最初 50 m 之内,应测量校核路面高程、厚度、宽度、中线、横坡等技术参数,并及时通知机手,以便调整滑模摊铺机上传感器、挤压板等设备,保证所铺的路面满足要求。

(5) 摊铺机应保持均匀摊铺速度,摊铺时应随时观察新拌混凝土的级配和黏度情况,并根据其黏度调整摊铺的速度和振捣频率。摊铺后的混凝土表面应无麻面,板侧应垂直光洁且无坍边和麻面。如有少量麻面、气泡、边角塌陷等,应及时用人工修整,如缺陷严重,应立即对摊铺机加以调整,经调整后仍不能克服的,应立即停机,查出原因,清除弊端后方可继续工作。

(6) 在滑模摊铺机施工过程中,要求供料与摊铺机速度密切协调,尽可能减少停机次数。若出现新拌混凝土供应不上的情况,滑模摊铺机停机等待时间不得超过 30 min,在 30 min 内,应每隔 10 min 开动振捣棒振动 2 min;超过 30 min 时,应将滑模摊铺机升出路面摊铺位置,且该处应做施工缝。

(7) 施工时要求尽量保证连续施工,以减少横向缝的数量。当遇实际情况不得不中断施工时,其间距不宜小于 200 m。在施工缝处增加纵向抗剪钢筋,钢筋的数量比纵向钢筋数量少 2 根,其布置位置保证距两根纵向钢筋的间距相等,钢筋的直径与纵向钢筋相同,且应具有足够的长度,抗剪钢筋应伸入先施工的面板一端至少 95 cm,后摊铺的面板一端 245 cm。施工缝端部应平整、光洁、无麻面。

(8) 对混合料进行振捣,每一位置的持续时间应以混凝土停止下沉,不再冒气泡并泛出砂浆为准,振捣时间不宜太长。振捣时应辅以人工找平,并随时检查模板有无下沉、变形和松动。

(9) 下列情况下不能进行摊铺:①准备工作不充分;②气温低于 5 ℃或高于 35 ℃;③正在下雨或估计 4 h 内有雨;④其他监理人员认为不能摊铺的情况。

5) 表面修整

(1) 混凝土摊铺、捣实、刮平作业完成后,应用批准的饰面设备进一步整平,使混凝土表面达到要求的坡度和平整度。

(2) 饰面作业时,不得在混凝土表面洒水或洒水泥粉,当烈日暴晒或干旱风吹时,宜在遮阴篷下进行。

(3) 接缝和路表面不规则处的必要的人工修整作业,应选用较细的碎石混合料,严禁使用纯砂浆找平,并在经监理人员批准的工作桥上进行,工作桥不得支撑在尚未达到强度要求的混凝土上。

(4) 修整作业应在混凝土仍保持塑性和具有和易性的时候进行,以确保从混凝土表面上清除水分和浮浆。在表面低洼处不得填以表面的浮浆,而必须用新拌制的混凝土填补与修整。

(5) 在混凝土仍具有塑性时,应按照要求纵向拉毛,横坡方向应采用拉槽措施在混凝土表面沿横向制作纹理,以保证混凝土路面的抗滑要求。

6) 混凝土养生

(1) 混凝土浇筑作业完成后,应开始养生并进行防护。所选择的养生方法应经监理人员批准。

（2）采用喷洒养护剂的方式进行养护时，应采用专用的养生机喷洒，养护剂的品种和数量应满足规范的要求，并应均匀喷洒两遍，面板两侧也应喷洒。养生剂的喷洒量必须以在混凝土表面形成完全封闭的薄膜为度，然后再用塑料薄膜覆盖或加盖麻袋进行湿治养护。在养护膜未形成前，如遇雨水侵袭，应更新喷洒。覆盖应持续到14 d或达到混凝土设计强度的80%。

（3）应控制养生初期的养生温度。养生时间应随混凝土强度的增长情况而定，并经监理人员同意。

五、沥青路面常见质量问题与防治

沥青路面由于环境因素的不断影响和行车荷载的反复作用，经过一段时间的使用，便会产生破坏而失去原有的使用能力。沥青路面常见的病害类型如下。

1. 由软土地基继续沉降产生的路面（含桥头）沉陷

我国许多高速公路都有部分路段位于软土地基上。针对不同情况的软土地基，高速公路设计和施工时，都采用了相应的处治措施，花费了大量的资金，期望在路面建成通车后软土地基不会产生过多的工后沉降，以减少或减轻路面产生较大沉陷，保持路面应有的平整度。但是实践表明，多条高速公路都没有达到应有的技术效果。

未得到应有效果的关键问题在于：采取处理措施后到铺筑路面前容许软土地基固结沉降的时间太短。造成软土地段路面大量沉陷的另一个重要外因是袋装砂井或塑料排水板或粉喷桩、搅拌桩等没有打穿软土层，致使砂井底、排水板下端以及桩尖下部仍有一层厚不一的软土层。

因此，要使软土地基固结稳定，最重要的是要有足够长的加载预压时间使路基稳定。

2. 水破坏

沥青路面水破坏现象十分普遍，水破坏来得快，造成的损坏也较严重。降水进入沥青面层后，在大量高速行驶车辆的作用下，根据水的滞留位置的不同，可能产生以下几种不同的水破坏现象。

1) 表面层产生坑洞

降雨过程中，雨水会进入并滞留在表面层沥青混凝土的空隙中。在大量快速行车的作用下，一次一次产生的动水压力（孔隙水压力）使沥青从碎石表面剥落下来，使局部沥青混凝土变得松散，碎石被车轮甩出，路面产生坑洞。

2) 表面层和中面层同时产生坑洞以及局部表面产生网裂和形变

降雨过程中，如自由水渗入并滞留在表面层和中面层内，大量快速行车使此两层内沥青混凝土中部分碎石上的沥青剥落，导致表面产生网裂、形变（下陷）和向外侧推挤，或产生坑洞。

3) 唧浆、网裂、坑洞

如果水透过沥青面层（两层式或三层式）滞留在半刚性基层顶面，在大量快速行车作用下，自由水产生很大的压力并冲刷基层混合料表层的细料，形成灰白色浆。灰浆被行车压挤到路表面，在灰浆数量较大的情况下，可能立即产生坑洞；在灰浆数量较小的情况下，可以使路面网裂或变形,某处产生网裂和变形后,降水就更容易渗入,并产生恶性循环,最终导致路面破坏。

沥青混凝土本身的空隙率大、压实度不够和不均匀性是导致沥青面层产生水破坏的主要内因,应采用设计孔隙率较小(4%～5%)的沥青混凝土,加强高温压实,提高材料和摊铺的均匀性,可减小上述病害。

3. 沉陷

沉陷是路面在车轮作用下表面产生的较大凹陷变形,有时凹陷两侧伴有隆起现象。当沉陷严重时,超过了结构的变形能力,在结构层受拉区产生开裂而形成纵裂,并有可能逐渐发展成网裂。造成沉陷的主要原因是路基土的压缩。当路基土的承载能力较低,不能承受从路面传至路基表面的车轮压力时,便产生较大的垂直变形即沉陷。

4. 车辙

车辙是路面的结构层及土基在行车重复荷载作用下的补充压实,以及结构层材料的侧向位移产生的累积永久变形。这种变形出现在行车轮带处,即形成路面的纵向带状凹陷。车辙是高级沥青路面的主要破坏形式。因为这类路面的使用寿命较长,虽然每一次行车荷载作用产生的残余变形量很小,但多次重复作用累积起来的残余变形总和也将会较大,足以影响车辆的正常行驶。降雨过程中及雨后车辙内的积水会使行车产生水漂现象,进而影响行车安全。车辙超过一定深度,路面就容易破坏。

对于半刚性基层来说,如果半刚性基层质量不好,局部半刚性基层材料没有形成完整的整体,甚至是松散的,则其上的沥青面层会产生严重的车辙。

对于某一已知的气候条件,影响车辙的有如下两个主要外因。

(1) 重载卡车的数量及其轴重和轮胎压力。重载卡车的数量越多、轴重和轮胎压力越大,要求沥青混凝土的抗车辙能力越强。

(2) 行车速度。承受慢速交通或有停车情况的路面与承受快速交通的路面相比较而言,前者要求沥青混凝土有较大的抗车辙能力,即车速越慢,要求沥青混凝土的抗车辙能力越强。

如果沥青混凝土本身的高温强度(或常称的高温稳定性)不足,或水浸入沥青混凝土面层后,使其下部沥青剥落,强度显著下降,在行车作用下会产生剪切形变并导致严重车辙和向外侧推挤现象。

5. 松散

松散是由于沥青混凝土表面层中的集料颗粒脱落,从表面向下发展的渐进过程,集料颗粒与裹覆沥青之间丧失黏结力是颗粒脱落的原因。

可能导致松散的原因主要有以下几种。

(1) 集料颗粒被足够厚的粉尘包裹,使沥青膜黏结在粉尘上,而不是黏结在集料颗粒上。表面的摩擦力磨掉沥青膜,并使集料颗粒脱落。

(2) 表面有离析,离析处缺少大部分细集料。离析面上粗集料与粗集料相接触,但只有少数接触点有沥青黏结着集料。随时间增长,沥青会老化,剥落会使沥青与集料的黏结力减弱,孔隙中的水冻结会破坏黏结力,或足够大的摩擦力会破坏离析面上的集料颗粒。

(3) 沥青混凝土面层内有密实度较低的位置,需要有高密实度才能保证沥青混合料的黏聚力。如果混合料压实度不够,集料就容易从混合料中脱落。

松散严重的路面,如果材料散失后在路面表面留下一个洼坑,并有足够的深度存水,就可能引起水漂现象而产生安全问题。表面的松散集料会降低抗滑能力,并被行车轮胎带起甩在行车道上,引起其他问题。

6. 横向裂缝

横向裂缝是沥青面层发生最多的一种裂缝。关于横向裂缝应注意以下几点。

(1) 沥青路面的裂缝是不可避免的,横向裂缝也是不可避免的。横向裂缝可能由多个外因引起,如温度变化的作用、地基或填土路堤纵向不均匀沉陷、半刚性基层的裂缝或刚性路面的接缝,如图3-21所示。

(2) 绝大部分横向裂缝是温度裂缝,其中高速公路半刚性路面的横向裂缝也绝大部分是温度裂缝。在冰冻地区温度裂缝有两种:一种是冬季突然大幅度降温引起沥青面层产生低温收缩裂缝;另一种是日气温变化引起沥青面层产生温度应力,温度应力的反复作用使沥青面层产生温度疲劳裂缝。在冬季负气温的地区,通常低温裂缝占绝大多数。

图3-21　水泥稳定碎石横向裂缝处理

(3) 温度裂缝起始于表面。大风降温过程中,面层表面的温度最低,并且表面的温度变化率最大。因此,表面产生的温度拉应力最大。因此,温度裂缝总是起始于表面并向下较快延伸。

(4) 半刚性路面的裂缝率与柔性路面的裂缝率没有明显的差别。

(5) 温度裂缝逐年增加。

(6) 优质沥青可以减少温度裂缝。

(7) 沥青较稀、黏度较高有利于减少温度裂缝。

(8) 面层沥青混凝土的强度越大,则越不容易产生裂缝。大幅度降温时,面层表面产生的温度应力大于表层沥青混凝土拉应力时,面层就会开裂。因此,表层沥青混凝土的抗拉强度越大,面层越不容易开裂,反之亦然。

影响沥青混凝土抗拉强度大小的因素有沥青质量、矿料级配、沥青混凝土的空隙率和压实度等。通常压实度高或空隙率小的沥青混凝土抗拉强度大。

(9) 沥青混凝土的均匀性。沥青混凝土的均匀性越好,其强度就越均匀,面层表面的薄弱处也就越少。因此在其他条件相同的情况下,沥青混凝土面层的均匀性越好,表面产生温度裂缝的时间可能越晚,温度裂缝的数量也会越少。

(10) 面层越厚并不意味裂缝越少。在其他条件相同的情况下,面层越厚,表面产生的温度应力可能越大。由于面层表面的温度裂缝是由多个因素引起的,因此不是面层越薄,温度裂缝越少。

7. 反射裂缝

反射裂缝是指下卧层不连续处作用在热拌沥青混凝土面层底面的应力超过了材料的抗拉强度并使面层底面开裂,裂缝逐渐向上延伸,直到穿透面层,反映为表面的裂缝的现象。下列因素可能会引起反射裂缝。

（1）下卧水泥混凝土路面的裂缝或接缝。

（2）旧热拌沥青混凝土面层上的低温裂缝。

（3）旧热拌沥青混凝上面层的块状裂缝，或由土基收缩裂缝引起的旧路面的块状裂缝。

（4）旧面层上的纵向裂缝。

（5）旧面层上的疲劳裂缝。

在旧面层上铺一层薄的应力或应变吸收层会吸收下卧层的很多水平运动，从而减少裂缝穿过热拌沥青混凝土顶面。另一种修补技术是，使用再生技术使旧沥青混凝土面层的上部 5~10 cm 如同新铺面层。这种旧面层更新技术能消除旧面层中的部分裂缝，从而减少或延缓反射裂缝的发展。

如果反射裂缝是由开裂或有接缝水泥混凝土路面相邻两部分的水平和垂直运动引起的，则很难预防穿过热拌沥青混凝土面层的反射裂缝。

实践中还有为一种情况，在旧的有缝路面上不是铺筑薄沥青混凝土面层，而是较厚（如 8 cm 以上）的沥青混凝土面层。在这种情况下，旧路面的缝也会促使其上新铺面层在旧路面缝的上方产生相对应的裂缝。但此对应裂缝不是从新铺面层的底面开始，而是从其顶面开始，并逐渐向下穿透面层与旧路面的缝相连。为区别于上述从底面开始的反射裂缝，将其称之为对应裂缝。

为了减少或延缓产生这类形成机理完全不一样的对应裂缝，显然也需要采取某些不同的技术措施，上述在旧路面上铺设应力吸收膜中间层的措施就不再适用于来减少对应裂缝。对于减少或延缓对应裂缝而言，需要加强新面层表层的抗拉强度。

六、水泥混凝土路面常见质量问题与防治

根据病害发生的原因、表现形态、对使用性能的影响、对应的处治措施等因素以及考虑到简明实用和避免不必要的烦琐，可将水泥路面病害分为 4 类、17 型，每型分 1~3 级，共计 31 种病害。

1. 断裂类质量问题

1）裂缝

单块面板范围内仅存在一条裂缝，包括横向裂缝、纵向裂缝、斜向裂缝，且不属于断角的情况。按裂缝宽度、是否有错台沉陷等情况分为以下三个轻重程度等级。

（1）轻微：裂缝两边的板块稳固，无松动和错台，裂缝基本无剥落（剥落长度≤10%裂缝长度）且裂缝缝隙宽度≤3 mm 或者裂缝填封良好。一般为平面上未裂通或裂通不久的裂缝。轻度裂缝为裂缝初期形态，在素混凝土板中一般不会维持很久。对于未裂通的轻度裂缝一般不予以处理，已裂通的可采取灌缝或封缝处理。

（2）中等：裂缝有一定程度的剥落（裂缝剥落长度为 10%~50%的裂缝长度）或裂缝两边板块存在中等错台（错台量为 6~10 mm），或裂缝缝隙宽度为 3~15 mm。中等裂缝为轻度裂缝进一步发展形成。中等裂缝的典型处治措施为板底压浆后沿裂缝开槽（宽 10~20 mm，深 15~

30 mm),在缝槽内灌注接缝填缝料,或采用养护规范推荐的其他处治措施。

(3) 严重:裂缝出现两边板块严重错台、沉陷、唧泥,或裂缝严重剥落等情况,或裂缝缝隙宽度≥15 mm。严重裂缝为中等裂缝进一步发展形成。严重裂缝的典型处治措施为进行板底压浆稳定板块,再沿裂缝开槽(宽10~20 mm,深15~30 mm)后在缝槽内灌注接缝填缝料,维持使用。但是,若满足下面的三个条件,可采取局部换板(全厚式修补)处理。

① 裂块中的一块占60%以上面积并保持稳定而没有任何沉陷、唧泥松动等情况。
② 经适当的横(纵)向锯切后保留的板长(宽)在2.5 m以上。
③ 局部换板处理的板块长(宽)度至少为1.0 m。

2) 破碎

裂缝将板分为三块以上。如果全部断块或裂缝发生在一个局部则应归类为断角。按破坏程度是否已经影响到行车安全而需要立即进行换板处治,分为三个轻重程度等级。

(1) 轻微:板块被轻度裂缝分为3块,板块未发生松动、错台或沉陷。轻度破碎板一般由轻微裂缝(缝宽3 mm)板进一步开裂形成。轻微破碎板可采取封闭裂缝等方法维持使用。

(2) 中等:板块被轻度裂缝分为4块或被中等裂缝(缝宽3~15 mm)分为3块,或板块发生10 mm以下错台或沉陷。中等破碎板一般由轻微破碎板或中等裂缝板进一步开裂形成。中等破碎板可采取封闭裂缝等方法维持使用,或与相邻的严重破碎板一并进行整板更换。

(3) 严重:板块被分为5块以上,或虽分为3~4块但板块有明显松动、有10 mm以上错台、沉陷、唧泥等情况。严重破碎板可由中等破碎板进一步发展形成,也可由严重裂缝(缝宽≥15 mm)板或补块板进一步开裂形成。严重破碎板一般应立即进行整板更换,基层应在换板时一并处理完善。

3) 断角

断角为裂缝与纵横接缝相交,交点距板角小于或等于板边长度一半的损坏。按是否下沉影响行车安全和损坏程度分为两个轻重程度等级。

(1) 轻微:断角没有下沉或已经修补且补块未破碎下沉。发生断角的板块通常厚度不足,在重车的作用下板角竖向位移过大,引起基层或土基发生塑性变形而使板角失去支撑,造成板角上表面拉应力过大,超过疲劳极限而开裂。轻度断角可封缝后维持使用。

(2) 严重:断角有下沉或断角本身进一步断裂成两块以上。严重断角由轻微断角发展而来。严重断角应进行角隅全厚式修补或横向全厚式修补。

4) 补块

补块是指路面板损坏后用水泥混凝土进行的局部全厚式修补。板块的病害虽经修补,但毕竟已不同于完整板块,即使修补部分本身情况良好,整个板块的结构性能仍受到削弱。当补块为断角修补时,归入断角病害。当补块的非补块部分发生新的开裂时,归入破碎板病害。按补块本身是否下沉和开裂将补块板分为两个轻重程度等级。

(1) 轻微:补块稍有损坏,错台<10 mm,不影响路面使用性能。对于轻微补块板可不予处理。

(2) 严重:补块内开裂,或错台沉陷≥10 mm。对于严重损坏的补块板应翻修补块或整板更换,基层应一并处理完善。

2. 变形类质量问题

1) 脱空、唧泥

板块在荷载通过时有明显活动感,或接缝处有污染,沉积着基层材料,或板角弯沉检测的弯沉值≥0.2 mm。脱空、唧泥病害不分等级,脱空、板块松动可采取压力灌浆的办法进行板下封堵处治;当有唧泥时表明路面、基层或路基排水不良,还应采取措施改进路面、基层和路基排水系统。

2) 错台

错台是指接缝两边出现 3 mm 以上高差。按高差大小分为三个轻重程度等级。

(1) 轻微:高差≤5 mm。轻度错台可不予处理。

(2) 中等:高差 6~10 mm。中等错台可采用机械磨平法,打磨宽度不小于 40 倍错台高差。

(3) 严重:高差≥10 mm。严重错台可采用环氧树脂砂浆进行结合式补平或用沥青砂调平(补平或调平宽度不小于 40 倍错台高差),或用沥青混凝土罩面,或采取板底压浆抬高等方法进行处置。

3) 拱起

拱起是指横缝两侧的板体因热胀而突然发生明显抬高。拱起病害不分等级,切割拱起部位将板复位,再进一步灌填接缝材料。

4) 胀起

路面板在局部路段范围内因路基冻胀或膨胀土膨胀向上隆起,造成 0.5% 以上的纵坡突变或 10 mm 以上的邻板高差。按对行车的影响程度分为两个轻重程度等级。

(1) 轻微:当车辆驶过时仅引起不舒适而不影响安全性,纵坡突变量为 0.5%~1.0%。轻度沉陷可不予处理。

(2) 严重:当某些车辆高速驶过时影响安全,纵坡突变量大于 1.0%。严重沉陷可采用提升面板后再压浆的办法进行处理,也可以采用先板底灌浆再进行浅层结合式修补调平,或采用沥青混凝土罩面的办法处理。沉陷并伴有板体开裂时属严重破碎板,一般应进行整板更换。

3. 接缝类质量问题

1) 接缝剥落

接缝剥落是指沿接缝每侧约一个板厚宽度范围内的板边碎裂,裂缝面与板面成一定角度且未贯通板厚。接缝剥落分为两个轻重程度等级。

(1) 轻微:浅层剥落,接缝槽深度范围内(约 8 cm)碎裂。可以用浅层结合式边角修复的法进行修补。

(2) 严重:深层剥落,接缝附近混凝土多处开裂且深度超过接缝槽底部的碎裂。剥落可进行横向全厚式修复,当深层剥落局限于板角时可采用角隅全厚式修复。

2) 纵缝张开

纵缝张开是指因未设拉杆、拉杆数量不足或拉杆损坏而造成纵向接缝两侧板块分离 3 mm 以上。纵缝张开病害分为两个轻重程度等级。

(1) 轻微:纵缝张开 3~10 mm。可采用填缝料做灌缝处理。

(2) 严重:纵缝张开 10 mm 以上。可采用沥青砂做填缝处理。

3) 接缝填缝料损坏

接缝填缝料损坏是指因填缝料老化、与接缝缝壁剥离、挤出、车轮带出等原因,接缝整条脱粘、开裂、渗水或 1/3 以上缝长出现主缝(包括被砂、石、土填塞)。接缝填缝料损坏不分等级。接缝填缝料损坏应先清缝然后重新灌注接缝填缝料。当接缝呈空缝状态时往往表明板底脱空、唧泥,应先进行板下封堵,然后灌缝。

4. 表面类质量问题

1) 露骨

露骨是指路面板表面面积在 2 m² 以上的细集料散失和粗集料暴露。露骨病害分为两个轻重程度等级。

(1) 轻微:露骨深度≤3 mm。一般可不予处理。
(2) 严重:露骨深度>3 mm。可进行罩面或表面刻纹处理。

2) 表层裂纹

表层裂纹是指路面板因冰冻、水泥安定性不足、活性集料反应、施工期间水泥混凝土塑性收缩等引起的表面浅层裂纹。表层裂纹病害不分等级。一般可不予处理。

3) 层状剥落

层状剥落是指路表面因冰冻侵蚀、活性集料反应、砂浆强度不足等造成的浅层碎裂剥落。层状剥落病害不分等级。可采取浅层结合式罩面修补法进行处治。

4) 坑洞

坑洞是指因粗集料脱落或局部振捣不到位等原因,造成的分布于路表面,面积为 20~80 cm²,深度为 40 mm 以上的局部凹坑。坑洞病害不分等级。一般可采用高强度等级水泥砂浆填实。

任务 4 桥涵工程施工质量控制

一、桥梁总体质量控制的基本要求

桥梁工程为一个单位工程,若建设项目中有若干座大、中桥时,则每座大、中桥为一个统计单元;若每座大、中桥具有若干个墩台,其基础及下部构造应为一个分部工程,而每个墩、台则为一个统计单元。

1) 基本要求

(1) 桥梁施工应严格按照设计图纸、施工技术规范和有关技术操作规程进行。
(2) 桥下净空不得小于设计要求。
(3) 特大桥梁或结构复杂的桥梁,必要时应进行荷载试验。

2) 实测项目

桥梁总体实训项目见表3-11。

表3-11 桥梁总体实测项目

项次	检查项目		规定值或允许偏差	检查方法和频率	权值
1	桥面中线偏位/mm		20	全站仪或经纬仪:检查3~8处	2
2	桥宽/mm	车行道	±10	尺量:每孔3~5处	2
		人行道	±10		
3	桥长		+30,-100	全站仪或经纬仪、钢尺:检查中心线	1
4	引道中心线与桥梁中心线的衔接/mm		20	尺量:分别将引道中心线和桥梁中心线延长至两长端部,比较其平面位置	2
5	桥头高程衔接/mm		±3	水准仪:在桥头搭板范围内侧延桥面纵坡,每米1点测量高程	2

3) 外观鉴定

(1) 桥梁的内外轮廓线条应顺滑清晰,无突变、无明显折变或反复现象,不符合要求时减1~3分。

(2) 栏杆、防护栏、灯柱和缘石的线形顺滑流畅,无折弯现象,不符合要求时减1~3分。

(3) 踏步顺直,与边坡一致,不符合要求时减1~2分。

二、桥梁基础质量控制的基本要求

常用的桥梁基础形式有扩大基础、桩基础、沉井基础等。

1) 扩大基础

(1) 基本要求。

① 所采用的水泥、砂、水、外掺剂及混合材料的质量和规格必须符合有关规范的要求,按规定的配合比施工。

② 不得出现露筋和空洞的现象。

③ 基础的地基承载力必须满足设计要求。

④ 严禁超挖回填土。

(2) 实测项目见表3-12。

表3-12 扩大基础实测项目

项次	检查项目	规定值或允许偏差	检查方法和频率	权值
1△	混凝土强度/MPa	在合格标准内	按JTG F80/1—2004附录G检查	3
2	平面尺寸/mm	±50	尺量:长、宽各检查3处	2

续表

项次	检查项目		规定值或允许偏差	检查方法和频率	权值
3△	基础底面高程 /mm	土质	±50	水准仪:测量5~8点	2
		石质	±50,-200		
4	基础顶面高程/mm		±30	水准仪:测量5~8点	1
5	轴线偏位/mm		25	全站仪或经纬仪:纵、横各检查2点	2

(3) 外观鉴定。

混凝土表面应平整,无明显施工接缝。不符合要求时减1~3分。

2) 桩基础

按施工方法的不同,桩基础又可分为钻孔桩基础、挖扎桩基础、沉入桩基础等。下面以钻孔桩为例进行介绍。

(1) 基本要求。

① 桩身混凝土所用的水泥、砂、石、水、外掺剂及混合材料的质量和规格必须符合有关规范的要求,按规定的配合比施工。

② 成孔后必须清孔,测量孔径、孔深、孔位和沉淀层厚度,确认满足设计或施工技术规范要求后,方可灌注水下混凝土。

③ 水下混凝土应连续灌注,严禁有夹层和断桩。

④ 嵌入承台的锚固钢筋长度不得低于设计规范规定的最小锚固长度要求。

⑤ 应选择有代表性的桩用无破损法进行检测,重要工程或重要部位的桩宜逐根进行检测。设计有规定或对桩的质量有怀疑时,应采取钻取芯样法对桩进行检测。

⑥ 凿除桩头预留混凝土后,桩顶应无残余的松散混凝土。

(2) 实测项目见表3-13。

表3-13 钻孔灌注桩实测项目

项次	检查项目			规定值或允许偏差	检查方法和频率	权值
1△	混凝土强度/MPa			在合格标准内	按JTG F80/1—2004附录G检查	3
2△	桩位 /mm	群桩		100	全站仪或经纬仪:每桩检查	2
		排架桩	允许	50		
			极值	100		
3△	孔深/m			不小于设计	测绳量:每桩测量	3
4△	孔径/mm			不小于设计	探孔器:每桩测量	3
5	钻孔倾斜度/mm			1%桩长,且不大于500	用测壁(斜)仪或钻杆垂线法:每桩检查	1
6△	沉淀厚度 /mm	摩擦桩		符合设计规定,设计未规定时按施工规范要求	沉淀盒或标准测锤:每桩检查	2
		支承桩		不大于设计规定		
7	钢筋骨架底面高程/mm			±50	水准仪:测每桩骨架顶面高程后反算	1

(3) 外观鉴定。
① 桩的质量有缺陷、但经设计单位确认仍可用时,应减 3 分。
② 桩顶面应平整,桩柱连接处应平直且无局部修补。不符合要求时减 1~3 分。

三、桥梁下部构造质量控制的基本要求

桥梁下部墩台的轴线位置、长与宽、侧坡、顶面高程等施工放样必须满足设计和规范要求;当为圬工砌体时,应满足砌体施工的要求;当为混凝土圬工时,其混凝土浇筑应满足有关施工规范的要求。

四、桥梁上部构造质量控制的基本要求

此处所说的桥梁上部构造,主要指梁、板、拱三种构造形式。无论采取现场浇筑(含圬工拱桥的砌筑)或预制安装(含大跨径钢筋混凝土拱桥),其施工质量均应满足设计要求及有关规范规定。

五、桥面系质量控制的基本要求

桥面系包括:桥面铺装、栏杆与扶手等,其质量控制的基本要求详见施工阶段的监理。

六、涵洞(通道)的质量控制的基本要求

涵洞常用的形式有管涵、盖板涵与拱涵,每座涵洞由进水口、洞身及出水口组成。各类涵洞的涵身应平直;涵底铺砌(除管涵外)应密实平整,且无阻水现象;帽石及一字墙或八字墙应平立无翘曲,其表面亦应平整,轮廓清晰,线条平直;钢筋混凝土圆管、盖板,无论是现浇、预制或外购,均应满足设计要求,施工安装时,应符合施工规范的要求;拱圈圬工的砌筑,应从两端拱脚向拱顶同时对称砌筑,砌筑施工中,拱架或拱圈均不得产生变形,当拱圈强度达到设计强度的 70% 时,方可拆除拱架;沉降缝、防水层、回填土等,均应按设计要求及有关规定的施工。

1) 基本要求
(1) 涵洞施工应严格按照设计图纸、施工技术规范和有关技术操作规程进行。
(2) 各接缝、沉降缝位置正确,填缝无空鼓、开裂现象;若有预制构件,其接缝应与沉降缝吻合。
(3) 涵洞内不得遗留建筑垃圾、杂物等。
2) 实测项目
涵洞总体实测项目见表 3-14。

表 3-14　涵洞总体实测项目

项次	检查项目	规定值或允许偏差	检查方法和频率	权值
1	轴线偏位/mm	明涵 20,暗涵 50	经纬仪:检查 2 处	2
2△	流水面高程/mm	±20	水准仪、尺量:检查洞口 2 处,拉线检查中间 1~2 处	3
3	涵底铺砌厚度/mm	+40,-10	尺量:检查 3~5 处	1
4	长度/mm	+100,-50	尺量:检查中心线	1
5△	孔径/mm	±20	尺量:检查 3~5 处	3
6	净高/mm	明涵±20,暗涵±50	尺量:检查 3~5 处	1

3) 外观鉴定

(1) 洞身顺直,进出口、洞身、沟槽等衔接平顺,无阻水现象,不符合要求时减 1~3 分。

(2) 帽石、一字墙或八字墙等应平直,与路线边坡、线形匹配,棱角分明,不符合要求时减 1~3 分。

(3) 涵洞处路面平顺,无跳车现象,不符合要求时减 2~4 分。

(4) 外露混凝土表面平整,颜色一致,不符合要求时减 1~3 分。

七、构造物回填工程质量控制的基本要求

构造物回填一般指桥涵台背、桥台锥坡、挡土墙、护坡等的填土。应注意,未经监理工程师同意,不得进行凹填。回填时间应待结构物混凝土达到设计强度的 70% 方能开始,高于桥面支承横梁底面的桥台回填,应在结构物拆模期终了 3 d 之后进行。墩台周围的回填,应同时在两侧及基本相同的高程上进行,且应特别注意防止对结构物形成任何土楔的情况。必要时,挖方界内的坡度可修成台阶形。回填应采用透水性良好的土壤,若有困难时,高出水位以上部分可用与路堤相同的土壤填筑,但应在透水性填土下面铺填一层胶泥,胶泥层顶面还应设置横坡,以利排水。台背填土长度(沿路线方向)应自台身算起,顶部不小于桥台高度加 2 m,底部亦不小于 2 m,锥坡填土应与台背填土同时进行,并按设计宽度一次填足以避免事后补填。拱桥台背的填土必须与拱圈施工程序配合进行,以便使拱推力与台背填土之压力保持平衡。回填料的压实,应在材料接近最佳含水量时进行,压实度应达到设计规定;为保证回填料达到压实度,可分层填筑和夯实。

八、桥涵施工阶段的监理

在桥涵的施工阶段,各分项工程质量控制要点及监理工作程序分别介绍。

1. 基础开挖与检验

桥涵基础开挖的施工程序及监理工作程序如图 3-22 所示。

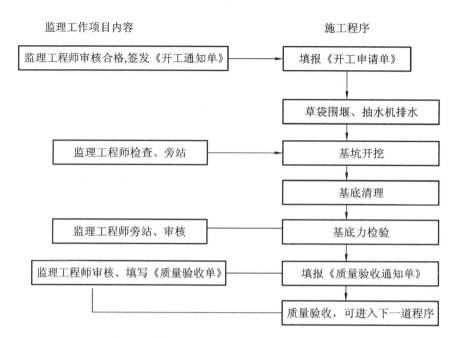

图 3-22 基础开挖施工程序及监理工作示意图

1) 基础开挖

基础开挖由围堰、基坑开挖、基础处理等工序构成。开挖透水性较大的土的基坑时,基底各边应比设计尺寸增宽 0.5～1.0 m 以方便施工。在干燥地方或地下水位低于基底时,浅基坑的坑壁可不加固。当基坑深度大于 5 m 时,坑壁可按土壤种类和基础顶缘受荷载情况设置一定边坡或加设平台。基底不得超挖,一般土质基坑,当挖至接近基底高程时,应保留 10～20 cm 一层,待基础施工前以人工突击挖除,并迅速加以检验,随即进行基础施工。

2) 基础处理

主要是指对基底的处理,无论是对黏性土基底、碎石类土基底、砂类土基底或软基等,均应按《公路桥涵施工技术规范》(JTG/T F50—2011)推荐的方法或其他行之有效的、并经监理工程师批准的方法进行处理。

3) 基础检查

基底土质及地层情况必须经监理工程师检验确认合格后,方可进行基础圬工的施工。对小桥和涵洞的地基检验,一般采用直观或动力触探方法进行,确有必要时再进行土壤分析试验或试压检验;对大中桥和地基土质复杂,而结构对地基又有特殊要求时,一般采用动力触探或钻探(钻探至 4 m)取土样试验,或者按设计中提出的特殊要求进行沉降等检验。基底检查的内容包括:基底表面位置、尺寸大小、基底高程;基底土质均匀性、地基稳定性及承载力;承包人的施工日记及有关试验资料等。基底检验时,承包人的质量检查员应将检验结果记录于基础检验记录表(见表 3-15),经监理工程师签认后作为技术档案资料。基底检验倘若不合格,承包人应即时处理。并经监理工程师重新检验合格后,方可进行基础施工。

表 3-15 基础工程检验记录表

施工部门							
检验项目	基础平面、基底高程			基底土质、基底承载力/MPa			地基处理方法
	尺寸/m	设计	实际	设计	实际	设计	实际
检验意见							

工程负责人：　　　　　　　　质量检查员：　　　　　　　　监理工程师：
　　　　　　　　　　　　　　　　　　　　　　　　　　　　　年　月　日

2. 钻孔桩基础施工质量控制

在钻孔桩基础施工前，承包人必须将施工方案报送监理工程师，经书面审批后方可正式开工。

1) 钻孔桩的施工工序

钻孔桩的施工工序包括钻孔准备、孔口护筒、护壁泥浆、钻孔、清孔、水下混凝土的配制、钢筋笼的制作（见图 3-23）、水下混凝土的灌注等。各工序的实施办法应按照《公路桥涵施工技术规范》(JTG/T F50—2011)的有关规定进行。钻孔桩施工程序与监理工作程序见图 3-24。

图 3-23 钢筋笼

2) 钻孔桩质量检查

钻孔桩在进行钻孔、清孔、安放钢筋笼、灌注水下混凝土后，应进行质量检查。检查的内容包括钻孔的质量和桩的质量。钻孔的质量检查的项目和内容，详见表 3-14。桩的质量检查，主要指对水下混凝土灌注质量的检验。桩身质量的检测工作应由具有相应资格的部门进行，检测内容为结构的完整性检测和单桩承载力检测。对大桥的钻孔桩，应钻取料芯对钻孔进行钻探检

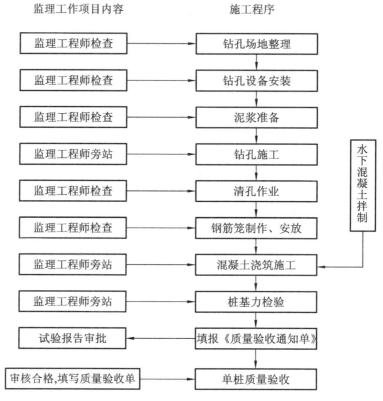

图 3-24 钻孔桩施工程序及监理工作程序

查,或用水电效应法进行检查。桩的质量及其极限承载力,则可用机械阻抗法进行检测。对钻孔桩质量的检查,承包人应如实向检测部门提供受检桩的施工原始记录及其有关情况,但须回避此项工作(包括确定检测方法、选择受检桩等)。倘若桩的质量经检测不符合规范要求或在施工中因不正常的现象使监理工程师有理由认为该桩的质量不良,且又无法加以补救时,应按报废桩处理。报废桩可用一个或两个加桩代替,但加桩的数量、位置、深度,以及由于加桩而使基础尺寸的增大等,均应由承包人通过计算确定。计算书和变更图纸,应报送监理工程师审批。因加桩而产生的额外费用,完全由承包人自负。确有必要时,监理工程师还有权对所灌注的基桩进行静载试验,其抽查数量可依具体情况来确定。

此外,在灌注水下混凝土时,承包人还应填写《水下混凝土灌注记录》,并统一交监理工程师存查。

3. 桥梁下部构造的质量监理

一般常用的桥梁墩台有混凝土圬工墩台、砌体圬工墩台和桩柱式墩台等,现以混凝土圬工桥涵墩台为例,对其施工质量的监控程序进行说明。混凝土桥涵墩台的施工程序及监理工作程序如图 3-25 所示。混凝土墩台施工各工序的质量监控要点如下。

1) 基底处理

浇筑墩台基础和第一层混凝土时,首先应对基底进行处理。当基底土壤为非黏性土或干土时,应将其润湿,以免混凝土中的水分被基底土壤所吸收;当基面为岩石时,亦应将其润湿,并铺

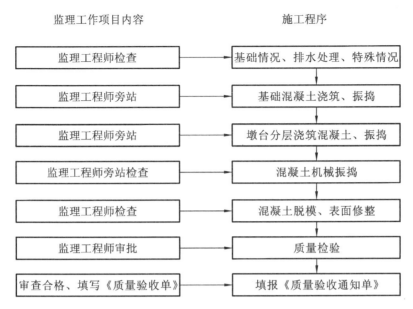

图 3-25 混凝土墩台施工程序及监理工作示意图

一层厚 2~3 cm 的水泥砂浆底浆,然后于水泥砂浆凝结前浇筑第一层混凝土。如果基底实际情况与设计不相符时,应报请监理工程师处理,经批准后再进行施工。

一般墩台及基础的混凝土,应在整个平面范围内水平分层进行浇筑。混凝土从浇筑到养护初期均不得受水浸泡,当渗水水流较急,不能保证混凝土中的灰浆不被冲失时,应采用水下混凝土灌注法施工。

2) 加片石

在厚而无筋或少筋的墩台或基础中浇筑混凝土,可在混凝土中埋放厚度不小于 15 cm 的片石(受拉区混凝土或气温低于 0 ℃时,不得埋放石块),将混凝土做成片石混凝土。施工时应选用无裂纹、无夹层、未被烧过的、具有抗冻性的且抗压强度不低于 30 MPa 并经清洗干净的石块。石块的一半应埋入已捣实的混凝土中,石块间距(净距)不得小于 10 cm,其距离结构侧面和顶面的净距亦不得小于 15 cm,且应分布均匀,以方便混凝土的振捣。

3) 浇筑混凝土

当采用较先进的滑升模板法浇筑混凝土墩台时,宜采用低流动度或半干硬性混凝土。具体浇筑时应分层、分段,并对称进行,各段应浇筑到距模板上缘不小于 10~15 cm 的位置为止,并应在同一时间内浇完同一层混凝土。混凝土的浇筑应连续进行,若因故中途停工,应按施工缝处理。为加速模板提升,可掺入一定数量的早强剂,并在滑升的过程中须防止千斤顶或油管接头在混凝土或钢筋上漏油,如已漏油应立即将油污清除。混凝土的振捣宜采用插入式振捣器。混凝土脱模时的强度宜为 0.2~0.5 MPa,当脱模后若表面有缺陷,应在征得监理工程师同意后,及时予以修整。

4. 吊装索道的质量监理

吊装索道主要是供桥梁上部结构无支架吊装用的临时性结构。吊装索道的安装工序如下:索塔选位及安装→承重主索架设→试吊→空载运行试验→静载启动试验→动载运行试验→吊装。其施工程序及监理工作程序见图 3-26。

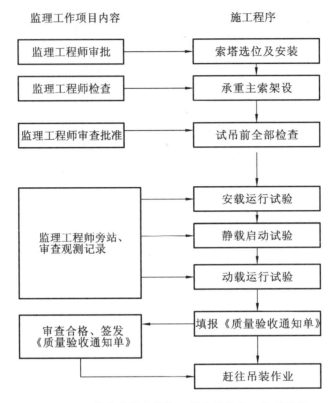

图 3-26 吊装索道等设施施工程序及监理工作示意图

质量检查的主要内容包括：安装质量检查；空载试运转检查；静载试运转检查；动载试运转检查。吊装索塔的中线位置应设于桥的轴线上，从而使吊装更方便，也可以使墩台上的构件横移与吊装工序均衡进行。承重主索的架设应严格按计算所得的无荷载时的跨中最大垂度作为安装垂度控制值，同时应使主索下保持 4～6 m 最低工作净空高度。索道安装完毕后，应进行试用、试运转，以检查各部位设备和准备工作的可靠性；然后进行空载试运转，以便对索道的主要设施（包括地锚、绳索、塔架及各种运转机具设备）进行观测检查，当无异常情况时，方可进行下一项试验；再进行静载启动试验，即先起吊 60% 设计重量，离地 50 cm，停留 10 min；观测人员进行各项观测，并做好记录，按上述操作步骤起吊 100% 设计重量；最后，仍按相同操作步骤起吊 130% 设计重量。当静载试验无异常现象时，即可进行下一步的动载试验。动载试验的第一步是起吊 60% 的设计荷载，并将跑车牵引至跨中，此时，观测人员应观测主索垂度、塔架位移、风缆受力及各种机具的运转状况是否正常，并做好记录；当无异常现象出现时，再将重物继续牵引至离对岸塔架约 10 m 左右的位置，继续观测并做好记录；当无异常后，遂将重物返回放置，然后按同样步骤试吊 100% 设计荷载、试吊 130% 设计荷载；当动载试运转正常，且各项检查、观测记录均报送监理工程师审批后，方可正式进行吊装作业。

5. 支架、拱架、模板的钢筋布设的质量监理

支架、拱架、模板等必须根据所要求承受的荷载进行正式的设计后再施工。承包人若采用常备式构件拼装,当超出拼装图纸要求的范围时,也应进行强度、刚度和稳定性验算。承包人应将拟采用的支架、拱架、模板的全部设计图纸及计算书的复印件,于制作的 14 d 前提交给监理工程师,以便监理工程师审批。

1) 模板的制作与安装质量的检查

(1) 模板材料 模板应使用木材、金属或其他被认可的材料制作。

(2) 模板要求 具有足够的强度、刚度和稳定性;能可靠地承受施工过程中可能产生的、允许的各项荷载,并保证其不变形;应制作简单、拆装方便、不漏浆,且能多次周转使用。

常用的模板有以下几种。

(1) 木模板。木模板宜选用厚 3～4 cm,没有节疤、环裂和表面翘曲,且含水量不大于 23% 的优质木材,用于外露面的模板还必须刨光,且宽度不超过 20 cm。在模板的所有锐角处均应加设 2 cm×2 cm 的嵌条,模板的突出部分(如大梁及墩帽模板的突出处)也必须做成斜角或琢边,以方便拆模;模板采用的拉杆应使用螺栓,螺栓应配垫圈,其尺寸按计算确定,当拉杆需要抽出时,拉杆应加套,模板内的拉杆(或铺杆)应设置于表面下至少 50 mm 深度处,在拆除拉杆和螺母以后,套筒必须用水泥砂浆填孔。

(2) 金属模板。金属模板及其配件应外购,当需自制时,必须在模架上制作。制作时要求下料尺寸准确,模板平直,转角光滑,接缝平顺,连接孔的位置准确。焊接时应采取必要的措施,以减少焊接变形。为避免漏浆,金属模板宜制作成搭接缝,或于拼接缝处镶嵌方木或软橡皮等。模板及其金属配件,还应涂防锈漆,与混凝土的接触表面应涂隔离剂。

(3) 滑升模板。滑升模板是一种新工艺,适用于较高的墩台和吊桥、斜拉桥的索塔施工。承包人应做好滑模方案设计,并在施工前报监理工程师审批。滑升模板的支承和滑引设备应能保证模板竖直均衡上升,提升设备的配置应按构件截面形状及滑升模板的全部重量决定。滑升模板由内顶架、模板、围圈、千斤顶(提升设备)、工作平台等部分组成。组装时,应使各部分尺寸的精度符合设计要求,其组装方式分为就地组装和整体吊装两种,应根据工程情况和起吊设备能力加以决定。组装完毕后,须经全面检查试验,并经监理工程师批准后,方能进行混凝土灌注。

在混凝土浇筑前,承包人必须将模板清理干净,其底部应完全没有锯末、刨花、铁锈、污垢、泥土或其他杂物,与混凝土接触的表面应涂好隔离剂。经监理工程师检查批准后,方可预埋件,并浇筑混凝土。

2) 支架、拱架的制作安装质量检查

支架、拱架应按设计要求进行制作安装。为保证构造物竣工时尺寸准确,支架、拱架在设计、制作、安装时应预留施工预拱度,并应有调整高程的设施(如于底部设置千斤顶)。没有监理工程师的书面批准,支架、拱架、脚手架的支承,不准支在除基脚以外的结构物的任何部位上。支架、拱架基础的设计应防止过多的沉降和支撑的转动,能满足承载能力和稳定性的要求,且基础的支承面应是水平的。支架、拱架的基础应在监理工程师的指导下做荷载试验,且试验荷载应与设计荷载相当,并检查 24 h 加载试验产生的挠度和沉降是否超过监理工程师所规定的数量(当小于监理工程师的规定值时,即为符合要求)。支架、拱架下面的地面应加以平移,必要时还应将地面填筑到适当的高度,并应有适当的排水设施,以防支架、拱架脚附近积水。在混凝土的浇筑过程中,承包人应测量和记录支架、拱架的沉降,并按监理工程师的要求,使用预置的高程调节设施,对发生过大沉降的支架、拱架的高程进行调整。

3) 模板、支架、拱架的拆卸质量检查

(1) 提交方案。承包人应在支架、拱架、模板拆除的 3 d,将所拟定的拆除方案提交给监理工程师审批,未取得监理工程师的批准,不得进行拆除。

(2) 卸架。卸落支架和拱架按事先详细拟定的并经监理工程师批准的程序进行,分几个循环卸完。开始的卸落量宜小,以后逐渐增大;在纵向应对称均衡卸落,在横向则应同时一起卸落;卸落拱架时,还应用仪器观测拱圈的挠度和墩台变位情况。承包人应做好记录,以便监理工程师核查。

(3) 简支梁、连续梁的支架,宜从跨中向支座依次循环卸落,悬臂梁则应先卸挂梁及悬臂的支架,两卸无铰跨内的支架。

模板拆除之前 3 d,承包人亦应报监理工程师并取得同意。模板的拆除,应保证混凝土结构不受损坏。当混凝土未达到足够的强度前,若承包人过早拆模而损坏了混凝土结构,则承包人应自费修复,并使监理工程师满意。一般情况下,不承重的垂直模板,可在混凝土强度超过 2.5 MPa,或其强度能保证结构表面与棱角不因拆模而损坏时拆除;栏杆柱等的模板至少须在混凝土浇筑后 3 d 方可拆除;承重模板应待混凝土强度能承受自重,即对跨径小于 3 m 的梁和板,应达到设计强度的 50%,跨径大于 3 m 时,应达到设计强度的 70% 时,方可将模板进行拆除。

4) 钢筋加工及安装质量的检查

(1) 基本要求。

① 钢筋、机械连接器、焊条等的品种、规格和技术性能应符合国家现行标准规定和设计要求。

② 冷拉钢筋的机械性能必须符合规范要求,钢筋平直,表面不应有裂皮和油污。

③ 受力钢筋同一截面的接头数量、搭接长度、焊条和机械接头质量应符合施工技术规范的要求。

④ 钢筋安装时,必须保证设计要求的钢筋根数。

⑤ 受力钢筋应平直,表面不得有裂纹及其他损伤。

(2) 实测项目见表 3-16。

表 3-16　钢筋安装实测项目

项次	检查项目			规定值或允许偏差	检查方法和频率	权值
1△	受力钢筋间距 /mm	两排以上排距		±5	尺量:每构件检查 2 个断面	3
		同排	梁、板、拱肋	±10		
			基础、锚碇、墩台、柱	±20		
			灌注桩	±20		
2	箍筋、横向水平钢筋、螺旋筋间距/mm			±10	尺量:每构件检查 5~10 个间距	2
3	钢筋骨架尺寸 /mm	长		±10	尺量:按骨架总数 30% 抽查	1
		宽、高或直径		±5		
4	弯起钢筋位置/mm			±20	尺量:每骨架抽查30%	2
5△	保护层厚度 /mm	柱、梁、拱肋		±5	尺量:每构件沿模板周边检查 8 处	3
		基础、锚碇、墩台		±10		
		板		±3		

(3) 外观鉴定。

① 钢筋表面无铁锈及焊渣,不符合要求时减 1~3 分。

② 多层钢筋网应有足够的钢筋支撑,保证骨架的施工刚度,不符合要求时减 1~3 分。

6. 锚具、张拉设备及张拉作业的质量检查

1) 预应力系统(张拉设备)

承包人应在预应力混凝土结构构件施工开始的 28 d 以前,向监理工程师提交拟采用的预应力系统的全部细节,并说明材料的供应厂家,以便监理工程师审批。如果承包人拟采用的预应力系统与图纸所示的数量、型号、尺寸不一致时,则应提交一份拟采用的预应力系统的全部细节资料和规范,以取得监理工程师的审查批准。

承包人的张拉机具应与锚具配套使用,并由专人使用与管理。锚具和千斤顶在使用前均应进行校核,其性能和精度均应使监理工程师满意。锚具及其连接器的成品应在工厂进行探伤检验,并在钢丝束张拉达到极限强度的 95% 时,锚具应无受损和钢丝束过量回缩、锚塞滑移等现象。千斤顶应适用于所采用的预应力系统,且在使用过程中,每半个月进行一次检查和保养,并对其精度进行校核。所有压力表、测力计及其他用于测量预应力荷载的机具的读数精度,均不得低于±2%。为了保证预应力张拉的质量,承包人应提供一个监理工程师同意的校核装置,以便对千斤顶进行检验。

2) 材料

所有用于预应力混凝土工程的材料,如钢筋、钢丝、钢绞线、冷拉钢筋、冷拔低碳钢丝、预应力混凝土材料、压浆材料等,均应满足规范和设计图纸的要求,并应获得监理工程师的批准后,方能使用。

3) 预应力张拉作业

(1) 一般规定。施加预应力的各种机具设备及仪表,应由专人管理和使用,并应经常维护,定期校核。长期搁置未用的张拉机具,使用前应进行全面校验,其检校结果应符合要求,并应获得监理工程师认可。一般情况下,千斤顶使用超过 6 个月或 200 次以上,以及在使用过程中出现不正常现象时,应重新检校;弹簧测力计等检校期限,以不超过 2 个月为宜。所有检校结果应符合规范要求,并取得监理工程师的认可。安装张拉设备时,对直线力筋,应使张拉力的作用线与孔道的中心线在张拉过程中相互重合;对曲线力筋,则应使张拉力的作用线与孔道末端中心点的切线相重合,且不得偏移。受力筋的张拉应采用"双控",在张拉过程中,如发现滑丝、断线、锚具压坏等情况,应立即停止操作,查明原因,做好记录,并报监理工程师处理。若滑丝、断丝数量超过设计图纸规定时,报请监理工程师同意后,可重新换束张拉。

在张拉作业中,承包人应按表 3-17 做好记录,并在每次张拉作业完成后 24 h 内送交监理工程师。若张拉不合格,承包人应立即返工。

表 3-17　用千斤顶施加预应力记录表

构件名称：
型　　号：

设计		施加预应力日期	1	张拉时弹性伸长/cm		计算	14
		构件编号	2			实际	15
		预应力钢筋张拉顺序编号	3	张拉时温度			16
		钢筋冷拉时编号	4	张拉时混凝土强度			17
		预应力钢筋规格	5	张拉时混凝土或砂浆损害			18
		油压表读数/MPa	6	钢筋放松时顺序编号			19
		张拉力/kN	7	千斤顶编号			20
张拉时		千斤顶编号	8	油压表编号			21
	第一次	油压表编号	9	放松螺母时	油压表读数/MPa		22
		油压表读数/MPa	10	放松时			23
		拉力/kN	11				24
	第二次	油压表读数/MPa	12				25
		拉力/kN	13	备注			26

(2) 后张法。施加预应力前，承包人应对混凝土构件进行全面检查，其质量应符合要求。第一次张拉移梁时，混凝土的强度须达到设计规定值。检查结果经监理工程师审批后，且在场旁站监控时，方能进行张拉作业。

承包人应选派有丰富经验的技术人员专职指导张拉作业，所有参加操作预应力设备的工作人员，均须通过正式培训，且考核合格后方能上岗。当预应力增加至设计规定值并让监理工程师感到满意时，方可锚固钢丝束，千斤顶压力应以锚具和钢丝束不受振动的方式予以解除。当气温下降到－5 ℃以下且无保温措施时，张拉工作应立即停止进行。

(3) 先张法。张拉工作开始前，承包人应将张拉方案及拟采用的张拉台、千斤顶、混凝土搅拌设备等的全部细节资料，提交监理工程师审批。具体张拉时，受力筋的张拉顺序应按设计图纸所示或监理工程师的指示进行；为了减少钢筋预应力的损失，可采用超张拉；为了施工安全，应在超张拉后放松至90％的控制应力时，再装设预埋件、非预应力筋及模板等；张拉完毕后，应使受力筋的实际位置与设计位置的偏离误差，不得大于5 mm；当混凝土达到设计强度的75％时，方能放松预应力钢筋，然后用砂浆或防腐蚀材料封闭外露端头。

所有混凝土构件应标出经监理工程师同意的永久性标志。标志上应标明构件编号、制造的生产线、浇筑混凝土和张拉的日期等，但其标志应在构件安装后不外露。

7. 梁桥预制和安装梁(板)质量监理

1) 基本要求

(1) 所用的水泥、砂、石、水及外掺剂及混合材料的质量和规格必须符合有关规范的要求，按规定的配合比施工。

(2) 梁(板)不得出现露筋和空洞的现象。

(3) 空心板采用胶囊施工时,应采取有效措施防止胶囊上浮。

(4) 梁(板)在吊移出预制底座时,混凝土的强度不得低于设计所要求的吊装强度。梁(板)在安装时,支承结构(包括墩台、盖梁、垫石等)的强度应符合设计要求。

(5) 梁(板)安装前,墩、台支座垫板必须稳固。

(6) 梁(板)就位后,梁两端支座应对位,梁(板)底与支座以及支座底与垫石顶必须密贴,否则应重新安装。

(7) 两梁(板)之间接缝填充材料的规格和强度应符合设计要求。

2) 实测项目

梁(板)预制和安装实测项目见表 3-18 和表 3-19。

表 3-18 梁(板)预制实测项目

项次	检查项目			规定值或允许偏差	检查方法和频率	权值
1△	混凝土强度/MPa			在合格标准内	按 JTG F80/1—2004 附录 G 检查	3
2	梁(板)长度/mm			±5,−10	尺量:每梁(板)	1
3	宽度/mm	干接缝(梁翼缘、板)		±10	尺量:检查 3 处	1
		湿接缝(梁翼缘、板)		±20		
		箱梁	顶宽	±30		
			底宽	±20		
4	高度/mm	梁、板		±5	尺量:检查 2 个断面	1
		箱梁		±0,−5		
5△	断面尺寸	顶板厚			尺量:检查 2 个断面	2
		底板厚		±5,−0		
		腹板或梁肋				
6	平整度			5	2 m 直尺:每侧面每 10 m 梁长测 1 处	1
7	横系梁及预埋件位置/mm			5	尺量:每件	1

表 3-19 梁(板)安装实测项目

项次	检查项目		规定值或允许偏差	检查方法和频率	权值
1△	支座中心偏位/mm	梁	5	尺量:每孔抽查 4~6 个支座	3
		板	10		
2	倾斜度/(%)		1.2	吊垂线:每孔检查 3 片梁	2
3	梁(板)顶面纵向高程/mm		±8,−5	水准仪:抽查每孔 2 片,每片 3 点	2
4	相邻梁(板)顶面高差/mm		8	尺量:每相邻梁(板)	1

3) 外观鉴定

(1) 混凝土表面平整,颜色一致,无明显施工接缝,不符合要求时减 1~3 分。

(2) 混凝土表面不得出现蜂窝、麻面,如出现必须修整,并减 1~3 分。

(3) 混凝土表面出现非受力裂缝,减 1~3 分。裂缝宽度超出设计规定或设计未规定时超过 0.15 mm 必须处理。

(4) 封锚混凝土应密实、平整。不符合要求时减 2~4 分。

(5) 梁、板的填缝应平整密实。不符合要求时减 1~3 分。

(6) 梁体内不应遗留建筑垃圾、杂物、临时预埋件等。不符合要求时减 1~2 分,并应清理干净。

8. 梁桥就地浇筑梁(板)质量监理

1) 基本要求

(1) 所用的水泥、砂、石、水和外掺剂及混合材料的质量和规格必须符合有关规范的要求,按规定的配合比施工。

(2) 支架和模板的强度、刚度、稳定性应满足施工技术规范的要求。

(3) 预计的支架变形及地基的下沉应满足施工后梁体设计高程的要求,必要时应采取对支架预压的措施。

(4) 梁(板)体不得出现露筋和空洞的现象。

(5) 预埋件的设置和固定应满足设计和施工技术规范的规定。

2) 实测项目

就地浇筑梁(板)实测项目见表 3-20。

表 3-20 就地浇筑梁(板)实测项目

项次	检查项目		规定值或允许偏差	检查方法和频率	权值
1△	混凝土强度/MPa		在合格标准内	按 JTG F80/1—2004 附录 G 检查	3
2△	轴线偏位/mm		10	全站仪或经纬仪:测量 3 处	2
3	梁(板)顶面高程/mm		±10	水准仪:检查 3~5 处	1
4△	断面尺寸/mm	高度	±5,-10	尺量:每跨检查 1~3 个断面	2
		顶宽	±30		
		箱梁底宽	±20		
		顶、底、腹板或梁肋厚	±10,-0		
5	长度/mm		±5,-10	尺量:每梁(板)	1
6	横坡/mm		±0.15	水准仪:每跨检查 1~3 处	1
7	平整度/mm		8	2 m 直尺:每侧面每 10 m 梁长测一处	1

3) 外观鉴定

(1) 混凝土表面平整,颜色一致,无明显施工接缝,不符合要求时每处减 1~3 分。

(2) 混凝土表面不得出现蜂窝、麻面,如出现必须修整,并减 1~2 分。

(3) 混凝土表面出现非受力裂缝,减 1~3 分,裂缝宽度超过设计规定或设计未规定时超过 0.15 mm 必须处理。

(4) 封锚混凝土应密实、平整。不符合要求时减 2~4 分。

(5) 梁体内的建筑垃圾、杂物、临时预埋件等应清理干净,不符合要求时减1～3分。

9. 拱桥就地浇筑拱圈质量监理

1) 基本要求

(1) 混凝土所用的水泥、砂、石、水和外掺剂的质量和规格必须符合有关规范的要求,按规定的配合比施工。
(2) 支架式拱架必须严格按照施工技术规范的要求进行制作,必须牢固稳定。
(3) 严格按照设计规定的施工顺序浇筑拱圈混凝土。
(4) 拱架的卸落必须按照设计和有关规范规定的卸架顺序进行。
(5) 不得出现露筋和空洞现象。

2) 实测项目

就地浇筑拱圈实测项目见表3-21。

表 3-21 就地浇筑拱圈实测项目

项次	检查项目		规定值或允许偏差	检查方法和频率	权值
1△	混凝土强度/MPa		在合格标准内	按 JTG F80/1—2004 附录 G 检查	3
2	轴线偏位/mm	板拱	10	经纬仪:测量5处	1
		肋拱	5		
3△	内弧线偏离设计弧线/mm	跨径≤30 m	±20	水准仪:检查5处	2
		跨径>30 m	±跨径/1500		
4△	断面尺寸/mm	高度	±5	尺量:拱脚,L/4,拱顶5个断面	2
		顶、底、腹板厚	±10,−0		
5	拱宽/mm	板拱	±20	尺量:拱脚,L/4,拱顶5个断面	1
		肋拱	±10		
6	拱肋间距/mm		5	尺量:检查5处	1

3) 外观鉴定

(1) 混凝土表面平整,线形圆顺,颜色一致,不符合要求时减1～3分。
(2) 混凝土麻面面积不得超过该面积的0.5%,不符合要求时,每超过0.5%减3分,深度超过10 mm的必须处理。
(3) 混凝土表面出现非受力裂缝减1～3分。裂缝宽度超过设计规定或设计未规定时超过0.15 mm必须进行处理。

九、中间交工验收阶段的监理

1. 中间交工验收阶段的监理工作程序

桥涵工程完工后,监理工作程序及内容如下:承包人按合同规定的要求组织交工检查,并写出自检报告,各项自检质量符合合同规定的技术标准后,承包人即可填写《交工验收申请报告》,连同自检报告一起提交给监理工程师审批。监理工程师在收到上述报告后,应立即组织监理试验室对已完工的项目进行检查,并对承包人提交的自检报告和各项检验结果进行复核抽查,即审查隐蔽工程项目的记录签字是否齐全,是否合格;审查工程的各分项工程每道工序的《质量验收单》是否齐全;审查各分项工程混凝土质量试验报告是否合格;审查整体工程和各分项工程的荷载试验报告是否合格;审查主要工程材料质量检验单(或报告)是否合格。当以上各项复核检查合格后,监理工程师即可签发《中间交工证书》并计量。

2. 验收检验项目及标准的主要内容

桥涵工程的交工验收检验项目如下:桥涵基础、承台、墩台身、墩台帽、桥梁上部构造、桥面工程及其他附属工程。检查内容按基本要求、实测项目、外观鉴定三部分,对其施工质量进行鉴定评分。几种常见的结构实测项目详见表3-22至表3-27。

表3-22 扩大基础实测项目

项次	检查项目		规定或允许偏差	检查方法和频率	规定分
1	砂浆强度/MPa		在合格标准内	按JTG F80/1—2004附录G检查	35
2	轴线偏位/mm		25	用经纬仪测量纵、横各2点	20
3	平面尺寸/mm		±50	用尺量长、宽各3处	20
4	顶面高程/mm		±30	用水准仪测量5~8点	15
5	基底高程/mm	土质	±50	用水准仪测量5~8点	10
		石质	+50,−20		

表3-23 承台实测项目

项次	检查项目	规定值或允许偏差	检查方法和频率	权值
1△	混凝土强度/mm	在合格标准内	按JTG F80/1—2004附录G检查	3
2	尺寸/mm	±30	尺量:长、宽、高检查各2点	1
3	顶面高程/mm	±20	水准仪:检查5处	2
4	轴线偏位/mm	15	全站仪或经纬仪:纵、横各测量2点	2

表3-24 墩、台身砌体实测项目

项次	检查项目		规定值或允许偏差	检查方法和频率	权值
1△	砂浆强度/MPa		在合格标准内	按JTG F80/1—2004附录C检查	3
2	轴线偏位/mm		20	全站仪或经纬仪:纵、横各测量2点	1
3	墩台长、宽/mm	料石	±20,−10	尺量:检查3个断面	1
		块石	±30,−10		
		片石	±40,−10		

续表

项次	检查项目		规定值或允许偏差	检查方法和频率	权值
4	竖直度或坡度 /(%)	料石、块石	0.3	垂线或经纬仪:纵、横各测量2处	1
		片石	0.5		
5△	墩、台顶面高程/mm		±10	水准仪:测量3点	2
6	大面积平整度 /mm	料石	10	2 m直尺:检查竖直、水平两个方向,每20 m² 测1处	1
		块石	20		
		片石	30		

表3-25 墩、台帽或盖梁实测项目

项次	检查项目	规定值或允许偏差	检查方法和频率	权值
1△	混凝土强度/MPa	在合格标准内	按JTG F80/1—2004附录G检查	3
2	断面尺寸/mm	±20	尺量:检查3个断面	2
3△	轴线偏位/mm	10	全站仪或经纬仪:纵、横各测量2点	2
4△	顶面高程/mm	±10	水准仪:检查3~5点	2
5	支座垫石预留位置/mm	10	尺量:每个	1

表3-26 拱圈砌体实测项目

项次	检查项目		规定值或允许偏差	检查方法和频率	权值
1△	砂浆强度/MPa		在合格标准内	按JTG F80/1—2004附录F检查	3
2	砌体外侧平面偏位/mm	无镶面	±30,−10	经纬仪:检查拱脚、拱顶、1/4跨共5处	1
		有镶面	±20,−10		
3△	拱圈厚度/mm		±30,−0	尺量:检查拱肋、拱顶、1/4跨共5处	2
4	相邻镶面石砌块表面错位/mm	料石、混凝土预制块	3	拉线用尺量:检查3~5处	1
		块石	5		
5△	内弧线偏离设计弧线 /mm	跨径≤30 m	±20	水准仪或尺量:检查拱脚、拱顶、1/4跨共5处高程	2
		跨径>30 m	±跨径/1500		
		极值	拱腹四分点:允许偏差的2倍且反向		

表3-27 桥面铺装实测项目

项次	检查项目	规定值或允许偏差	检查方法和频率	权值
1△	强度或压实度	在合格标准内	按JTG F80/1—2004附录A或G检查	3

续表

项次	检查项目			规定值或允许偏差		检查方法和频率	权值
2	厚度/mm			+10,−5		以同梁体产生相同下挠变形的点为基准点,测量桥面浇筑前后相对高差,每100 m测5处	2
3△	平整度	高速、一级公路		沥青混凝土	水泥混凝土	平整度仪:全桥每车道连续检测,每100 m计算IRI或σ	2
			IRI/(m/km)	2.5	3.0		
			σ/mm	1.5	1.8		
		其他公路	IRI/(m/km)	4.2			
			σ/mm	2.5			
		最大间隙 h/mm		5		3 m直尺:每100 m检查3处×3尺	
4	横坡/(%)	水泥混凝土		±0.15		水准仪:每100 m检查3个断面	1
		沥青面层		0.3			
5	抗滑构造深度			符合设计要求		砂铺法:每200 m检查3处	1

任务 5 工程质量缺陷及质量事故处理

一、工程质量缺陷及事故产生原因

在施工过程中,凡工程质量不符合规定的质量标准或设计要求的,均称为工程质量缺陷甚至质量事故。导致工程质量缺陷与质量事故的原因,主要有以下几方面。

(1) 违背基本建设程序,如边设计,边施工;在没有或缺乏水文、工程地质等自然资料,以及施工工艺不过关的情况下盲目施工。
(2) 设计计算失误。
(3) 工程地质勘查失误,或地基处理失误。
(4) 原材料、预制构件质量指标不符合要求。
(5) 施工管理不当或未按操作规程作业,或运行管理不当。
(6) 自然环境方面的影响。

二、工程质量缺陷及事故处理程序

质量缺陷是指工程中出现的质量问题,不仅包括工程施工中存在的一般性质量缺陷,而且包括需要部分或全部返工的重大质量事故。

根据交通部"公路工程质量管理办法"(交公路发[1999]90号)中建立的"公路工程质量事故等级划分和报告制度"和"质量事故的调查处理实行统一领导、分级负责的原则",即:重大质量事故由国务院交通主管部门会同省级交通主管部门负责调查处理;一般质量事故由省级交通主管部门负责调查处理;质量问题(包括质量缺陷、质量隐患等)则由建设单位或企业负责调查处理。因"质量问题"基本上可在合同范围内处理,故列为"可由监理机构处理的质量缺陷、质量隐患";其他两级质量事故则"不属于监理机构处理的质量事故"。监理工程师应区别不同级别的质量事故而主持或配合调查处理工作。

在任何工程施工中,由于种种主观客观的原因,出现一种质量缺陷,甚至质量事故是在所难免的。那么在质量问题发生后,监理工程师应采取什么程序进行处理呢?下面具体进行介绍。

三、质量缺陷的处理原则

对质量缺陷的处理必须坚持以下原则。
(1) 监理工程师具有质量否决权。
(2) 质量缺陷处理须事先进行调查,分清责任,以明确处理费用的归属。
(3) 施工中,前道工序有缺陷,在未经监理工程师认可之前不准进行下一道工序。施工中局部压实度不足,必须进行补充压实,并达到设计标准的要求,否则不准进行下层土方的施工。
(4) 承包人必须执行监理工程师对质量缺陷的处理意见。
(5) 承包人对质量缺陷的处理方案和措施必须经过监理工程师批准方可。
(6) 承包人对质量缺陷的处理完成后必须接受监理工程师的检查、验收。

四、质量缺陷的现场处理

在各项工程的施工过程中或完工以后,现场监理人员如发现工程项目存在着技术规范所不容许的质量缺陷,应根据质量缺陷的性质和严重程度、按如下方式处理。

(1) 当因施工而引起的质量缺陷处在萌芽状态时,应及时制止,并要求承包人立即更换不合格的材料、设备或不称职的施工人员;或要求立即改变不正确的施工方法及操作工艺。
(2) 当因施工而引起的质量缺陷已出现时,应立即向承包人发出暂停施工的指令(先口头后书面),待承包人采取了能足以保证施工质量的有效措施,并对质量缺陷进行了正确的补救处理后,再书面通知恢复施工。
(3) 当质量缺陷发生在某道工序或单项工程完工以后,而且质量缺陷的存在将对下道工序或分项工程产生质量影响时,监理工程师应在对质量缺陷产生的原因及责任作出了判定并确定了补救方案后,再进行质量缺陷的处理或下道工序或分项工程的施工。
(4) 在交工使用后的缺陷责任期内发现施工质量缺陷时,监理工程师应及时指令承包人进行修补、加固或返工处理。
(5) 对于一些复杂的工程缺陷,在做出决定前,可采取下述的方法进行进一步的研究。
① 试验验证:监理工程师根据试验的数据,进行详细的分析,然后再做出决策。

② 定期观测：对于某些存在缺陷的工程，由于损坏的程度尚未稳定，在短时间内可能对工程的影响并不十分明显，需要进行较长时间的观测。在这种情况下，监理工程师应当与业主和承包人协商，如果他们同意，则可以修改合同，采取延长缺陷责任期的办法进行处理。

③ 专家论证：对于一些工程缺陷，可能涉及的技术领域较广，甚至有时往往根据合同规范也难以决策。在这种情况下，可邀请有关专家进行论证，监理工程师根据专家的分析结论和合同条件，作出最后的决定。

五、质量缺陷的修补与加固

（1）对因施工原因而产生的质量缺陷的修补和加固，应先由承包人提出修补方案及方法，经监理工程师批准后方可进行；对因设计原因而产生的质量缺陷，应通过业主提出处理方案及方法，由承包人进行修补。

（2）修补措施及方法应不降低质量控制指标和验收标准，并应是技术规范允许的或是行业公认的良好工程技术。

（3）如果已完工程的缺陷，并不构成对工程安全的危害，并且满足设计和使用要求时，经征得业主同意，可不进行加固或变更处理。如果工程的缺陷属于承包人的责任，应通过与业主及承包人的协商，降低对此项工程的支付费用。

六、工程质量事故的含义及其分类

1. 工程质量事故的含义

根据交通部颁发的《公路工程质量管理办法》（交公路发[1999]90号）中建立的"公路工程质量事故等级划分和报告制度"的规定，所谓工程质量事故，是指由于勘测、设计、施工、监理、试验检测等责任过失而使工程在下述时限内遭受损毁或产生不可弥补的本质缺陷，因构造物倒塌造成人身伤亡或财产损失以及需加固、补强、返工处理的事故。

（1）道路工程：现场监理工程师签认至工程项目通车后两年内。

（2）结构工程：施工过程中和设计使用年限内。

2. 公路工程质量事故的分类及其分级标准

公路工程质量事故分为质量问题、一般质量事故及重大质量事故三类。

（1）质量问题：质量较差，造成直接经济损失（包括修复费用）在20万元以下。质量问题有时也称为质量缺陷。

（2）一般质量事故：质量低劣或达不到合格标准，需加固补强，直接经济损失（包括修复费用），在20万~300万元的事故。一般质量事故分为以下三个等级。

① 一级一般质量事故：直接经济损失在150万~300万元。

② 二级一般质量事故：直接经济损失在50万~150万元。

③ 三级一般质量事故：直接经济损失在20万~50万元。

（3）重大质量事故：由于责任过失造成工程倒塌、报废和造成人身伤亡或者重大经济损失的事故。重大质量事故分为以下三个等级。

① 具备下列条件之一者为一级重大质量事故。
- 死亡 30 人以上。
- 直接经济损失 1000 万元以上。
- 特大型桥梁主体结构垮塌。

② 具备下列条件之一者为二级重大质量事故。
- 死亡 10 人以上,29 人以下。
- 直接经济损失 500 万元以上,不满 1000 万元。
- 大型桥梁主体结构垮塌。

③ 具备下列条件之一者为三级重大质量事故。
- 死亡 1 人以上,9 人以下。
- 直接经济损失 300 万元以上,不满 500 万元。
- 中小型桥梁主体结构垮塌。

七、工程质量事故的处理

1. 质量事故处理的原则

（1）质量事故的调查处理实行统一领导、分级负责的原则。

国务院交通主管部门归口管理全国公路工程质量事故,省级交通主管部门归口管理本辖区内的公路工程质量事故。

重大质量事故由国务院交通主管部门会同省级交通主管部门负责调查处理,一般质量事故由省级交通主管部门负责调查处理,质量问题原则上由建设单位或企业负责调查处理。

（2）质量事故发生后,应坚持"四不放过"的原则。

质量事故发生后,应坚持"四不放过"的原则,即事故原因不清不放过,事故责任者和群众没有受到教育不放过,没有防范措施不放过,相关责任人没有受到处理不放过。

（3）质量事故实行举报制度和报告制度。

任何单位和个人对公路工程的质量事故、质量缺陷和影响工程质量的行为有权向交通主管部门进行举报、控告和投诉,县级以上地方人民政府交通主管部门及其所属的质量监督机构应根据举报、控告和投诉的线索认真查处。

质量事故发生后,事故发生单位必须以最快的方式,将事故的简要情况同时向建设单位、监理单位、省级质量监督机构报告。在省级质量监督机构初步确定质量事故的类别性质后,再按下述要求进行报告。

① 质量问题:问题发生单位应在 2 天内书面上报建设单位、监理单位、省级质量监督机构。

② 一般质量事故:事故发生单位应在 3 天内书面上报质量监督站,同时报企业上级主管部门、建设单位、监理单位和省级质量监督机构。

③ 重大质量事故:事故发生单位必须在 2 小时内速报省级交通主管部门和国务院交通主

部门,同时报告省级质量监督机构和部质监局,并在12小时内报出《公路工程重大质量事故快报》。

质量事故书面报告一般应包括以下内容:工程项目名称,事故发生的时间、地点及建设、设计、监理等单位名称;事故发生的简要经过、造成工程损失状况、伤亡人数和直接经济损失的初步估计;事故发生原因的初步判断;事故发生后采取的措施及事故控制情况;事故报告单位。

质量事故发生后,事故发生单位隐瞒不报、谎报、故意拖延报告期限的,故意破坏现场的,阻碍调查工作正常进行的,拒绝提供与事故有关情况、资料的,提供伪证的,由上级主管部门按有关规定给予行政处分。构成犯罪的,由司法机关依法追究刑事责任。

2. 质量事故的处理程序

施工过程中,当发生不属于项目监理机构处理的一般质量事故或重大质量事故时,可按以下程序处理。

(1) 监理工程师应立即向承包人发出工程暂时停工指令,要求停止质量事故部位和与其有关联部位及下道工序的施工,并要求采取必要的措施,保护事故现场,抢救人员和财产,防止事故扩大,做好相应记录。

(2) 监理工程师要求承包人尽快提出质量事故报告并按规定上报有关部门。

(3) 监理工程师应积极配合质量事故调查组进行质量事故调查,客观地提供相应证据。

(4) 监理工程师接到质量事故调查组提出的质量事故技术处理意见后,审核签认有关单位提出的质量事故技术处理方案。

(5) 监理工程师指示承包人按照批准的工程质量事故处理方案对事故进行处理。

(6) 监理工程师对承包人实施质量事故处理方案或对加固、返工、重建的工程进行监理,并进行检查验收。经检验合格后,监理工程师发出复工指令。

1. 简述工程质量监理的依据。
2. 简述工程质量监理的任务。
3. 简述工程质量监理的方法。
4. 路基填料有哪些要求?
5. 路基土方开挖施工有哪些要求?
6. 路基土方施工中关于弃方有何要求?
7. 路堤填筑施工质量监理施工取土有何要求?
8. 填土路堤填筑有哪些施工要求?
9. 填石路堤填筑有哪些施工要求?
10. 土石混合路堤填筑有哪些施工要求?
11. 高填方路堤填筑有哪些施工要求?
12. 桥涵构造物基坑及台背回填有哪些施工要求?
13. 半填半挖路基、路堤与路堑过渡段有哪些施工要求?

14. 粉煤灰路堤有哪些施工要求？
15. 软土地基处治砂垫层施工有哪些质量要求？
16. 软土地基处治浅层施工有哪些质量要求？
17. 软土地基处治反压护道施工有哪些质量要求？
18. 软土地基处治土工合成材料加筋路堤施工有哪些质量要求？
19. 软土地基处治袋装砂井施工有哪些质量要求？
20. 软土地基处治塑料排水板施工有哪些质量要求？
21. 软土地基处治砂桩施工有哪些质量要求？
22. 软土地基处治碎石桩施工有哪些质量要求？
23. 软土地基处治加固土桩施工有哪些质量要求？
24. 简述路堤沉陷的原因。
25. 简述路基边坡塌方的原因。
26. 水泥稳定沙砾（碎石）拌和与运输有哪些要求？
27. 水泥稳定沙砾（碎石）摊铺、整形和碾压有哪些要求？
28. 简述石灰土稳定沙砾基层施工质量要求。
29. 级配碎石施工集中厂拌法施工时的横向接缝如何处理？
30. 热拌热铺沥青路面施工试验路段有哪些要求？
31. 热拌热铺沥青路面施工拌和及运料设备、摊铺及压实设备有哪些要求？
32. 热拌热铺沥青路面施工混合料的拌和有哪些要求？
33. 热拌热铺沥青路面施工混合料的运送有哪些要求？
34. 热拌热铺沥青路面施工混合料的摊铺有哪些要求？
35. 热拌热铺沥青路面施工混合料的压实有哪些要求？
36. 热拌热铺沥青路面施工接缝的处理有哪些要求？
37. 沥青表面处治施工沥青洒布有哪些要求？
38. 沥青表面处治施工集料撒铺有哪些要求？
39. 简述稀浆封层、微表处施工质量控制要点。
40. 简述沥青贯入式路面施工质量控制要点。
41. 水泥混凝土路面施工试验路段的目的是什么？
42. 水泥混凝土路面施工钢筋的设置有何要求？
43. 水泥混凝土路面施工混凝土拌和物的摊铺有哪些要求？
44. 水泥混凝土路面施工路面表面终饰有哪些要求？
45. 水泥混凝土路面施工工程防护有哪些要求？
46. 水泥混凝土路面施工接缝处理有哪些要求？
47. 连续配筋混凝土路面施工配合比设计有哪些要求？
48. 沥青路面水破坏可能产生哪几种不同的水破坏现象？
49. 简述沥青路面车辙的成因。
50. 简述沥青路面松散的成因。
51. 简述沥青路面横向裂缝的成因。
52. 简述沥青路面反射裂缝的成因。

53. 简述水泥混凝土路面断裂的成因。
54. 简述水泥混凝土路面变形的成因。
55. 简述水泥混凝土路面接缝类质量问题的成因。
56. 简述水泥混凝土路面表面类质量问题。
57. 简述桥梁总体质量控制的基本要求。
58. 简述桥梁扩大基础质量控制的基本要求。
59. 简述桥梁桩基础质量控制的基本要求。
60. 简述涵洞(通道)质量控制的基本要求。
61. 简述构造物回填工程质量控制的基本要求。
62. 简述桥涵施工基础开挖与检验的基本要求。
63. 如何进行钻孔桩基础施工质量控制？
64. 简述桥梁下部构造的质量监理要点。
65. 简述吊装索道的质量监理要点。
66. 简述支架、模板的钢筋布设的质量监理要点。
67. 简述锚具、张拉设备及张拉作业的质量检查要点。
68. 简述梁桥预制和安装梁(板)质量监理要点。
69. 简述梁桥就地浇筑梁(板)质量监理要点。
70. 简述拱桥就地浇筑拱圈质量监理要点。
71. 简述中间交工验收阶段的监理工作程序。
72. 工程质量缺陷及事故产生原因有哪些？
73. 简述工程质量缺陷及事故处理程序。
74. 简述质量缺陷的处理原则。
75. 简述质量事故处理的原则。
76. 简述质量事故处理的程序。

项目 4

公路工程施工进度监理

学习目标

1. 知识目标

(1) 熟悉工程进度的任务。
(2) 掌握工程进度的方法。
(3) 熟悉影响工程进度的原因。

2. 能力目标

(1) 在日常监理工作中能用横道图、S 曲线来表示工程进度。
(2) 能根据工程情况编制进度计划,并在监理过程中检查进度计划,根据实际情况调整进度计划。
(3) 能根据实际情况分析进度延迟的原因并能提出建议和措施。

任务 1 工程进度监理的任务和作用

公路工程项目的特点是工程费用大、建设周期长、涉及范围广,而工程进度又直接影响着业主和承包人的重大利益。如果工程进度符合合同要求,施工既科学又速度快,则有利于承包人降低工程成本,并保证工程质量,也会给承包人带来较好的工程信誉;反之,工程进度拖延或匆忙赶工,都会使承包人的工程费用增加,垫付周转的资金利息增加,给承包人造成严重的亏损,并且拖延竣工期限,也给业主带来工程管理费用的增加,投入工程资金利息的增加,以及工程项目延期投产运营的经济损失等。因此,公路工程施工过程中,以工程进度控制为目的的施工进度监理是公路工程施工监理的一个重要环节。公路工程施工过程中,承包人应编制符合客观实际、贯穿合同条件及技术规范的施工进度计划,并在计划执行过程中,通过计划进度与实际进度的比较,定期地、经常地检查和调整进度计划。监理工程师的主要任务是审批承包人编制的施工进度计划,并对已批准的进度计划的执行情况进行监督,从全局出发,掌握影响施工进度计划所有条件的变化情况,对进度计划的执行进行监理。与此同时,业主则应根据合同要求及时提供施工场地和图纸,并尽可能地改善施工环境,为工程顺利进行创造条件。只有通过这三方面的互相配合,才能确保工程进度目标的实现。

公路工程施工过程中,工程进度监理不仅仅是时间计划的管理和控制的问题,同时还需要考虑劳动力、材料、机械设备等所必需的资源能否最有效、合理、经济地配置和使用,使工程在预定的工期完成,并争取早日使工程投入使用而获得最佳投资效益等问题。因此,进度监理的作用就是在考虑了工程施工管理三大因素(即工期、施工质量和经济性)的同时,通过贯彻施工全过程的计划、组织、协调、检查与调整等手段,努力实现施工过程中的各个阶段目标,从而确保总的工期目标的实现。

因此,工程进度监理的主要环节包括:施工进度计划的审批;施工进度计划的执行检查;审核修改后的进度计划。

任务 2 工程进度管理的基本方法

一、横道图法

1. 横道图法

横道图又称为甘特图(Gantt chart),它是美国工程师亨利·甘特于第一次世界大战期间创造的一种生产进度表达方法。

横道图是以时间为横坐标,以各分项工程或施工工序为纵坐标,按一定的先后施工顺序和工艺流程,用带时间比例的水平横道线表示对应项目或工序持续时间的施工进度计划图表。

2. 横道图的常用格式

横道图的常用格式,一般由以下两大部分组成。

(1) 左边部分为主要表格,其内容应包括编号、工程名称(施工工序)、施工方法、工程量或工作量的单位及数量等。

(2) 右边部分为指示图表,它是由左边的数据经计算得到的。在指示图表中用水平横线条形象地表示出分项工程或施工工序的施工进度,其线条长度代表施工持续时间的长短,线条的位置表示施工过程,线条上方的数字表示该项目所需的劳动力数量,有时也可采用不同线条符号表示施工作业班组或施工段。

下面结合某 80 km 长的路段,绘制施工进度横道图,如图 4-1 所示。

编号	工程名称	施工方法	工程量		20××年（月份）										起止时间	
			单位	数量	1	2	3	4	5	6	7	8	9	10	开工	结束
1	临时通信线路	人工为主	km	80											1月初	7月底
2	沥青混合料拌和楼	人工安装	处	1											1月上旬	5月上旬
3	清除路基	机械	m³	700 000											3月初	7月底
4	路用房屋	人工	m²	1 300											1月初	6月底
5	大桥	半机械化	座	1											5月中旬	9月中旬
6	中桥	半机械化	座	5											3月15日	8月底
7	集中性土方	机械	m³	430 000											4月上旬	8月底
8	小型构造物	半机械化	座	23											5月初	9月底
9	沿线土方	机械为主	m³	89 000											5月初	10月底
10	基层	半机械化	m²	560 000											5月上旬	10月上旬
11	面层	半机械化	m²	560 000											5月上旬	10月上旬
12	整修工程	人工为主	km	80											5月上旬	10月上旬

图 4-1 施工进度横道图

3. 横道图的特点

横道图的优点有:①可以方便地表达出施工计划的总工期和各分项工程或施工工序的持续时间;②每项工作何时开始、何时完成一目了然;③便于计算完成施工计划所需的劳动力、材料、机械设备及资金等各种资源用量。

横道图的缺点有:①不容易看出工作之间的相互依赖、相互制约的关系,仅反映工作之间的前后衔接关系;②无法反映工作的机动使用时间,反映不出关键工作及哪次工作决定总工期;③不能实现定量分析,因而无法采用计算机计算;④计划执行过程中实施计划偏离原计划时,只能进行局部简单的调整;⑤无法进行施工组织及施工技术方案的比较与优化。

因此,横道图只适宜于编制集中性工程进度计划、材料供应计划或者简单的工程进度计划。

横道图作为一种施工进度监理的工具,它不仅可用于编制施工进度计划,而且还可用于工程进度实施中的监控。在进度计划实施中,在计划进度横道线下方同时标出各分项工程或施工工序的实际进度;根据实际进度与计划进度的比较,可对进度计划进行必要的修改与调整。

二、S 曲线法

1. S 曲线概念

S 曲线即工程进度曲线,因其曲线形状大致呈 S 形而得名。

S 曲线是针对横道图监控工程进度时,计划进度与实际进度的比较只能在各个分项工程或工作(序)之间进行,无法对整个工程进度情况进行全局性的管理这一不足而提出的。S 曲线是以工期为横轴,以累计完成的工程费用的百分比或累计完成的工程量的百分比为纵轴的图表化曲线,如图 4-2 所示。

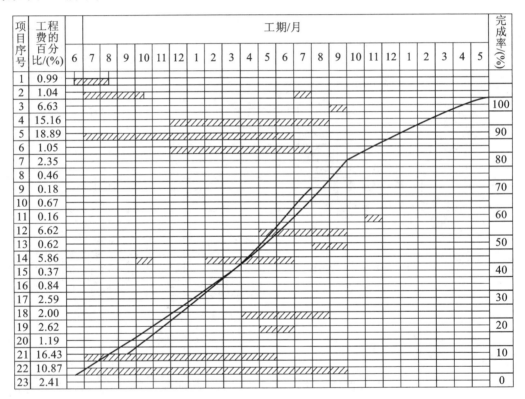

图 4-2　S 曲线

2. S 曲线的形状特点

假设工程进度曲线用函数 $C=f(T)$ 表示,则 $v=\dfrac{dC}{dT}$ 表示工程在点 T 处的施工速度,也就是该点处曲线的切线方向即为曲线的斜率。

一般情况下,项目施工初期应进行临时工程建设或进行各项施工准备工作,劳动力和施工机械的投入逐渐增多,每天完成的工作量也逐渐增加,所以施工速度逐渐加快,即工程进度曲线的斜率逐渐增大,此阶段的曲线呈凹形;在项目施工稳定期间,施工机械和劳动力投入最大量保持不变时,若不出现意外作业时间损失,且施工效率正常,则每天完成的工作量大致相等,这时施工速度近似为常数,工程进度曲线的斜率几乎不变,故该阶段的曲线接近为直线;项目施工后期,主体工程项目已完成,剩下修补加工及清理现场等收尾工作,劳动力和施工机械逐渐退场,每人完成的工作量逐步减少,此时施工速度也逐步减小,即工程进度曲线的斜率逐步减小,此阶段的曲线则为凸形。

由此可见,一般工程进度曲线大体上呈 S 形如图 4-3 所示,所以该曲线又称为 S 曲线。

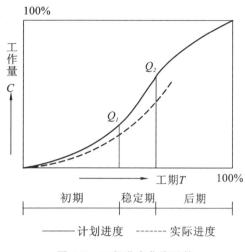

图 4-3 工程进度曲线形状

3. S 曲线在公路工程施工监理中的作用

由于 S 曲线是工程进度曲线也是现金流动曲线,所以它在公路工程施工进度及费用监理中均可应用,其作用具体如下。

(1) 审批施工进度计划时,用 S 曲线判断承包人编制的施工进度计划是否合理。合理的施工进度计划,其工程进度曲线的形状大致呈 S 形,劳动力、材料和施工机具设备供应及工程费用使用分配符合一般规律。反之,工程初期曲线不是凹形;或者施工稳定期间,曲线完全不是直线;或者工程后期曲线不呈凸形等,均说明施工中资源调配违背了一般规律。上述任何一种不合理情况都应要求承包人重新修订施工进度计划。

(2) 监控施工进度计划实施阶段,进度控制可方便地利用 S 曲线来评价实际进度情况属于正常、提前或滞后。当实际进度按计划进度正常施工时,其实际进度与计划进度曲线相吻合,此时说明实际进度正常。如果实际进度比计划进度提前,则实际进度曲线应在计划进度曲线的上方,此时实际施工速度比计划施工速度快,照此施工下去工期就会提前,监理工程师据此可作出两种决策:一是工程成本消耗较合理时,按实际施工进度不变,提前完成任务;二是工程成本消耗较高时,应适当放缓施工,使实际进度按计划进度进行,确保按计划工期完成任务。如果实际进度比计划进度滞后,则实际进度在计划进度的下方,这时实际施工速度比计划施工速度慢,照此下去工期就会拖延,此时监理工程师的一般决策是:增加资源供应,加快施工速度,使实际进度赶上计划进度,保证计划工期的按时完成。

(3) S 曲线可用于工程费用监理中工程计量及费用支付的依据。S 曲线是工程进度与累计完成的工程量或工作量(费用)的百分比图表化曲线,也是工程项目实施中进度与现金流动关系曲线。项目实施期间实际完成了多少工程量或工作量(工作费用),在实际进度曲线中一目了然,据此可方便地进行中期工程量的计量与支付。

三、进度管理曲线

在项目施工进度计划实施过程中,实际工程进度曲线因施工条件及管理条件的变化而变化,所以实际进度曲线往往与计划进度曲线不一致。如果二者的偏差太大,将使工程陷入难以恢复的状态,因此应使实际进度始终处在一个安全的区域内,这样才能确保工程项目按时交工,为此工程中常用进度管理曲线来规定这个安全区的范围。

进度管理曲线是工程进度曲线规定的允许界限线,它指出了施工进度允许偏差范围所应满足的进度曲线变动区域。虽然组织突击赶工也可以按期交工,但这样做将会影响工程质量和经济效益,而进度管理曲线指出的安全区,不是组织突击赶工,而是在保证工期、质量和经济性的条件下,由施工进度曲线规定的允许变动范围。

美国加利福尼亚州公路分局对典型的 45 项工程绘制了进度曲线,根据对工程所经过的时间和完成工作量之间关系的调查研究结果,编制了作为公路工程的进度管理曲线,如图 4-4 所示。此进度管理曲线研究了每当时间经过 10% 时完成工作量的变化范围。因为图形呈香蕉形状,所以被称为香蕉曲线。

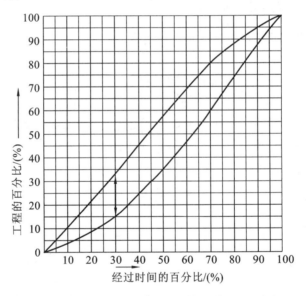

图 4-4　公路工程进度管理曲线

从图 4-4 可以看出,根据香蕉曲线,当时间经过了 30% 时,工程进度的容许安全区域为 16%～35%。如果实际进度曲线此时低于 16%,则表明工程进度处于危机状态,需要采用补救措施。进度管理曲线一般作为进度曲线的一种核对方法来使用,所以并不一定要求它有严密的准确性。

在绘制工程进度曲线及管理曲线时,应注意下列问题。

(1) 首先应根据横道式工程进度图来绘制计划进度曲线,此曲线应位于进度管理曲线的允许界限以内。假如进度曲线偏离了允许界限,则一般来说此工程项目的进度计划安排的不够合理,此时需要将横道式工程进度计划图中的主体工程向左右移动进行调整。

(2) 当计划进度曲线在进度管理曲线的允许界限内时,合理地调整工程初期和后期的进度,尽量使 S 形曲线的中期,即正常工程进展阶段与允许界限的直线段相吻合。

(3) 由计划进度曲线的终点所引出的曲线的切线,表示工程进度危险的下限,所以应在这个界限内维持施工。假如实际进度曲线接近界限时,则需要立即采取补救措施。

(4) 实际进度曲线超出香蕉曲线及其他管理曲线的下限时,表示工程拖延相当严重,此时不可避免地要进行突击赶工,因此,应研究突击赶工时控制投资和保证质量的措施。

使用工程进度曲线和进度管理曲线,能够把工程进度的偏差控制在适当的范围之内来进行计划和管理,可将它们作为判断工程全局进度情况的工具。但由于它们是建立在横道图的基础之上,因而仍不能弥补横道图所具有的缺点。

此外表示进度的方法还有斜条图法、网络计划图法、关键线路法、计划评审法、流水作业网络计划法、搭接网络计划法、图例评审法等。

任务 3 工程进度监理的工作内容

一、工程施工进度计划的编制

工程施工进度计划是表示施工项目中各个单位工程或分项工程的施工顺序、开竣工时间以及相互衔接关系的计划,它是施工项目实施阶段进行进度控制的行为标准,也是监理工程师实施进度监理的基础条件。《公路工程标准施工招标文件》(交公路发[2009]221 号)规定,在承包人中标后,应按照合同规定的总工期编制工程进度计划表,并在规定的期限内送交监理工程师审核,经监理工程师审查、承包人修订,获得批准后,便可据此执行。

工程进度计划可根据项目实施的不同阶段,分别编制总体进度计划及年、月进度计划;对于某些起控制作用的关键工程项目还应单独编制工程进度计划。为了便于管理,进度计划的编制应满足下面的基本原则和要求。

1) 编制原则

工程进度计划,必须真实、可靠并符合实际;清楚、明确并便于管理;表达施工中的全部活动及其联系;反映施工组织及施工方法;充分使用人力和设备;预料可能的施工阻碍及变化;贯穿合同条件及技术规范。

2) 编制的主要依据

工程进度计划编制的主要依据有:施工合同中规定的合同工期、开工日期及竣工日期;投标书中确认的工程进度计划及施工方案;主要材料和设备的采购合同及供应计划;工程现场的特殊环境及气候条件;施工人员的技术素质及设备能力;已建成的同类工程的实际进度及经济指标等。

3) 工程进度计划的基本内容与要求

(1) 总体进度计划的内容一般应包括:工程项目的合同工期;完成各单位工程及各施工所需

要的工期、最早开始和最迟结束的时间;各单位工程及各施工阶段需要完成的工程量及现金估算;各单位工程及各施工阶段所需要配备的人力和机械数量;各单位工程或分部工程的施工方案和施工方法等。

(2) 年度进度计划的内容包括:本年度完成的单位工程及施工阶段的项目内容、工程数量及投资指标;施工队伍和主要施工设备的数量及调配顺序;不同季节及气温条件下各项工作的时间安排;在总体进度计划下对各分项工程进行局部调整或修改的详细说明等。

(3) 月(季)进度计划的内容包括:本月(季)计划完成的分项工程内容及顺序安排;完成本月(季)及各分项工程的工程数量及投资额;完成各分项工程的施工队伍及人力和主要设备的配额;在年度计划下对各单位工程或分项工程进行局部调整或修改的详细说明等。

(4) 关键工程进度计划的内容一般包括:具体施工方案和施工方法;总体进度计划及各道工序的控制日期;现金流动估算;各施工阶段的人力和设备的配额及运转安排;施工准备及结束清场的时间安排;对总体进度计划及其相关工程的控制、依赖关系和说明等。

(5) 在进度计划的表示方法上可采用横道图、斜道图或进度曲线等方式;总体进度计划中宜绘制网络图,标注关键路线和时间参数;年、月(季)进度计划可采用横道图、进度曲线及有关形象进度图表示。总体进度计划和月进度计划中应绘制资金流量 S 曲线图。

在工程施工过程中,如果工程的实际进度不符合已批准的进度计划时,承包人应根据监理工程师的要求提出一份修改过的进度计划,表明为保证工程按期竣工而对原计划所进行的修改。

二、进度计划的审批

监理工程师在接到承包人提交的工程施工进度计划后,应对进度计划进行认真的审核。审核计划的目的是检查承包人所制订的工程进度计划是否合理,是否适合工程项目的实际条件和施工现场情况,避免以不切实际的工程施工进度计划来指导施工。因此,监理工程师在对承包人提交的施工进度计划进行审批时,应重点核实承包人实施计划的能力以及施工时间安排的合理性等方面,并在合同规定或满足施工需要的合理时间内审查完毕。

1) 进度计划的提交

在施工合同签订后 28 天内,承包人应向监理工程师提交以下文件。

(1) 一份格式符合要求的详细的工程总体进度计划及必要的各项关键工程的进度计划。

(2) 一份有关全部支付的现金流动估算。

(3) 一份有关施工方案和施工方法的总说明(即通过施工组织设计提出)。

在将要开工以前或开工以后合理的时间内,监理工程师应要求承包人提交以下文件:①年度进度计划及现金流动估算;②月(季)度进度计划及现金流动估算;③分项(或分部)工程进度计划等。这些文件将成为阶段性进度计划的组成部分。

2) 进度计划的审查步骤

监理工程师应组织有关监理工程人员对承包人提交的各项进度计划进行审查,在 14 天内对承包人提交的施工进度计划及施工方案说明予以批复或提出修改意见,审查工作应按以下程序进行。

(1) 阅读文件,列出问题,进行调查了解。
(2) 提出问题,与承包人进行讨论或澄清。
(3) 对有问题的部分进行分析,向承包人提出修改意见。
(4) 审查批准承包人修改后的进度计划。

3) 进度计划的审查内容

(1) 工期和时间安排的合理性,包括:施工总工期的安排应符合合同工期;各施工阶段或单位工程(包括分部、分项工程)的施工顺序、时间安排和材料、设备的进场计划相协调;易受气候影响的工程应安排在适宜的时间,并应采取有效的预防和保护措施;对动员、清场、假日及天气影响的时间,应有充分的考虑并留有余地。

(2) 施工准备的可靠性,包括:所需主要材料和设备的运送日期已有保证;主要骨干人员及施工队伍的进场日期已经落实;施工测量、材料检查及标准试验的工作已经安排;驻地建设、进场道路及供电、供水等已经解决或已有可靠的解决方案。

(3) 计划目标与施工能力的适应性,包括:各阶段或单位工程计划完成的工程量及投资额应与承包人的设备和人力实际状况相适应;各项施工方案和施工方法应与承包人的施工经验和技术相适应;关键线路上的施工力量安排应与非关键线路上的施工力量安排适应。

当监理工程师通过调查了解、分析评价后,如果确认承包人为完成工程而提供的工程进度计划是合理的,而且是切实可行的,能满足施工要求.应在合理的时间内批准承包人提出的施工进度计划。

三、进度计划的检查

进度计划的检查是计划执行信息的主要来源,是施工进度调整和分析的依据,也是进度控制的关键步骤。进度计划检查的方法主要是对比法,即将实际进度与计划进度进行对比,从而发现偏差,以便调整或修改计划。

为了全面了解进度计划的执行情况,监理工程师必须做好以下三个方面的工作。

1. 定期检查进度报表资料

施工单位应每日按单位工程、分项工程或工点对实际进度进行记录,填写进度报表并提交监理工程师。监理工程师应予以审查,以作为掌握工程进度和进行进度监理的依据。每日进度检查记录应包括以下基本内容:当日实际完成及累计完成的工程量;实际参加施工的人力、机械数量及生产效率;施工停滞的人力、机械数量及其原因;承包人的主要技术及管理人员到达现场的情况;当日发生的影响工程进度的特殊事件或原因;当日的天气情况等。

2. 及时编制工程进度表

现场监理工程师应按规定对进度计划的实际执行情况进行检查,及时编制工程进度统计表。以便对进度进行分析和评价,并作为要求施工单位加快工程进度、调整进度计划或采取其他合同措施的依据。工程进度表应包括以下主要内容:工程进度概况或总说明,应以记事方式对计划进度执行情况提出分析;编制工程进度累计曲线和完成投资额的进度累计曲线;显示一些关键路线(或主要工程项目上)施工活动及进展情况的工程图片;反映承包人的现金流动、工程变更、价格调整、索赔、工程支付及其他财务支出情况的财务状况;影响工程进度或造成延误的其他特殊事项、因素及解决措施。

3. 定期召开工地会议

通过召开工地会议及时了解实际进度情况。监理工程师应定期地将实际进度与计划进度进行比较,以便及时发现偏差,采取措施纠正偏差。

工程实施期间,如果实际进度(尤其是关键线路上的实际进度)与计划进度基本相符时,监理工程师不应干预承包人对进度计划的执行,但应及时掌握和控制影响或妨碍工程进展的不利因素,促进工程按计划进行。

四、进度计划的调整

在施工过程中,一旦发现实际进度与计划进度不符,即出现进度偏差时,监理工程师必须认真分析产生偏差的原因及对后续工作和总工期的影响,并督促施工单位采取合理的措施,对原计划进行调整,确保总进度目标的实现。

1. 分析产生进度偏差的原因

为了调整进度,监理工程师应进行调查,分析产生偏差的原因。

2. 分析偏差对后续工作和总工期的影响

在查明原因之后,要分析偏差对后续工作和总工期的影响,从而确定是否应当调整。

3. 确定影响后续工作和总工期的限制条件

在分析了偏差对后续工作和总工期的影响后,需要采取一定的调整措施时,应当首先确定进度调整的范围。其主要指关键节点、后续工作的限制条件以及总工期允许变化的范围。

4. 采取措施调整原进度计划

应以后续工作和总工期的限制条件为依据对原进度计划进行调整,以保证实现要求的进度目标。

5. 实施调整后的进度计划

在后续的施工过程中,应严格执行调整后的进度计划。

6. 加快工程进度

在施工单位没有取得合理延期的情况下,监理工程师认为实际工程进度过慢,将不能按照进度计划预定的工期完成工程时,应要求施工单位采取加快措施,以确保进度计划中的阶段目标或总体目标的实现。施工单位提出和采取的加快工程进度的措施必须经过监理工程师批准,施工单位无权要求为采取这些步骤支付任何费用。

任务 4　影响进度计划的主要原因

影响公路工程施工进度的因素很多,《公路工程标准施工招标文件(2009年版)》(交公路发[2009]221号)中将其分为承包人的原因、业主的原因、监理工程师的原因和特殊原因等。

一、承包人的原因

在工程施工过程中,承包人未能按施工合同的要求组织施工,或由于自身的过错、疏忽及失误等原因,导致施工进度受到影响,具体情况如下。

(1) 承包人在合同规定的时间内,未按时向监理工程师提交符合监理工程师要求的施工进度计划。

(2) 工程施工过程中,由于各种原因使得工程进度不符合工程施工进度时,承包人未按监理的要求,在规定的时间提交修订的工程施工进度计划,使后续工作无章可循。

(3) 由于承包人技术力量以及设备、材料的变化,工程承包合同以及施工工艺等不熟悉,造成承包人违约而引起的停工或缓慢施工也是影响工程施工进度的原因之一。

(4) 承包人的质检系统不完善和质量意识不强,将对工程施工进度造成严重影响。

二、业主的原因

在履行合同过程中,由于业主的下列原因造成工期延误的,承包人有权要求业主延长工期和(或)增加费用,并支付合理利润。

(1) 增加合同工作内容或者改变合同中任何一项工作的质量要求或其他特性以及未按合同约定及时支付预付款、进度款。

(2) 业主提供图纸延误或延迟提供材料、工程设备以及变更交货地点。

(3) 因业主的原因导致的暂停施工或其他原因造成的工期延误。

三、监理工程师的原因

在施工过程中,监理工程师的失职、判断或指令错误以及未按程序办事等也会影响工程施工进度。

四、其他特殊原因

在施工过程中,除承包人、业主、监理工程师以外也会存在影响施工进度的其他特殊原因,具体情况如下。

(1)额外或附加工程的工程量增加,如土石方数量增加、土石比例发生较大变化、涵洞改为桥梁等。

(2)工程施工中,承包人碰到异常恶劣的气候条件,即30年以上一遇的罕见气候现象(包括温度变化、降水、降雪、风等)以及项目合同专用条款的具体规定的其他情况。

(3)工程施工中,发生了合同条款规定的不可抗力事件,如:地震、海啸、火山爆发、泥石流、暴雨(雪)、台风、龙卷风、水灾等自然灾害;战争、骚乱、暴动;核反应、辐射或放射性污染;空中飞行物体坠落或非业主亦非承包人责任造成的爆炸、火灾、瘟疫;项目合同专用条款约定的其他情形。

1. 简述工程进度监理的任务和作用。
2. 什么是横道图?横道图是如何表示工程进度的?
3. 横道图有哪些特点?
4. 什么是S曲线?S曲线是如何表示工程进度的?
5. S曲线为什么初期呈凹型,为什么后期呈凸型?
6. 简述S曲线在公路工程施工监理中的作用。
7. 什么是香蕉曲线?
8. 监理工程师如何进行进度计划的审查?
9. 监理工程师如何进行进度计划的调整?
10. 影响进度计划的主要原因中,承包人有哪些原因?
11. 影响进度计划的主要原因中,业主有哪些原因?

项目 5 公路工程施工费用监理

学习目标

1. 知识目标

(1) 熟悉工程费用监理的原则、程序和方法。
(2) 掌握工程量清单的内容。
(3) 熟悉路基工程、路面工程、桥涵工程的计量方法。
(4) 掌握工程费用的支付与扣除。

2. 能力目标

(1) 费用监理过程中能够在掌握费用监理的原则和方法的情况下进行费用监理。
(2) 能在实际工程中对照图纸查看工程量清单。
(3) 能进行路基工程、路面工程、桥涵工程的计量工作。
(4) 能根据具体情况进行工程费用的支付与扣除工作。

任务 1 工程费用监理概述

一、工程费用的特点

工程费用一般指修建工程项目所投入的建设资金,它是工程项目在施工过程中形成的工程价值的货币表现形式,可分为预算工程费用和实际工程费用。它具有以下特点。

(1) 预先定价。工程费用必须在实际支付和使用之前预先定价,这是由工程建设的内在规律所决定的。虽然工程费用是在建设过程中花费,但是在花费之前要进行一系列的预测工作,对工程费用进行估算,形成预算工程费用,并以合同价的形式来反映工程费用的预测值。

由于实际情况的千变万化及人们预测能力的局限性,所以完成工程所最终消耗的实际工程费用不一定恰好就是合同价格。

(2) 以工程成本为基础。工程费用是工程价值的货币表现形式。工程价值的衡量是以完成工程所需的社会标准成本为基础,而非以承包人为完成施工生产的实际成本为基础。

(3) 由监理工程师签认。工程项目建设过程中,要产生各种费用开支,但只有经过监理工程师按合同规定签认的工程价款才能构成工程费用。

(4) 由承包人使用。承包人是实施工程施工行为的主体,各工程项目必须经过施工过程才能完成由图纸到实物形式的转化,从而形成工程价值。因此,工程中所消耗的工程费用是由承包人来实施使用的。

(5) 由业主支付。业主是工程项目的投资者或资金筹集者,在承包人完成了既定施工任务,并经监理工程师确认工程价值后,应在合同规定的时间内支付工程费用。

工程费用监理的目的就是,在监理计划的指导下,动态控制工程费用目标,使其能够最优地实现。由于公路工程项目的各种复杂因素,通常采用单价合同形式的费用支付方式。

公路工程施工过程中费用监理的关键环节是工程计量与支付。

监理工程师作为工程费用监理的主体,处于工程计量与支付环节的关键地位。监理工程师除了应加强对合同中工程量清单所列工程费用的计量与支付的管理外,还应加强监督和管理合同中所规定的其他支付项目(工程变更、价格调整、索赔等),尽量减少工程施工过程中各种合同支付项目费用的支付。

二、工程费用监理的原则

1. 政策性原则

工程费用监理是一项政策性、法律性、经济性和技术性很强的工作,监理工程师必须严格遵守国家法律和有关制度,正确处理国家全局利益和工程局部利益之间的关系。

2. 合同原则

工程承包合同一方面综合体现了国家的经济政策、基本建设管理制度及法规,另一方面全面概括了工程设计的意图和要求,同时还综合考虑了工程施工中的各种因素。因此,合同是关于工程施工的综合性文件。监理工程师应以合同为依据,按其基本精神和要求进行费用监理,保证每一笔工程费用的支付都符合合同的原则和要求。

3. 公正原则

监理工程师在工程费用监理中,应实事求是、客观公正、认真负责地做好每一项工作。尤其是当施工中发生工程变更、工程费用索赔和各种特殊风险时,监理工程师更应独立而公正地做出判断,对其进行合理估价,使承包人和业主的货币收支行为趋于准确和合理。

4. 责、权、利相结合的原则

工程费用监理的目标不是使工程实际支付的费用少于合同价,而是让实际支付的工程费用更趋合理且符合合同的要求。这就需要工程费用监理的责、权、利高度结合,即使监理工程师职责明确,权力适当,利益合理。这样,才能充分调动他们的积极性,搞好工程费用监理。

三、工程费用监理的目的和主要作用、程序、方法

1. 工程费用监理的目的和主要作用

工程费用监理的目的和主要作用是发现和减小偏差。工程费用监理的偏差有两个。
(1) 工程施工的实际耗资同合同价的偏差。
(2) 工程费用的计量与估价是否符合合同的要求和精神,即工程费用是否准确、合理。

监理工程师应时刻注意工程的进展情况,及时收集各种信息,了解工程费用的实际值与合同价的差异,判断并分析产生偏差的原因是什么、偏差值是否在允许范围之内,以及采取什么样的措施来处理偏差等。

调节是监理的实际行为。调节包括指导、限制和监督三个方面的内容:一是指示和引导承包人如何达到目标;二是对不符合合同要求的工程不予计量支付;三是对不正当的行为和支出进行纠正,对发出的监理指令进行督促和检查等。

2. 工程费用监理的程序

工程费用监理的核心是工程的计量与支付,亦是确定工程质量和进度的重要手段。第一,应落实工程费用监理的机构,除配置费用监理工程师外,还应落实计量与支付人员,明确由谁对最终结果负责,即由谁在计量证书和支付证书上签字。第二,还须制订计量与支付的规章制度及管理程序,规定计量与支付的审核环节,以保证计量与支付的质量。

应注意,工程费用监理的前提和条件是明确目标,而目标必须在数量、时间、责任上有明确

的规定。一般情况下,质量监理、进度监理和合同管理三者既是进行工程费用监理的基础,又须依靠工程费用监理来开展有效的工作。因此,必须对负责工程费用监理的人员进行合理分工,并明确各自的任务和责任范围。

3. 工程费用监理的方法

从时间角度出发,工程费用监理的方法有以下三种。
(1) 事前主动监理。
(2) 施工过程中跟踪监理。
(3) 事后反馈监理。

任务 2　工程量清单

工程量清单又叫作工程数量清单,是招标单位按一定的原则将招标的工程进行分解,以明确工程的内容和范围,并将上述内容数量化,以表格形式表述的文件。工程量清单是招标文件的重要组成部分。当由投标人填上单价后,工程量清单即成为标价的工程量清单(报价单),中标的报价单是工程费用支付时作价的直接基础。

实质上,工程量清单是一个工程项目表,常以每一个体工程为对象,按分部分项列出其工程数量,反映出该工程项目的主要内容和预算数量。招标单位按一定的原则将招标的工程进行工作分解,以明确工程的内容和范围,并将上述内容数量化,形成工程员清单。

一、工程量清单的内容

工程量清单的内容包括前言、工程细目、计日工明细表、工程量清单汇总表四个部分。

1. 前言

在合同文件中,前言又叫作清单序言。前言主要说明工程细目的包容程度及费用依据,阐明编制工程量清单时已经采用的计算方法,以及这种计算方法是否将继续用于实际工程的计量。同时,前言还应说明单价所包含的内容和范围,并要求工程量清单必须和其他文件共同阅读和理解。在前言中,亦须强调指出工程量清单中各细目工程数量的性质和估算量,达到提醒投标人投标报价及引起将来施工计量与支付时计量人员注意的目的。

由于工程量清单各章是按技术规范相应章次编号的,有标价的单价与价格,均已包括了所有施工的工料机费,以及安装费、质检费、缺陷修复费、保险费、管理费、税费和利润,同时还包括了合同明示和暗示的一切风险、责任和义务。因此,一般在前言中均规定:无论数量是否标出,在工程量清单中的每一工程细目均需填上单价,没填单价的工程细目将被视为已分摊到其他工程细目的单价之中,那些符合合同规定的工作若没有列工程细目,亦视其费用已经分摊到有关工程细目的单价之中。

2. 工程细目

工程细目又叫作分项清单表,是招标工程中各个工程细目的工程数量单位及单价数额的排列。各工程细目应分章编列,以便将不同性质、不同位置、不同的施工阶段或其他性质不同的工程加以区别。工程细目可根据工程的具体情况分为不同的章、节、目,如表 5-1 所示。

表 5-1 路基土石方

合同段　　　　　　　　　　货币单位:人民币元

编　号	项目名称	单　位	数　量	单　价	总　额
202-1	清理与掘除				
202-1.1	清理草皮及表土	m²			
202-1.2	掘除树根	棵			
202-1.3	砍伐树木	棵			
202-2	撤除旧路				
202-2.1	碎(砾)石土路面				
202-2.2	沥青混凝土路面	m²			
202-2.3	沥青表处路面	m²			
202-2.4	…				
202-3	拆除结构物				
202-3.1	钢筋混凝土结构				
202-3.2	混凝土结构				
202-3.3	砖、石及其他砌体结构				
202-4	…				
203-1	挖方				
203-1.1	挖土				
203-1.2	挖石				
203-1.3	弃方超运				
203-2	填方				
203-2.1	用土填方				
203-2.2	用石填方				
203-2.3	借土填方				
203-2.4	填方超运				

3. 计日工明细表

计日工明细表一般包括总则、计日工劳务、计日工材料、计日工施工机械、计日工汇总表五个方面的内容,并且由相应的计日工劳务单价表、计日工材料单价表、计日工施工机械单价表和计日工汇总表等四个表组成。其各表格式可参见《公路工程标准施工招标文件(2009年版)(上册)》。

4. 工程量清单汇总表

工程量清单汇总表是对分项清单表的汇总,包含着由各个工程量清单以章、节转过来的内容,同时还列有考虑计日工、工程意外和价格意外等的暂定金额工程量清单汇总表示例如表5-2所示。

表5-2 工程量清单汇总表示例

序 号	章 名	金额/人民币元
1	第100章 总则	
2	第200章 路基	
3	第300章 路面	
4	第400章 桥梁、涵洞	
5	第500章 隧道	
6	第600章 安全设施及预埋管线	
7	第700章 绿化及环境保护	
8	第800章 房建工程	
9	第100章至第800章清单合计	
10	已包含在清单合计中的专项暂列金额小计	
11	清单合计减去专项暂列金额(即9－10)＝11	
12	计日工合计	
13	不可预见费(暂列金额＝11×％)	总额
14	投标价(9＋12＋13)＝14	

注:一切暂定金额都应由监理工程师按照《公路工程标准施工招标文件(2009年版)(上册)》合同通用条款第58条规定决定使用或使用其中一部分。

二、工程量清单的作用

工程量清单的作用有以下两个。
(1) 为编制标底服务。
(2) 为所有投标人提供一个报价计算的共同基础。

工程量清单中的工程量只是根据图纸及其说明按一定计算规则计算出来的,不是实际的工程量。计算时,工程量的计算规则要与技术规范规定的技术规则完全一致,以使工程量清单所列工程量与实际工程量间的差距尽可能小。

三、工程量清单单价说明

工程量清单中各工程细目的单价,是投标人根据自身特点,按照合同规定计算各项费用并进行分摊后填入报价单的。所以,监理工程师应要求承包人按照合同规定的内容与时间,报送单价的来源及构成,以便其对单价进行评价和分析,有利于处理工程变更及费用索赔,并为工程计量阶段的划分提供参考。

任务 3 工程计量

一、工程计量的必要性

在公路工程施工中,工程量清单中所开列的工程量是按图纸计算的预计数量,《公路工程标准施工招标文件(2009年版)(上册)》合同通用条款亦明确规定了该工程量仅是估算的数量,不能作为承包人应予完成的工程的实际和确切的数量,只是为投标人提供的一个计算标价的共同基础。

对承包人的工程价款的支付,是按其实际完成的工程数量进行计算的;单价合同工程的付款,是将监理工程师认可的实际和准确的工程量与承包人在报价单中该项工程的填报单价相乘。另外,由于对不合格的工程和工作,监理工程师可不予计量(这就迫使承包人必须按照合同规定行事),因此承包人所得工程价款均以计量的工程量为基础,而计量的准确与否则是保证业主与承包人双方实现公平交易的关键。另一方面,由于单价已在合同中签订,所以单价是固定不变的。于是,影响付款金额的唯一参数便是通过计量的工程量。

此外,对于工程变更、计日工等,更应进行工程计量,以便取得完整的计量资料,以其作为工程费用支付的依据。

通过按时计量,监理工程师还可随时掌握承包人工作的进展情况和工程进度,以便调整施工组织计划。

二、工程计量的概述

1. 计量的依据

计量的依据一般有质量合格证书、工程量清单前言、合同条件中的"计量支付"条款、技术规范中有关计量与支付的内容(或独立的计量与支付说明)、设计图纸及各种测量数据。也就是说,计量必须以这些资料为依据。

1) 质量合格证书

计量的基本条件和前提是质量合格,质量不合格部分不予计量。因此,计量工程师进行计量时,一定要同质量工程师配合,只有通过了质量监理,被质量监理人员签发了质量合格证书的工程内容,才能进行计量。

2) 工程量清单前言和技术规范中有关计量与支付的内容(或独立的计量与支付说明)

因为工程量清单前言和技术规范中的"计量与支付"条款中规定了工程量清单中每一项工程的计量方法,同时还规定了按规定的计量方法确定的单价所包括的工作内容和范围。例如,关于路面面层的计量,计量条款中规定:路面面层的计量单位为 m^2,该项目应按图纸上所示的该层顶面的平面面积计量并包括图 5-1 所示该层断面内所有的材料及工作。

图 5-1 中 A 为路面面层顶面宽度,B 为底面宽度。根据上述的规定,计量路面面层的数量时,只能以路面面层顶面宽度进行计算,以路面面层底面宽度 B 或以 A、B 的平均值计量都是不允许的。因为投标时,根据规定,承包人应当把该层断面内所有的材料及工作发生的费用,都包括在以该层顶面面积所确定的单价内。

3) 设计图纸

工程量清单的数量是该工程的估算工程量,但是被计量的工程量,并不一定是承包人实际施工的数量,因为计量的几何尺寸应当以设计图纸为准。图 5-2 所示为就地灌注桩施工实测图。根据计量规定:对就地灌注桩的计量与支付,应根据图纸所示由监理人确定的从设计基础表面到设计桩底间的长度考虑。因此,图 5-2 中实际施工的灌注桩的长度虽然为 L_1+L_2,但是被计量支付的长度为 L_1。

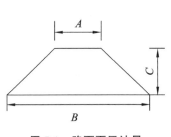

图 5-1 路面面层计量

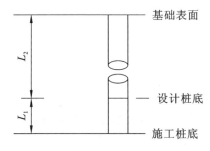

图 5-2 就地灌注桩施工实测图

4) 测量数据

与计算有关的测量数据有原始地面线高程的测量数据、土石分界线的测量数据、基础高程的测量数据、竣工测量数据等。测量数据的准确性严重影响计量结果的准确性。

2. 计量内容

理论上,所有工程事项均应加以计量,以便获得完整的记录。但实际上,只是对所有需要支付的细目加以计量,这是计量工作范围的最低要求。技术规范每一节"计量与支付"条款及工程量清单的"前言"明确规定了计量方法与付款内容,除了对已完成的工程子目进行计量和记录外,监理人最好对那些涉及付款的工程细目在施工中发生的一切问题进行详尽的记录,以便发生索赔时有据可查。

因此,计量工作的范围有最高要求与最低要求,具体达到什么样的要求,由具体工程项目的内容及施工情况而定。

3. 计量时间

《公路工程标准施工招标文件(2009年版)(上册)》中"计量与支付"第17条中规定:除专用合同条款另有约定外,单价子目已完成工程量按月计量,总价子目的计量周期按批准的支付分解报告确定。每月进行计量是为了方便掌握工程进度情况及核定月进度款(即期中支付证书),为此,监理人一般须填制"中间计量单"。

对于隐蔽工程,则须在工程覆盖之前进行计量,在覆盖后再进行计量将使工作更复杂和更困难。

4. 计量单位与计量精度

计量单位分两类:一类是物理计量单位;另一类是自然计量单位。物理计量单位以公制计量,自然计量单位通常采用十进位自然数计量。

对于物理计量单位,长度常用米、延米、千米、公里,面积常用平方米、千平方米、公顷,体积常用立方米、千立方米,质量常用克、千克、吨。自然计量单位常用个、片、座、株、日、星期、月、年等。

对于精度,为方便起见,浮点数须四舍五入至小数点后恰当的位数。应对不同的细目分别做出统一规定。

虽然计量单位与计量精度是简单问题,但实际工作中,常常出现计量名称、符号及取位错误和不规范问题。同时,还应该注意的是:各工程细目的计量单位必须与工程量清单中所用单位一致;所有计量都以净值为准。

5. 计量方式

计量方式一般有如下三种。

(1)实地测量与实地勘查。如土方工程,一般横断面宽度、挖方的边长等需实地测量和勘查。又如场地清理,也需按野外实地测得的数据,根据计算规则进行计算。

(2)室内按图纸计算。对于钢筋混凝土结构物以及多数永久工程,一般可按图纸计算工程量。

(3)根据现场记录计算。如计日工必须按现场记录来计算。又如灌注桩抽芯,应按取芯时的钻探记录来计算。

一般地,工程量的计算由承包人负责,工程量审核由监理人负责。通常,一个工程项目的计量往往综合运用以上三种计算方式。不论采用何种计算方式,其结果都须经监理人和承包人双方同意、共同签字,有争议时,协商解决,协商解决不了时由监理人决定。

6. 计量规则

《公路工程标准施工招标文件(2009年版)(上册)》中"计算与支付"第17条中规定了单价子目的计量和总价子目的计量两类计量规则。

1) 单价子目的计量规则

单价子目的计量规则如下。

(1) 已标价工程量清单中的单价子目工程量为估算工程量。结算工程量是承包人实际完成的,并按合同约定的计量方法进行计量的工程量。

(2) 承包人对已完成的工程进行计量,向监理人提交进度付款申请单、已完成工程量报表和有关计量资料。

(3) 监理人对承包人提交的工程量报表进行复核,以确定实际完成的工程量。对数量有异议的,可要求承包人按第8.2款约定进行共同复核和抽样复测。承包人应协助监理人进行复核并按监理人要求提供补充计量资料。承包人未按监理人要求参加复核,监理人复核或修正的工程量视为承包人实际完成的工程量。

(4) 监理人认为有必要时,可通知承包人共同进行联合测量、计量,承包人应遵照执行。

(5) 承包人完成工程量清单中每个子目的工程量后,监理人应要求承包人派员共同对每个子目的历次计量报表进行汇总,以核实最终结算工程量。监理人可要求承包人提供补充计量资料,以确定最后一次进度付款的准确工程量。承包人未按监理人要求派员参加的,监理人最终核实的工程量视为承包人完成该子目的准确工程量。

(6) 监理人应在收到承包人提交的工程量报表的7天内进行复核,监理人未在约定时间内复核的,承包人提交的工程量报表中的工程量视为承包人实际完成的工程量,据此计算工程价款。

(7) 承包人未在已标价工程量清单中填入单价或总额价的工程子目,将被认为其已包含在本合同的其他子目的单价和总额价中,发包人将不另行支付。

2) 总价子目的计量规则

总价子目的计量规则如下。

除专用合同条款另有约定外,总价子目的分解和计量按照下述约定进行。

(1) 总价子目的计量和支付应以总价为基础,不因第16.1款中的因素进行调整。承包人实际完成的工程量,是进行工程目标管理和控制进度支付的依据。

(2) 承包人在合同约定的每个计量周期内,对已完成的工程进行计量,并向监理人提交进度付款申请单、专用合同条款约定的合同总价支付分解表所表示的阶段性或分项计量的支持性资料,以及所达到工程形象目标或分阶段需完成的工程量和有关计量资料。

(3) 监理人对承包人提交的上述资料进行复核,以确定分阶段实际完成的工程量和工程形象目标。对其有异议的,可要求承包人按第8.2款约定进行共同复核和抽样复测。

(4) 除按照第15条约定的变更外,总价子目的工程量是承包人用于结算的最终工程量。

三、工程计量方法的基本规定

1. 一般要求

(1) 所有工程项目,除个别注明者外,均采用中国法定的计量单位进行计算,即采用国际单位及由国际单位制导出的辅助单位进行计量。

(2) 技术规范中的计量与支付条款,应与合同条款、工程量清单以及图纸同时阅读,工程量清单中的支付项目号和技术规范的章节编号是一致的。

(3) 任何工程项目的计量,均应按技术规范规定或监理人书面指示进行。

(4) 按合同提供的材料数量和完成的工程数量所采用的测量与计算方法,应符合技术规范规定。所有这些方法,应经监理人批准或指示。承包人应提供一切计量设备和条件,并保证设备精度符合要求。

(5) 除非监理人另有准许,一切计量工作都应在监理人在场的情况下,由承包人测量、记录。有承包人签名的计量记录原本,应提交给监理人审查和保存。

(6) 工程量应由承包人计算,由监理人审核。工程量计算的副本应提交给监理人并由监理人保存。

(7) 全部必需的模板、脚手架、装备、机具、螺栓、垫圈和钢制件等其他材料,应包括在工程量清单中所列的有关支付项目中,均不单独计量。

(8) 除监理人另有批准外,凡超过图纸所示的面积或体积,都不予计量与支付。

(9) 承包人应严格标准计量基础工作和材料采购检验工作。沥青混凝土、沥青碎石、水泥混凝土、高强度等级水泥砂浆的施工现场必须使用电子计量设备称重。因不符合计量规定引发质量问题,所发生的费用由承包人承担。

(10) 如技术规范规定的任何分项工程或其子目未在工程量清单中出现,则应被认为是其他相关工程的附属工作,不再另行计量。

2. 重量

(1) 凡以重量计量或以重量作为配合比设计的材料,都应在精确与批准的磅秤上,由称职合格的人员在监理人指定或批准的地点进行称重。

(2) 称重计量时应满足以下条件:监理人在场;称重记录;载有包装材料、支撑装置、垫块、捆束物等重量的说明书在称重前提交给监理人作为依据。

(3) 钢筋、钢板或型钢计量时,应按图纸或其他资料标示的尺寸和净长计算。搭接、接头套筒、焊接材料,下脚料,以及固定、定位架立钢筋等,不予计量。钢筋、钢板或型钢应以千克计量,四舍五入,不计小数。钢筋、钢板或型钢由于理论单位重量与实际单位重量的差异而引起材料质量与数量不相匹配的情况,计量时不予考虑。

(4) 金属材料的重量不得包括施工需要加放或使用的灰浆、楔块、填缝料、垫衬物、油料、接缝料、焊条、涂敷料等的重量。

(5) 承运按重量计量的材料的货车,应每天在监理人指定的时间和地点称出空车重量,每辆货车还应标示清晰易辨的标记。

(6) 对有规定标准的项目,例如钢筋、金属线、钢板、型钢、管材等,均有规定的规格、重量、截面尺寸等指标,这类指标应视为通常的重量或尺寸;除非引用规范中的允许偏差值加以控制,否则可用制造商的允许偏差。

3. 面积

除非另有规定,计算面积时,长、宽应按图纸所示净尺寸线或按监理指示计量。对于面积在 $1 m^2$ 以下的固定物(如检查井等),面积不予扣除。

4．结构物

（1）结构物应按图纸所示净尺寸线，或根据监理人指示修改的尺寸线计量。

（2）水泥混凝土的计量应按监理人认可的并已完工工程的净尺寸计算，钢筋的体积不扣除，倒角不超过 0.15 m×0.15 m 时不扣除，体积不超过 0.03 m³ 的开孔及开口不扣除，面积不超过 0.15 m×0.15 m 的填角部分也不增加。

（3）所有以延米计量的结构物（如管涵等），应按平行于该结构物位置的基面或基础的中心方向计量，除非图纸另有表示。

5．土方

（1）土方体积可采用平均断面法计算，但与用似棱体公式（prismoidal formula）计算相比，如果用平均断面法计算的误差超过±5%，监理人可指示采用似棱体公式计算土方体积。

（2）各种不同类别的挖方与填方计量，应以图纸所示界线为限，而且应在批准的横断面图上标明。

（3）用于填方的土方量，应按压实后的纵断面高程和路床面为准来计量。承包人报价时，应考虑在挖方或运输过程中引起的体积差。

（4）在现场钉桩后 56 天内，承包人应将设计和进场复测的土方横断面图连同土方的面积与体积计算表一并提交监理人批准。所有横断面图都应标有图题框，其大小由监理人指定。一旦横断面图得到最后批准，承包人应交给监理人原版图及三份复制图。

6．运输车辆体积

（1）用体积计量的材料，应以经监理人批准的车辆装运，并在运到地点后进行计量。

（2）用于体积运输的车辆，其车厢的形状和尺寸应使其容量能够容易且准确地测定，并应保证精确度。每辆车都应有明显标记。每车所运材料的体积应于事前由监理人与承包人双方达成书面协议。

（3）所有车辆都应装载成水平容积高度，车辆到达送货点时，监理人可以要求将其装载物重新整平，对超过定量运送的材料将不支付。运量达不到定量的车辆，应被拒绝或按监理人确定减少的体积接收。根据监理人的指示，承包人应在货物交付点，随机将一车材料刮平，在刮平后如发现货车运送的材料少于定量，从前一车起所有运到的材料的计量都按同样比率减为目前的车载量。

7．重量与体积换算

（1）如承包人提出要求并得到监理人的书面批准，已规定要用立方米计量的材料可以称重，并将此重量换算为立方米计量。

（2）将重量计量换算为体积计量的换算系数应由监理人确定，并应在此种计量方法使用之前征得承包人的同意。

8．沥青和水泥

（1）沥青和水泥应以千克计量。

（2）如用货车或其他运输工具装运沥青材料，可以按经过检定的重量或体积计算沥青材料的数量，但要对漏失量或泡沫进行校正。

（3）水泥可以以袋作为计量的依据，但一袋的标准应为50 kg。散装水泥应称重计量。

9．成套的结构单元

如规定的计量单位是一成套的结构物或结构单元（实际上就是按"总额"或称"一次支付"计的工程子目），该单元应包括了所有必需的设备、配件和附属物及相关作业。

10．标准制品项目

（1）如规定采用标准制品（如护栏、钢丝、钢板、轧制型材、管子等），而这类项目又是以标准规格（单位重、截面尺寸等）标识的，则这种标识可以作为计量的标准。

（2）除非所采用标准制品的允许误差比规范的允许误差要求更严格，否则，生产厂确立的制造允许误差不予认可。

四、开办项目计量方法

开办项目主要有保险费、竣工文件、施工环保费、安全生产费、工程管理软件、临时道路修建养护、临时工程用地、临时供电设施、临时电信设施、承包人驻地建设等项目。这些项目在清单中按项报价，均属于包干支付项目。因此，在计量规则中很简单，计量方法都是现场检查和统计。

需注意的是，对这类按项计量支付的项目，一定要在现场认真地检查和核实，并按照技术规范规定的工作内容和程序逐项查实。开办项目中的保险费需提供保单才能计量，临时道路、临时工程用地、承包人驻地等在工程完工后的拆除与恢复不另行计量。

五、路基工程计量方法

路基工程包括场地清理、路基挖方、路基填方、特殊地区路基处理、路基零星工程、路基排水、防护与加固等工程。

路基工程是工程计量的主要内容，应认真计量。进行路基工程计量时，应特别注意以下几个问题。

（1）施工单位复测的路基横断面图要仔细复查，并保证挖方与填方的平衡。

（2）路基土石方，严格按照工程量清单前言或技术规范的要求进行界定，并按照合同文件的规定提供有关试验证明资料。

（3）土石方体积用平均断面法计算。但如果与用似棱体公式计算比较，用平均断面法计算的误差超过5%，可采用似棱体公式计算。

（4）路基填方计量中应扣除跨径大于5 m（或技术规范中规定的某一跨径）的通道、涵洞及小桥的空间体积。

（5）为保证路基压实度两侧需加宽超填的体积，零填零挖的翻松压实，均不另行计量。另外,挖方路基的路床顶面以下,土方断面挖松深 300 m 再压实,石方断面应辅以人工凿平或填平压实,作为承包人应做的附属工作,也均不另行计量。

(6) 桥涵台背回填只计按设计图纸和监理人指示进行的桥涵特殊处理数量,但在路基填方计量中应扣除涵洞、通道台背及桥梁桥长范围内台背特殊处理的数量。

(7) 技术规范未明确指出的工程内容,如临时道路修建养护、场地清理、临时排水与防护、脚手架和模板的安装与拆除,以及场内运输等均包含在相应的工程项目中,不另行计量。

(8) 排水、防护、支挡工程中的钢筋、锚杆、锚索的除锈、制作、安装、运输及锚具、锚垫板、注浆管、封锚、护套、支架等,砌筑工程中的嵌缝材料、砂浆勾缝、抹面、泄水孔、滤水层以及基础的开挖和回填等有关作业,均作为承包人应做的附属工作,不另行计量。

路基工程中主要工程的计量细则如下。

1. 场地清理

(1) 施工场地清理的计量应按监理人书面指定的范围(路基范围以外临时工程用地清场等除外)进行验收。现场实地测量的平面投影面积以平方米为单位计量。现场清理包括路基范围内的所有垃圾、灌木、竹林及胸径(即离地面 1.3 m 高处的直径)小于 100 mm 的树木、石头、废料、表土(腐殖土)、草皮的铲除与开挖。借土场的场地清理与拆除(包括临时工程)均应列入土方单价之内,不另行计量。

(2) 砍伐树木仅计胸径大于 100 mm 的树木,以棵为单位计量,包括砍伐后的截锯、移运(移运至监理人指定的地点)、堆放等一切有关作业;挖除树根以棵为单位计量,包括挖除、移运、堆放等一切有关的作业。

(3) 挖除旧路面(包括路面基层)应按不同结构类型的路面以平方米为单位计量;拆除原有公路结构物应分别按结构物的类型,依据监理人现场指示范围和量测方法量测,以立方米为单位计量。

(4) 所有场地清理、拆除与挖掘工作的一切挖方、坑穴的回填、整平、压实,以及适用材料的移运、堆放和废料的移运处理等作业费用,均含入相关子目单价之中,不另行计量。

2. 路基挖方

(1) 路基土石方开挖数量包括边沟、排水沟、截水沟,应以经监理人校核批准的横断面地面线和土石分界的补充测量为基础,按路线中线长度乘以经监理人核准的横断面(见图 5-3)面积进行计算,以立方米为单位计量。

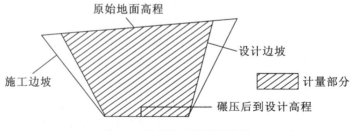

图 5-3 路基挖方计量示意图

(2) 挖除路基范围内非适用材料及淤泥(不包括借土场)的数量,应以承包人测量,并经监理人审核批准的断面或实际范围为依据的计算数量,分别以立方米为单位计量。

(3) 除非监理人另有指示,凡超过图纸或监理人规定尺寸的开挖,均不予计量。

(4) 石方爆破安全措施、弃方的运输和堆放、质量检验、临时道路和临时排水等均含入相关子目单价或费率之中,不另行计量。

(5) 在挖方路基的路床顶面以下,土方断面挖松深 300 mm 再压实,石方断面应辅以人工凿平或填平压实,作为承包人应做的附属工作,均不另行计量。

3. 路基填方

(1) 填筑路堤的土石方数量,应以承包人的施工测量和补充测量经监理人校核批准的横断面地面线为基础,以监理人批准的横断面图为依据,由承包人按不同来源(包括利用土方、利用石方和借方等)分别计算,经监理人校核认可的工程数量作为计量的工程数量。图 5-4 所示为路基填方计量示意图。

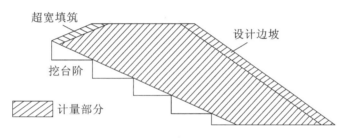

图 5-4 路基填方计量示意图

(2) 零填挖路段的翻松、压实含入报价之中,不另计量。

(3) 零填挖路段的换填土,按压实的体积,以立方米为单位计量。计价中包括表面不良土的翻挖、运弃(不计运距)、换填土的挖运、摊平、压实等一切与此有关作业的费用。

(4) 土、石填方及土石混合填料的填方,按压实的体积,以立方米为单位计量。计价中包括挖台阶、摊平、压实、整形等一切与此有关的作业费用。土、石方的开挖作业在路基挖方中计量。承包人不得因为土石混填的工艺、压实标准及检测方法的变化而要求增加额外的费用。

(5) 借土填方,按压实的体积,以立方米为单位计量,计价中包括借土场(取土坑)中非适用材料的挖除、弃运及借土场的资源使用费、场地清理、地貌恢复、施工便道、便桥的修建与养护、临时排水与防护等和填方材料的开挖、运输、挖台阶、摊平、压实、整形等有关的作业费用。

(6) 粉煤灰路堤按压实体积,以立方米为单位计量,计价中包括材料储运(含储灰场建设)、摊铺、晾晒、土质护坡、压实、整形以及试验路段施工等一切与此有关的作业费用。

(7) 结构物台背回填按压实体积,以立方米为单位计量,计价中包括挖运、摊平、压实、整形等一切与此有关的作业费用。

(8) 锥坡及台前溜坡填土,按图纸要求施工,经监理人验收的压实体积,以立方米为单位计量。

4. 特殊地区路基处理

特殊地区路基处理所完成的工程,经验收后,以由承包人计算、监理人校核的数量作为计量的工程数量。

(1) 挖除换填：挖除原路基一定深度及范围内淤泥，以立方米为单位计量，列入路基挖方相应支付子目中；换填的填方，包括由于施工过程中地面下沉而增加的填方量，以立方米为单位计量，列入路基填方相应的支付子目中。

(2) 抛石挤淤：按图纸或验收的尺寸计算抛石体积的片石数量，以立方米为单位计量，包括与此有关的一切作业。

(3) 砂垫层、沙砾垫层及灰土垫层：按垫层类型分别以立方米为单位计量，包括材料、机械及与此有关的一切作业。

(4) 预压、超载预压：按图纸或监理人要求的预压宽度和高度以立方米为单位计量，包括材料、机械及与此有关的一切作业。

(5) 真空预压、真空堆载联合预压：应以图纸或监理人所要求预压范围（宽度、高度、长度）为准，经监理人验收合格，预压后体积以立方米为单位计量；计量中包括预压所用垫层材料、密封膜、滤管及密封沟与围堰等一切相关的材料、机械、人工费用。

(6) 袋装砂井：按不同直径及深（长）度分别以米为单位计量；砂及砂袋不单独计量。

(7) 塑料排水板：按规格及深（长）度分别以米为单位计量，不计伸入垫层内长度，包括材料、机械及与此有关的一切作业。

(8) 砂桩、碎石桩、加固土桩、CFG 桩：按不同桩径及桩深（长）度以图纸为依据经验收合格后按米为单位计量，包括材料、机械及有关的一切作业。

(9) 土工织物：铺设土工织物以图纸为依据，经监理人验收合格后以设计图为依据计算单层净面积数量（不计搭接及反包边增加量），包括材料、机械及与此有关的一切作业。

(10) 滑坡处理：按实际发生的挖除及回填体积，经监理人验收合格后以立方米为单位计量。计价中包括施工中所采取的安全保护措施，采取措施截断流向滑体的地表水、地下水及临时水，以及采取措施封闭滑体上的裂隙等全部作业。滑坡处理采用抗滑支挡工程施工时所发生工程量按不同工程项目，分别在相关支付子目下计量。

(11) 岩溶洞按实际填筑体积，经监理人验收合格后以立方米为单位计量。经批准采取其他处理措施时，经验收合格后，参照类似项目的规定进行计量。

(12) 膨胀土路基按图纸及监理人指示进行铺筑，经监理人验收合格后，按不同厚度以平方米为单位计量，其内容仅指石灰土改良费用，包括石灰的购置、运输、消解、拌和及有关辅助作业等一切有关费用；土方的挖运、填筑及压实等作业含入路基挖方和路基填方相关子目之中。

(13) 黄土陷穴按实际开挖和回填体积，经监理人验收合格后以立方米为单位计量。

(14) 采用强夯处理，以图纸为依据经监理人验收合格后以平方米为单位计量，包括施工前的地表处理、拦截地表和地下水、强夯及强夯后的标准贯入、静力触探试验等相关作业。

(15) 盐渍土路基处理换填，经监理人验收合格后按不同厚度以平方米为单位计量，其内容包括铲除盐渍土、材料运输、分层填筑、分层压实等相关作业。

(16) 风积沙填筑路基以图纸为依据，经验收合格后以立方米为单位计量，包括材料、运输、摊平、碾压等相关作业。

(17) 季节性冻土地区路基施工以图纸为依据，经验收合格后按不同填料规格，以立方米为单位计量，其内容包括清除软层、材料运输、分层填筑、分层压实等相关作业。

5．坡面排水

（1）边沟、排水沟、截水沟的加固铺砌，按图纸施工经监理人验收合格的实际长度，分不同结构类型以米计量。由于边沟、排水沟、截水沟加固铺砌而需扩挖部分的开挖，均作为承包人应做的附属工作，不另行计量与支付。

（2）改沟、改渠护坡铺砌按图纸施工，经监理人验收合格的不同污工体积，以立方米为单位计量。

（3）急流槽按图纸施工，经验收合格的断面尺寸计算体积（包括消力池、消力槛、抗滑台等附属设施），以立方米为单位计量。

（4）路基盲沟按图纸施工，经验收合格的断面尺寸及所用材料，按长度以米为单位计量。

（5）所用沙砾垫层或基础材料、填缝材料、钢筋以及地基平整夯实和回填等土方工程均含入相关子目单价之中，不另行计量与支付。

6．护坡、护面墙

（1）干砌片石、浆砌片石护坡、护面墙等工程的计量，应以图纸所示和监理人的指示为依据，按实际完成并经验收的数量按不同的工程子目的不同的砂浆砌体分别以立方米为单位计量。

（2）预制空心砖和拱形及方格骨架护坡，按其铺筑的实际体积以立方米为单位计量。所有垫层、嵌缝材料、砂浆勾缝、泄水孔、滤水层、回填种植土以及基础的开挖和回填等有关作业，均作为承包人应做的附属工作，不另行计量与支付。

（3）种草、铺草皮、铺三维植被网、客土喷播等应以图纸要求和所示面积为依据实施，经监理人验收的实际面积以平方米为单位计量。整修坡面，铺设表土、三维植被网、客土、草皮、撒混合料、肥料、土壤稳定剂，安装锚钉等及其作业均作为承包人应做的附属工作，不另行计量。

（4）封面、捶面施工以图纸为依据，经监理人验收合格后，以平方米为单位计量，该项支付包括了上述工作相关的全部工料机费用。

7．挡土墙

（1）砌体挡土墙、干砌挡土墙和混凝土挡土墙工程应以图纸所示或监理人的指示为依据，按实际完成并经验收的数量，按砂浆强度等级及混凝土强度等级分别以立方米为单位计量。沙砾或碎石垫层按完成数量以立方米为单位计量。

（2）混凝土挡土墙的钢筋，按图纸所示经监理人验收后，以千克为单位计量。

（3）嵌缝材料、砂浆勾缝、泄水孔及其滤水层，混凝土工程的脚手架、模板、浇筑和养生、表面修整，基础开挖、运输与回填等有关作业，均作为承包人应做的附属工作，不另行计量与支付。

8．锚杆挡土墙、锚定板挡土墙

（1）锚杆挡土墙、锚定板挡土墙工程计量应以图纸所示和监理人的指示为依据，按实际完成并经验收的数量，混凝土挡板和立柱以立方米为单位计量，钢筋及锚杆以千克为单位计量。

（2）锚孔的钻孔、锚杆的制作和安装、锚孔洒浆、钢筋混凝土立柱和挡土板的制作与安装、墙背回填、防排水设置及锚杆的抗拔力试验等，以及一切未提及的相关工作均为完成锚杆挡土墙及锚定板挡土墙所必需的工作，均含入相关支付子目单价之中，不单独计量。

9. 加筋土挡土墙

(1) 加筋土挡土墙的墙面板、钢筋混凝土带、混凝土基础以及混凝土帽石，经监理人验收合格后，以立方米计量。浆砌片石基础以立方米为单位计量。

(2) 铺设聚丙烯土工带，按图纸及验收数量以千克为单位计量。

(3) 基坑开挖与回填、墙顶抹平层、沉降缝的填塞、泄水管的设置及钢筋混凝土带的钢筋等，均作为承包人的附属工作，不另计量。

(4) 加筋土挡土墙的路堤填料按图纸的规定和要求，在路基填方工程中计量。

10. 喷射混凝土和喷射水泥砂浆边坡防护

(1) 锚杆以图纸所示或监理人的指示为依据，经验收合格的实际数量，以米为单位计量。

(2) 喷射混凝土和喷射水泥砂浆边坡防护的计量，应以图纸所示和监理人的指示为依据，按实际完成并经验收的数量，以平方米计量；钢筋网、铁丝网以千克为单位计量；土工格栅以平方米为单位计量。

(3) 喷射前的岩面清理、锚孔钻孔、锚杆制作、钢筋网和铁丝网编织与挂网、土工格栅的安装铺设等工作，均为承包人为完成锚杆喷射混凝土和喷射水泥砂浆边坡防护工程应做的附属工作，不另行计量与支付。

(4) 土钉支护施工以图纸为依据，经监理人验收合格后，分不同类型组合的工程项目按下列内容分别计量。

① 土钉钻孔桩、击入桩分别以米为单位计量。

② 含钢筋网或土工格栅的喷射混凝土面层区分不同厚度以平方米为单位计量。

③ 钢筋、钢筋网以千克为单位计量。

④ 土工格栅以净面积为单位计量。

⑤ 网格梁、立柱、挡土板以立方米为单位计量。

⑥ 永久排水系统依结构形式参照《公路工程标准施工招标文件(2009年版)(下册)》第207节规定计量。

⑦ 土钉支护施工中的土方工程、临时排水工程以及未提及的其他工程均作为土钉支护施工的附属工作，不予单独计量，其费用含入相关工程子目单价之中。

11. 预应力锚索边坡加固

(1) 预应力锚索长度按图纸要求，经监理人验收合格后以米为单位计量。

(2) 混凝土锚固板按图纸要求，经监理人验收合格后以立方米为单位计量。

(3) 钻孔、清孔、锚索安装、注浆、张拉、场地清理以及抗拔力试验等均为锚索的附属工作，不另行计量。

(4) 混凝土的立模、浇筑、养生等为锚固板的附属工作，不另行计量。

12. 抗滑桩

(1) 抗滑桩以图纸规定尺寸及深度为依据，现场实际完成并验收合格的实际桩长以米计量，设置支撑和护壁、挖孔、清孔、通风、钎探、排水及浇筑混凝土、无破损检验，均作为抗滑桩的附属工程,不另行计量。

(2) 抗滑桩用钢筋按图纸规定及经监理人验收的实际数量,以千克为单位计量。

(3) 桩板式抗滑挡墙应按图纸要求进行施工,经监理人验收合格,挡土板以立方米为单位计量。桩板式抗滑挡墙施工中的挖孔桩按《公路工程标准施工招标文件(2009年版)(下册)》第214.05-1(1)款规定计量。钻孔灌注桩、锚杆、锚索等项工作按实际发生参照《公路工程标准施工招标文件(2009年版)(下册)》第405节、第212节、第213节相关规定进行计量。

(4) 土方工程、临时排水等相关工作均作为辅助工作不予计量,费用含入相关工程报价中。

六、路面工程计量方法

路面工程包括垫层、底基层、基层、沥青混凝土面层和水泥混凝土面层及其他面层、透层、黏层、封层,路面排水及路面其他工程。

总的说来,路面工程计量虽然比较简单,却是计量的主要内容。其主要工程的计量细则如下。

1. 各类路面

(1) 各类路面,应按图纸所示和监理人指示铺筑,经监理人验收合格的面积,按不同厚度分别以平方米计量。

(2) 对个别特殊形状的面积,应采用适当计算方法计量,并经监理人批准以平方米计量。除监理人另有指示,超过图纸规定的面积均不计量。图5-5所示为路面计量示意图。

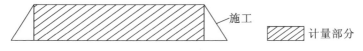

图 5-5 路面计量示意图

路面工程在计量时需注意以下问题。

(1) 水泥混凝土路面的模板及缩缝、胀缝的填缝材料,高密度橡胶板,均包含在浇筑不同厚度水泥混凝土面层的工程项目中,不另行计量。

(2) 水泥混凝土路面养生用的养护剂、覆盖的麻袋、养护器材等,均包含在浇筑不同厚度水泥混凝土面层的工程项目中,不另行计量。

(3) 水泥混凝土路面的补强钢筋及拉杆、传力杆等钢筋按图纸要求设置,经监理人现场验收后以千克为单位计量。因搭接而增加的钢筋不予计入。

(4) 沥青混凝土路面和水泥混凝土路面所需的外掺剂不另行计量。

(5) 沥青混凝土、水泥混凝土和(底)基层混合料拌和站、储料场的建设、拆除和恢复均包括在相应工程项目中,不另行计量。

(6) 桥梁和明涵处的搭板、埋板下各类变截面底基层按图纸所示和监理人的指示铺筑,经监理人验收合格后,以立方米为单位计量。

2. 路面其他工程

（1）培土路肩及中央分隔带回填土压实后并经验收的工程数量分别以立方米为单位计量。现浇混凝土加固土路肩、混凝土预制块加固土路肩经验收的工程数量分别以延米为单位计量。

（2）水泥混凝土加固土路肩经验收合格后，沿路肩表面量测其长度以延米为单位计量，加固土路肩的混凝土立模、摊铺、振捣、养生、拆模，预制块预制铺砌，接缝材料等及其他有关加固土路肩的杂项工作，均属承包人的附属工作，不另行计量。

（3）路缘石按图纸所示的长度进行现场量测，经验收合格以延米为单位计量。埋设路缘石的基槽的开挖与回填、夯实，以及混凝土垫层或水泥砂浆垫层等有关杂项工作，均属承包人的附属工作，不另行计量。

（4）中央分隔带处设置的排水设施，按图纸施工，经监理人验收合格的实际工程数量分别按下列项目计量。

① 排水管按不同材料、不同直径分别以米为单位计量。
② 纵向雨水沟（管）按长度以米为单位计量。
③ 集水井按不同尺寸以座为单位计量。
④ 渗沟按不同截面尺寸以延米为单位计量。
⑤ 防水沥青油毡以平方米为单位计量。

（5）路肩排水沟，经监理人验收合格的实际工程数量，分别按下列项目计量。

① 混凝土路肩排水沟按长度以米为单位计量。
② 路肩排水沟沙砾垫层（路基填筑中已计量者除外）按立方米为单位计量。
③ 土工布以平方米为单位计量。

（6）排水管基础、胶泥隔水层及出水口预制混凝土垫块等不另行计量，包含在排水管单价中。

（7）渗沟上的土工布不另行计量，包含在渗沟单价中。

（8）拦水带按长度以米为单位计量。

七、桥梁工程计量方法

桥梁工程主要包括桥梁荷载试验、补充地质勘探、模板、拱架及支架、钢筋、基础挖方及回填、桩基础、沉井基础、结构混凝土及预应力混凝土工程、砌石工程、桥面铺装、桥梁支座、涵洞工程等。桥梁工程的计量内容较多且比较复杂，应注意以下问题。

（1）基础、下部结构、上部结构混凝土的钢筋，包括搭接钢筋、钢筋骨架用的铁丝、钢板、套筒、焊接材料、钢筋垫块或其他固定钢筋的材料以及钢筋除锈、制作、安装、成品运输，作为钢筋工程的附属工作，不另行计量。

（2）附属结构、圆管涵、倒虹吸管、盖板涵、拱涵、通道的钢筋，均包含在各项目内，不另行计量。附属结构包括路缘石、人行道、防撞墙、栏杆、护栏、桥头搭板、枕梁、抗震挡块、支座垫块等构造物。

(3) 预应力钢材、斜拉索的除锈、制作、安装、运输及锚具、锚垫板、定位筋、连接件、封锚、护套、支架、附属装置和所有预埋件,包括在相应的工程项目中,不另行计量。

(4) 桥梁及涵洞、通道工程项目所涉及的养护、场地清理、吊装设备、拱盔、支架、工作平台、脚手架的搭设与拆除、模板的安装与拆除,均包括在相应工程项目内,不另行计量。

(5) 混凝土拌和场(站)、构件预制场、储料场的建设、拆除、恢复,安装架设设备摊销、预应力张拉台座的设置与拆除均包括在相应工程项目中,不另行计量。

(6) 砌体垫铺材料的提供和设置,砌体的勾缝及抹面,作为砌体工程的附属工作,不另计量。

(7) 材料的计量尺寸为设计净尺寸。

(8) 设计图纸标明的及由于地基出现溶洞等情况而进行的桥涵基底处理,按路基工程中特殊路基处理的规定计量。

桥梁工程中主要工程的计量细则如下。

1. 钢筋

根据图纸所示及钢筋表所列,按实际安设并经监理人验收的钢筋以千克为单位计量。其内容包括钢筋混凝土中的钢筋和预应力混凝土中的非预应力钢筋及混凝土桥面铺装中的钢筋。计算公式是

$$W = \sum L \cdot R \tag{5-1}$$

式中:W——应计量的钢筋重量;

L——各类型钢筋的设计长度;

R——各类型钢筋单位重量。

2. 基础挖方及回填

(1) 基础挖方应按下述规定,取用基础挖方底面、顶面间平均高度的棱柱体体积,分别按干处、水下及土、石,以立方米为单位计量。干处挖方与水下挖方以监理人认可的施工期间实测的地下水位为界限,在地下水位以上开挖的为干处挖方,在地下水位以下开挖的为水下挖方。

基础挖方底面、顶面及侧面的确定(见图5-6)应符合下列规定。

① 基础挖方底面:按图纸所示或监理人批准的基础(包括地基处理部分)的基底高程线计算。

② 基础挖方顶面:按监理人批准的横断面上所标示的原地面线计算。

③ 基础挖方侧面:按顶面到底面,以超出基底周边0.5 m的竖直面为界。

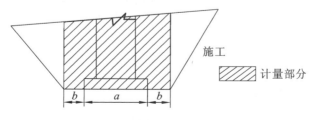

图5-6 基坑计量示意图

(2) 当承包人遇到特殊或非常规情况时,应及时通知监理人,由监理人定出特殊的基础挖方

界线。凡未取得监理人批准,承包人以特殊情况为理由而完成的任何挖方将不予计量,其基坑超深开挖,应由承包人用沙砾或监理人批准的回填材料予以回填压实。

(3) 为完成基础挖方所做的地面排水与围堰、基坑支撑与抽水、基坑回填与压实、错台开挖、斜坡开挖及基坑土的运输等,作为挖基工程的附属工作,不另行计量。

3. 桩基础

桩基础计量示意图如图 5-7 所示。

(1) 桩基础以实际完成并经监理人验收后的数量,按不同桩径的桩长以米为单位计量。未经监理人批准,由于超钻(挖)而深于所需深度的桩长部分,不予计量。

(2) 设置支撑和护壁、开挖、钻孔、清孔、钻孔泥浆,以及必要时在水中填土筑岛、搭设工作台架、搭设浮箱平台、搭设栈桥、桩的无破损试验等其他为完成工程的项目,作为桩基础的附属工作,不另行计量。

(3) 监理人要求钻取的芯样,经检验,如混凝土质量合格,钻取的芯样应予计量,否则,不予计量。混凝土取芯按取回的混凝土芯样的长度以米为单位计量。

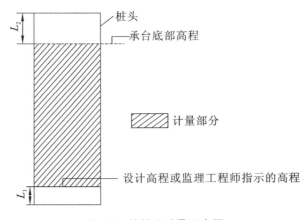

图 5-7 桩基础计量示意图

4. 沉井

(1) 沉井制作完成,符合图纸规定要求,经监理人验收后,混凝土按就位后沉井顶面以下各不同部位(井壁、顶板、封底、填芯)和不同混凝土级别的体积以立方米为单位计量。

(2) 沉井制作及下沉奠基,其中包括场地准备,围堰筑岛,模板、支撑的制作安装与拆除,沉井浇筑、接高,沉井下沉,空气幕助沉,井内挖土,基底处理等工作,均应视为完成沉井工程所必需的工作,不另行计量。

(3) 沉井刃脚所用钢材,视作沉井的附属工程材料,不另行计量。

5. 结构混凝土工程及预应力混凝土工程

(1) 以图纸所示或监理人指示为依据,按现场已完工并经验收的混凝土及强度等级,以立方米为单位计量。

(2) 直径小于 200 mm 的管子、钢筋、锚固件、管道、泄水孔等所占混凝土体积不予扣除。作为砌体砂浆的小石子混凝土,不另行计量。

(3) 预应力钢材,按图纸所示或预应力钢材表所列数量以千克为单位计量。后张法预应力钢材的长度按两端锚具间的理论长度计算;先张法预应力钢材的长度按构件的长度计算。

(4) 为完成结构物所用的施工缝连接钢筋、预制构件的预埋钢板、防护角钢或钢板、脚手架或支架及模板、排水设施、防水处理、基础底碎石垫层、混凝土养生、混凝土表面修整和为完成结构物的其他杂项子目,以及混凝土预制构件的安装架设设备拼装、移运、拆除和安装所需的临时性或永久性的固定扣件、钢板、焊接、螺栓等,预应力钢材的加工、锚具、管道、锚板及连接钢板、焊接、张拉、压浆等,预应力锚具包括锚圈、夹片、连接器、螺栓、垫板、喇叭管、螺旋钢筋等整套部件等,均作为各项相应混凝土工程的附属工作,不另行计量。

6. 砌石工程

(1) 以图纸所示或监理人指示为依据,按工地完成的并经验收的各种石砌体或预制混凝土块砌体,以立方米为单位计量。

(2) 计算体积时,所用尺寸应根据图纸或监理人书面规定的计价线或计价体积确定。相邻不同石砌体计量中,应包括不同石砌体间灰缝体积的一半。镶面石突出部分超过外轮廓线者不予计量。泄水孔、排水管或其他面积小于 0.02 m² 的孔眼不予扣除,削角或其他装饰的切削,数量为所用石料的 5% 或者小于 5% 者,不予扣除。

(3) 砂浆或作为砂浆的小石子混凝土,作为砌体工程的附属工作,不另计量。

7. 桥面铺装

(1) 桥面铺装应按图纸所示的尺寸,或按实际完成并经监理人验收的数量,分不同材料及级别,以平方米为单位计量。由于施工原因而超铺的桥面铺装,不予计量。

(2) 桥面防水层按图纸要求施工,并经监理人验收的实际数量,以平方米为单位计量。

(3) 桥面泄水孔及混凝土桥面铺装接缝等作为桥面铺装的附属工作,不另行计量。

8. 桥梁支座

支座按图纸所示不同的类型,包括支座的提供和安装,以个为单位计量。支座的清洗、运输、起吊及安装支座所需的扣件、钢板、焊接、螺栓等,作为支座安装的附属工程,不另行计量。

9. 桥梁接缝和伸缩装置

(1) 伸缩装置按图纸要求安装并经监理人验收的数量,分不同结构形式以米为单位计量。其内容包括伸缩装置的提供和安装等作业。

(2) 除伸缩装置外的其他接缝,如橡胶止水片、沥青类接缝填料等,作为有关工程的附属工作,不另行计量。

(3) 安装时切割和清除伸缩装置范围内沥青混凝土铺装和安装伸缩装置所需的临时性或永久性的扣件、钢板、焊接、螺栓等,作为伸缩装置安装的附属工作,不另行计量。

10. 涵洞、通道

(1) 各类涵洞、通道,以图纸规定的洞身长度或监理人同意的现场沿涵洞中心线量测的进出洞口之间的洞身长度,分不同孔径及孔数,经监理人检查验收后以米为单位计量。

(2) 图纸中标明的基底垫层和基座,圆管的接缝材料,沉降缝的填料与防水材料等,洞口建筑,包括八字墙、一字墙、帽石、锥坡、铺砌、跌水井以及基础挖方及运输、地基处理与回填等,均作为承包人应做的附属工作,不另行计量与支付。

(3) 洞口(包括倒虹吸管)建筑以外涵洞上下游沟渠的改沟、铺砌、加固以及急流槽消力坎的建造等,均列入坡面排水内计量。

(4) 通道范围(含端墙外各 20 m)内的土方、路面工程及锥坡填筑均作为通道的附属工作,不单独计量。

任务 4　工程费用支付

一、支付的种类

工程费用支付可分为以下几种。

(1) 前期支付。前期支付包括动员预付款、履约保证金及保险。

(2) 中期支付。中期支付包括工程款、暂列金额、计日工、材料设备预付款、工程变更费用、保留金、价格调整费用、索赔费用、迟付款利息、对指定分包人支付、合同中止支付、工程交工支付等项目。

(3) 最终支付。

二、支付的原则

支付是工程费用监理的关键,亦是监理工程师的核心权力。因此,监理工程师在费用支付中,一定要站在公平的立场上,客观和准确地评价承包人的施工活动,认真负责和正确地确定工程费用并及时加以签认,让承包人能及时获得补偿。为了达到公平合理的支付目标,则应遵守下述原则。

(1) 支付必须以工程计量为基础。

(2) 支付必须以技术规范和工程报价单为依据。

(3) 支付必须以合同条款和日常记录资料为依据。

(4) 支付必须严格按照规定的程序。

(5) 支付金额必须大于阶段证书的最低限。

(6) 支付必须及时。

三、常见的工程款项支付

1. 工程进度款

承包人应在每个付款周期末,按监理工程师批准的格式和专用合同条款约定的份数,向监理工程师提交进度付款申请单,并附相应的支持性证明文件。监理工程师在收到承包人提交的进度付款申请单以及相应的支持性证明文件后的14天内完成核查,提出业主到期应支付给承包人的金额以及相应的支持性材料,经业主审查同意后,由监理工程师向承包人出具经业主签认的进度付款证书。业主应在监理工程师收到进度付款申请单后的28天内,将进度应付款支付给承包人。业主不按期支付的,按项目专用合同条款的约定支付逾期付款违约金。如果承包人应得结算价款经扣留和扣回后的款额小于项目专用合同条款规定的进度付款证书的最低金额,则该付款周期监理工程师可不核证支付。

2. 计日工

计日工是对零星工作采取的一种计价方式,是指按合同中的计日工子目及其单价计价付款。合同中通常含有计日工明细表,表中列有不同劳务、材料、施工设备的估计数量,计日工单价由承包人报价,然后将汇总的计日工价合计在投标总价中。工程实施中,按监理人的指令使用。

根据《公路工程标准施工招标文件(2009年版)(上册)》合同通用条款,发包人认为有必要时,由监理人通知承包人以计日工方式实施变更的零星工作,其价款按列入已标价工程量清单中的计日工计价子目及其单价进行计算。

采用计日工计价的任何一项变更工作,应从暂列金额中支付,承包人应在变更的实施过程中,每天提交下列报表和有关凭证报送监理人审批。

(1) 工作名称、内容和数量。
(2) 投入该工作所有人员的姓名、工种、级别和耗用工时。
(3) 投入该工作的材料类别和数量。
(4) 投入该工作的施工设备型号、台数和耗用台时。
(5) 监理人要求递交的其他资料和凭证。

计日工由承包人汇总后,按合同的约定列入进度付款申请单,由监理人复核并经发包人同意后列入进度付款。

3. 暂列金额

暂列金额是指已标价工程量清单中所列的金额,用于在签订协议书时尚未确定或不可预见变更的施工及其所需材料、工程设备、服务等的金额,包括以计日工方式支付的金额。

暂列金额下的项目具有如下特点。

(1) 发生项目的不确定性。

暂列金额所对应的支付项目并不确定。它们可能是某些新增的附属工程、零星工程等变更工程,也可能是提供货物、材料、设备或劳务等工作,还有可能是因不可预见因素引起的一些意外事件(如索赔、价格调整等)。

(2)发生金额的不确定性。

暂列金额中的项目到底需要多少金额事先并不确定。因此,工程量清单中的相应金额是"暂列"的,有时与实际情况有较大差距。如计日工清单中的数量完全是假定的,实践中具体会发生多少事先根本不知道,因此,可能与实际情况有较大差距。

暂列金额只能按照监理人的指示使用,并对合同价格进行相应调整。暂列金额应由监理人报发包人批准后指示全部或部分地使用,或者根本不予动用。

对于经发包人批准的每一笔暂列金额,监理人有权向承包人发出实施工程或提供材料、工程设备或服务的指令。这些指令应由承包人完成,监理人应根据合同条款约定的变更估价原则和规定,对合同价格进行相应调整。

当监理人提出要求时,承包人应提供有关暂列金额支出的所有报价单、发票、凭证和账单或收据,除非该工作是根据已标价工程量清单列明的单价或总额价进行的估价。

4. 暂估价

暂估价指发包人在工程量清单中给定的用于支付必然发生但暂时不能确定价格的材料、设备和专业工程的金额。

在工程招标阶段已经确定的材料、设备或专业工程,当无法在当时确定准确价格,并因此可能影响招标效果时,发包人在工程量清单中给定一个暂估价。因此,暂估价是用于支付必然发生但暂时不能确定价格的材料、设备以及专业工程的金额。

暂估价在工程实施过程中,对于不同类型的材料、设备与专业工程采用不同的计价方法。发包人在工程量清单中给定暂估价的材料、设备和专业工程属于依法必须招标的范围并达到规定的规模标准的,由发包人和承包人以招标的方式选择供应商或分包人。发包人和承包人的权利与义务关系在专用合同条款中约定。中标金额与工程量清单中所列的暂估价的金额差以及相应的税金等其他费用列入合同价格。

发包人在工程量清单中给定暂估价的材料和设备不属于依法必须招标的范围或未达到规定的规模标准的,应由承包人按通用合同条款第 5.1 款的约定提供。经监理人确认的材料、设备的价格与工程量清单中所列的暂估价的金额差以及相应的税金等其他费用列入合同价格。

发包人在工程量清单中给定暂估价的专业工程不属于依法必须招标的范围或未达到规定的规模标准的,由监理人按照《公路工程标准施工招标文件(2009 年)(上册)》通用合同条款第 15.4 款进行估价,但专用合同条款另有约定的除外。经估价的专业工程与工程量清单中所列的暂估价的金额差以及相应的税金等其他费用列入合同价格。

5. 开工预付款

开工预付款是一项业主提供给承包人用作开办费用的提前付款(又称前期付款)。根据合同规定,承包人有权得到发包人提供的一笔相当于合同价一定比例(通常规定为合同价的 10%)的无息开工预付款,用于支付开工初期各项准备工作的款项。开工预付款的金额在项目专用条款数据表中约定,并且在施工期间按合同规定分批扣回。

1）支付条件

（1）签订了合同协议书。

（2）提交了履约保函。

（3）提交了开工预付款担保。

在承包人签订了合同协议书并提交了开工预付款保函后，监理人应在当期进度付款证书中向承包人支付开工预付款70%的价款；在承包人承诺的主要设备进场后，再支付开工预付款另外30%的价款。

承包人不得将开工预付款用于与本工程无关的支出，监理人有权监督承包人对该项费用的使用，如经查实承包人滥用开工预付款，发包人有权立即通过向银行发出通知收回开工预付款保函的方式，将该款收回。

2）开工预付款的担保

除项目专用合同条款另有约定外，承包人应在收到开工预付款前向发包人提交开工预付款保函，开工预付款保函的担保金额应与开工预付款金额相同。出具保函的银行须与《公路工程标准施工招标文件（2009年版）（上册）》通用合同条款第4.2款的要求相同，所需费用由承包人承担。银行保函的正本由发包人保存，该保函在发包人将开工预付款全部扣回之前一直有效，担保金额可根据开工预付款扣回的金额相应递减。

3）开工预付款的扣回

开工预付款属于发包人的预付价款，因此要在进度付款中扣回，扣回办法在专用合同条款中约定。开工预付款在进度付款证书的累计金额未达到签约合同价的30%之前不予扣回，在达到签约合同价30%之后，开始按工程进度以固定比例（即每完成签约合同价的1%，扣回开工预付款的2%）分期从各月的进度付款证书中扣回，全部金额在进度付款证书的累计金额达到签约合同价的80%时扣完。

这种方法的特点是按完成的工程量的一定百分率扣款。扣回时间始于期中支付证书中工程量清单累计支付金额超过合同价值的30%的当月，止于支付金额达合同价值的80%的当月。在此期间，按期中支付证书当期完成的工程款占合同价值50%的比例，予以扣回。扣回的货币种类和比例与付款时的货币种类和比例相一致。

计算公式为

$$G = M \cdot \frac{B}{合同价 \times 50\%} \qquad (5\text{-}2)$$

式中：G——期中支付证书扣回预付款数额；

M——在规定工程支付金额范围内期中支付证书当期完成的工程量清单金额；

B——已付开工预付款。

例5-1 某工程合同价为1 500万元，开工预付款在投标函附录中规定的额度为10%，5月份完成200万元的工程内容，且到第5个月时累计支付工程金额为600万元，试计算该月应扣回开工预付款的金额。

解 1 500×30%万元＝450万元

5月份累计支付600万，已超过合同价的30%，即已超过600万元－450万元＝150万元，则150万元应按合同规定扣回开工预付款。

本月应扣回开工预付款为

$G = M \cdot B / (合同价 \times 50\%) = 150 \times 1\,500 \times 10\% / (1\,500 \times 50\%)$ 万元 $= 30$ 万元

即5月份应扣回开工预付款30万元。

6. 材料、设备预付款

材料、设备预付款是由发包人预先支付给承包人的一定比例的材料、设备款项,以供购进将用于和安装在永久工程中的各种材料、设备之用。材料、设备预付款按项目专用合同条款数据表中所列主要材料、设备单据费用(进口的材料、设备为到岸价,国内采购的材料、设备为出厂价或销售价,地方材料为堆场价)的百分比支付。该费用的支付和扣回应严格按合同文件的规定进行。

1) 材料、设备预付款的支付条件

(1) 材料、设备符合规范要求并经监理人认可。

(2) 承包人已出具材料、设备费用凭证或支付单据。

(3) 材料、设备已在现场交货,且存储良好,监理人认为材料、设备的存储方法符合要求。

当满足上述条件时,监理人应将此项金额作为材料、设备预付款计入下一次的进度付款证书中。在预计竣工前3个月,将不再支付材料、设备预付款。

2) 材料、设备预付款的扣回

当材料、设备已用于或安装在永久工程之中时,材料、设备预付款应从进度付款证书中扣回,扣回期不超过3个月。已经支付材料、设备预付款的材料、设备的所有权应属于发包人。

3) 材料、设备预付款扣回的计算方法

对于材料、设备预付款的扣回,实践工作中常采用下列两种方法。

(1) 定期扣回法。

该方法是对本月到现场材料、设备支付预付款的同时,扣回上月已支付的材料、设备预付款。因此,当合同文件规定材料、设备预付款按所购材料、设备支付单据开列费用的75%支付时,本月实际材料、设备预付款金额为

本月实际材料、设备预付款金额 = 本月末现场材料、设备价值的75% — 上月末现场材料、设备价值的75%

例 5-2 某工程施工工期为8个月,经监理人每月对现场材料的盘点,每月现场材料价值如表5-3所示。合同中规定材料预付款的支付额度为材料、设备价值的75%,现将计算出每月材料设备预付款的支付金额列于表5-4中。

表5-4中本月材料、设备款支付金额为负数时为扣回金额,例如,第2个月扣回材料预付款750 000元,这是因为上月已支付3 750 000元,而本月现场材料、设备价值的75%只有3 000 000元,因此,扣回750 000元实际是上个月的材料、设备预付款全部扣回后又支付本月现场材料、设备价值75%的付款。这样逐月进行支付与扣回,当工程结束时,可将材料、设备预付款全部扣回。

表 5-3 材料盘点统计表

月 份	材料价值/元	材料价值的75%/元	备 注
1	5 000 000	3 750 000	开工的第一个月
2	4 000 000	3 000 000	
3	5 000 000	3 750 000	
4	2 000 000	1 500 000	
5			工程结束

表 5-4 材料、设备预支付款统计表（一次扣回）

月 份	本月末现场材料、设备价值的75%/元	上月末现场材料、设备价值的75%/元	本月材料、设备预付款支付金额/元
1	3 750 000		3 750 000
2	3 000 000	3 750 000	−750 000
3	3 750 000	3 000 000	750 000
4	1 500 000	3 750 000	−2 250 000
5		1 500 000	−1 500 000

这种方法计算简单，操作方便。采用定期扣回法时，还可以采用按3个月平均扣回的方法。上例的材料、设备预付款可按表5-5所示的形式扣款。

表 5-5 材料支付款统计表（平均3月扣回）

月 份	本月末现场材料、设备价值的75%/元	上月末现场材料、设备价值的75%/元	本月材料、设备预付款支付金额/元
1	3 750 000		3 750 000
2	3 000 000	2 250 000	1 750 000
3	3 750 000	2 250 000	1 500 000
4	1 500 000	3 500 000	−2 000 000
5		2 750 000	−2 750 000
6		1 750 000	−1 750 000
7		500 000	−500 000

（1）最后扣回法。

这种方法较定期扣回法更合理、更科学。使用该方法时，材料、设备预付款在未施工工程所需主要材料、设备的价值与材料、设备预付款数额相当时开始起扣，即

$$\text{未施工工程主要材料、设备的价值} = \text{材料、设备项付款数额} \tag{5-3}$$

$$\text{未施工工程主要材料、设备的价值} = \text{未施工工程价值} \times \text{主要材料、设备价值所占的比重} \tag{5-4}$$

由式(5-3)和式(5-4)可得出

$$未施工工程的价值 = \frac{材料、设备预付款数额}{主要材料、设备价值所占的比重} \qquad (5\text{-}5)$$

则：

开始扣回材料、设备预付款时的工程价值(起扣点价值)

= 单项工程总值 − 未施工工程的价值

$$= 单项工程总值 - \frac{材料、设备预付款数额}{主要材料、设备价值所占的比重} \qquad (5\text{-}6)$$

第一次应扣回材料预付款

= (累计完成工程量 − 起扣点价值) × 主要材料、设备所占的比重 (5-7)

以后各次应扣回材料预付款

= 每次结算的已完工程价值 × 主要材料、设备价值所占的比重 (5-8)

例 5-3 某工程沥青混凝土(路面)总额为 600 万元，沥青材料预付款额度为总额价的 25%，假定沥青材料占总额价的 62.5%，此单项工程上半年各月实际完成施工产值如表 5-6 所示，求如何扣回材料预付款。

表 5-6 各月实际完成施工产值

二 月	三 月	四 月	五 月
100 万元	140 万元	180 万元	180 万元

解 （1）材料预付款 600 × 25% 万元 = 150 万元

（2）求起扣点：600 − 150/62.5% = 600 万元 − 240 万元 = 360 万元

（3）四月份应扣回材料预付款 = (420 − 360) × 62.5% 万元 = 37.5 万元

（4）五月份应扣回材料预付款 = 180 × 62.5% 万元 = 112.5 万元

尽管最后扣回法方法从开工预付款满足承包人资金周转需要出发要更为科学合理一些，但是使用时要注意合同的具体规定是否允许。

4) 材料、设备预付款支付的注意事项

为了搞好材料、设备预付款的支付，监理人在签收材料、设备预付款支付证明时，必须注意如下几点。

(1) 单项材料预付款价格不应该超过清单报价。这可确保材料预付款的支付能紧密结合工程量清单来进行，例如，钢筋、混凝土、桥梁支座以及护栏等在清单中都有明确的报价，支付时不得突破此报价。

(2) 累计支付材料、设备预付款的材料、设备数量，不应超过工程所需的实际总量，否则属于不合理支付。

(3) 材料、设备预付款所涉及的材料、设备品种应与工程计划进度相匹配，例如当混凝土等构造物工程基本完工时，不应有大量的混凝土材料在施工现场，也不应对混凝土材料再支付预付款。

7. 工程变更费用

工程变更是指在工程实践中，对某些工作内容做出修改或者追加或取消某一工作内容。由于勘测、设计、试验与实际的差异,在合同执行过程中,工程变更是不可避免的,为了更加合理地完成工程,工程变更也是很有必要的。当工程发生变更时,监理人应根据合同文件和工程实际情况对工程变更费用进行合理的估价。

工程变更费用的支付依据是工程变更令和工程变更清单,支付采用列入期中支付证书的形式进行,支付货币与其他支付项目相同,即按承包人投标时所提出的货币种类和比例进行付款。

鉴于变更项目的复杂性和特殊性,监理人应对变更项目的审批制订严格的管理程序,并且应特别注意的是,变更的权力在总监理工程师,一般不得委托。有些合同还在专用条款中对监理人进行工程变更的权力做了某种限制,要求变更超过一定限度后,必须由发包人授权。

8. 价格调整费用

工程建设的周期往往比较长,在这样一个比较长的建设周期中,无论是发包人还是承包人,都必须考虑到与工程有关的各种价格变化。为了避免双方的风险损失,降低投标报价,合理确定工程造价,《公路工程标准施工招标文件(2009年版)(上册)》通用合同条款第16条对价格调整做出了专门的规定,应按规定进行调整。

价格调整涉及两个方面:一是物价波动引起的价格调整;二是法律变化引起的价格调整。将这两方面费用计算出来后,列入期中支付证书中进行支付即可。

9. 索赔费用

索赔是在施工合同履行过程中,当事人一方因并非自己的过错,而是由于对方没有按照合同约定履行合同或合同规定由对方承担的风险出现,造成当事人一方损害时,当事人一方通过一定的合法程序向对方提出经济或时间补偿的一种要求。因此,索赔是双向的,既可以是承包人向发包人的索赔,也可以是发包人向承包人的索赔。

索赔费用是指监理人根据合同条款规定的索赔处理程序所确定的赔偿费用。就监理人处理的所有支付项目而言,索赔费用是最复杂的支付项目之一。在进行索赔费用支付时,监理人必须谨慎处理,否则,会因为对索赔费用的支付管理不善而导致对整个工程费用的失控。

因为导致索赔的原因多种多样,所以其费用的计算和确定原则各不相同。因此,为了客观、公正地处理好索赔费用支付,监理人不仅要对合同条款和技术规范十分熟悉,而且还要有深刻的理解,并能结合实际情况正确运用。

处理索赔时,如果是承包人向发包人索赔,监理人应对承包人提供的索赔证据和细节账目等有关资料进行审查核实,在与发包人和承包人协商后,确定承包人有权得到的全部或部分的索赔款额。最后,承包人向发包人的索赔金额,经监理人确认后,以列入期中支付证书的形式进行支付,支付货币与其他支付项目相同。

如果是发包人向承包人的索赔,监理人应按合同条款商定或确定发包人从承包人处得到赔付的金额。承包人应付给发包人的金额可从拟支付给承包人的合同价款中扣除,或由承包人以其他方式支付给发包人。

10. 质量保证金

《公路工程标准施工招标文件(2009年版)(上册)》通用合同条款第17.4款规定了质量保证金的扣留与返还方式。

质量保证金是指发包人与承包人在工程承包合同中约定,从应付的工程款中预留,用以保证承包人在缺陷责任期内对工程出现的缺陷进行维修的资金。质量保证金的计算额度不包括预付款的支付、扣回以及价格调整的金额。

1) 质量保证金的扣留

质量保证金的金额按项目专用合同条款数据表规定的百分比扣留。监理人应从第一个付款周期开始,在发包人的进度付款中扣留质量保证金,直至扣留的质量保证金总额达到项目专用合同条款数据表规定的限额为止。

质量保证金的计算额度不包括预付款的支付以及扣回的金额。

承包人应得的款项应计算质量保证金的款项,质量保证金等于本月完成的工程价款、本月完成的计日工、本月应支付的暂列金额、根据合同规定本月应结算的其他款额和因费用和法规的变更发生的款额之积乘以扣留比例。

例 5-4 某施工合同,其质量保证金的扣留比例为5%。设承包人在该月完成的工程价款为400万元,完成的计日工价款为20万元,发生的暂列金额为60万元,设备、材料预付款为80万元,其他应付费用为20万元。求本月应扣的质量保证金。

解 本月应扣的质量保证金为

$$(400+20+60+20)\times 5\% 万元 = 25 万元$$

2) 质量保证金的缺陷修复责任

缺陷责任期内,承包人应认真履行合同约定的责任,由承包人原因造成的缺陷,承包人应负责维修,并承担鉴定及维修费用。如承包人不维修也不承担费用,发包人可按合同约定扣除质量保证金,并由承包人承担违约责任。承包人维修并承担相应费用后,不免除对工程的一般损失赔偿责任。由他人原因造成的缺陷,发包人负责组织维修,承包人不承担费用,且发包人不得从质量保证金中扣除费用。

缺陷责任期满时,承包人没有完成缺陷责任的,发包人有权扣留与未履行责任剩余工作所需金额相应的质量保证金余额,并有权根据约定要求延长缺陷责任期,直至完成剩余工作为止。

3) 质量保证金退还

约定的缺陷责任期满时,承包人向发包人申请到期应返还承包人剩余的质量保证金金额,发包人应在14天内会同承包人按照合同约定的内容核实承包人是否完成缺陷责任。如无异议,发包人应当在核实后将剩余质量保证金返还承包人。逾期支付的,从逾期之日起,发包人按照同期银行贷款利率计付利息,并承担违约责任。发包人在接到承包人退还质量保证金申请后14日内不予答复,经催告后14日仍不答复,视同认可承包人的返还质量保证金申请。

近年来,在公路工程建设领域,由于各地情况差异及建设项目的差异,收取质量保证金的种类、形式差异比较大。合同双方就收取保证金的种类、金额及返还情况协商一致,在合同中予以明确。公路工程项目一般有预付款保证金、质量保证金、安全施工保证金、工期保证金、民工工资保证金等。

四、工程变更费用的计算与支付

变更是相对承包人在投标时所依据的合同文件而言所做的变动,即工程在实施期间,监理工程师根据合同规定,对部分或全部工程的形式上、质量上、数量上所做的改变。

按《公路工程标准施工招标文件(2009年版)(上册)》合同通用条款,所做的变更包括两个方面。

(1) 工程变更。
(2) 合同变更。

一般情况下,任何工程上的变更(数量、质量、结构外形等)及合同变更,几乎都与费用有关,均将涉及业主和承包人的经济利益。除了由承包人的原因而自行造成的变更外,所有的变更都需业主为工程变更而向承包人支付费用。所以,对工程变更必须全面考虑,认真对待。

(一)单价的确定

在工程变更的支付中,最困难和最关键的就是对变更单价的确定。变更单价的确定应根据《公路工程标准施工招标文件(2009年版)(上册)》合同通用条款第52条的规定及下列步骤进行。

(1) 收集文件资料。
(2) 查阅资料。
(3) 协商。
(4) 裁决和确定。

凡涉及该变更的文件资料均在收集之列,然后根据变更项目的特点,查阅报价单,采用类似项目的单价和费率来确定单价;当原报价单没有相应单价或虽然有但却明显不合理时,应以国家有关权威部门公布的价格表为参考依据,提出单价;当国家有关部门的价格表中也没有相应单价,或虽然有但却明显不合理时,则以发货票为依据提出单价,当采用发货票依然不合理时,监理工程师可提出一个他认为合适的单价。

监理工程师可以上述四种单价,按顺序与业主和承包人充分协商,若协商不成功,则应按《公路工程标准施工招标文件(2009年版)(上册)》合同通用条款第52.2款确定出他认为合适的单价。

当监理工程师发布工程变更令后14天内,或变更工程开工之前,已经收到承包人要求额外支付或变更单价(或价格)的通知,或监理工程师已将自己拟采用的单价(或价格)的意图通知承包人,即单价(或价格)未取得一致意见前,为了中期进度付款的方便,监理工程师可暂定一个单价(或价格),以便使账目暂时能够列入根据《公路工程标准施工招标文件(2009年版)(上册)》合同通用条款第60条规定的支付证书。

当合同中任何一个支付项(工程细目)涉及金额(含变更后的余额)未超过合同价的2%,而且在该支付项上,实施的工程实际数量不超过或少于该工程量清单中所列数量的25%时,则该支付项的单价或总额价均不应考虑其变动。

(二)核算工程量

工程变更后,必然引起工程量的变化,监理工程师应重新加以核算。如原清单中列有此项目,则可将变更前后的工程量加以对比,并注明变更后使工程量增加或减少的数量;如原清单中未列此项目,则变更属于新项目,其准确的工程量,可根据设计单位的图纸和文件、监理工程师的现场记录及承包人提供的工程量等方面获取的资料进行比较分析后,再加以确定。

（三）计算支付费用

对于大的变更项目，在其立项时，应用经济分析方法和通过可行性研究进行全面分析评估，其关键是对所需费用进行全面分析，并在此基础上确定变更方案的可行性。而对一般的变更，则在确定了单价和核算了工程量之后，即对所需总费用做出估算。因其计算方法与工程量清单项目的支付计算一样，不再赘述。

（四）支付

当工程发生变更时，必有其特殊的原因。因此，监理工程师在签发变更工程的支付证明时，必须以工程变更令及其修改的工程量清单为依据，并在收到中间计量单且审查无误后，按工程变更令所确定的支付原则，参考其修订的工程量清单，办理支付手续。

工程变更的费用支付可通过中期支付证书进行。

对一些不可预见和意外的紧急事件，或变更范围不大，且事先无法估价的较小变更项目，当监理工程师认为必要或可取时，根据通用条件的规定，可对该变更工程采用计日工的方法进行。而其付款方式亦与其他情况下采用计日工时的支付方法相同。

（五）变更总额的分析与限制

当一项变更和整个合同完成后，应对其变更的总额加以分析和限制。从本质上来看，变更是工程实施中各种风险的综合表现。为了公平和充分体现风险分组的原则，合同条件对这种实施过程中的变化，从数量上进行了限制。这种限制包括以下两个方面。

(1) 对整个工程。当整个工程执行《公路工程标准施工招标文件(2009年版)(上册)》合同通用条款第52条规定的变更后，其变更费用超过或低于有效合同价（不包括暂定金额、计日工和《公路工程标准施工招标文件(2009年版)(上册)》合同通用条款第70条规定的价格调整）的15%时，其超出部分的费用应予以调整，即在监理工程师与业主和承包人充分协商后，按协商结果，在合同价中加上或扣减一笔金额；若协议不成，可由监理工程师在考虑了承包人用于本合同的现场管理费和上级管理费后，确定一笔调整金额。不过，此种调整仅限于超过或低于有效合同价15%的那一部分。

(2) 对单项工程。当单项工程变更的金额超出有效合同价的2%，以及变更的实际工程量超过原工程量清单所列工程量的15%时，其超出部分，应予以调整。

此外的15%是一个经验数值，当变化小于15%时，由于承包人在投标时考虑了各种风险，且留有一定余地，故其有能力承担。但一突破此界限，承包人将无法承受，风险亦应由业主和承包人双方共同分担。所以要对有效合同价进行调整。基于同样的理由，对单项工程变更总额的分析和限制，亦应如此处理。监理工程师在使用变更时，一定要把握此界限，将变更规模控制在此范围内。

（六）注意事项

由于工程变更是对投资在施工阶段运行中所进行的一种调节措施，即当投资在施工阶段的实际情况与原定的投资目标偏差较大时，方可采用变更来加以调节。因此，监理工程师一定要充分发挥自己的业务能力和技术水平，谨慎地对待变更，既不可因滥用变更而导致项目目标失控,使合同执行困难,也不致因变更而使合同作废或失效,而让承包人的责任得以解除。

五、索赔费用的交付

索赔是一种经济行为,也是一项管理业务。索赔费用,即是根据合同的有关规定承包人(或发包人)通过监理工程师向发包人(或承包人)索取合同价以外的费用。

由于公路工程的承包活动是一种特殊的期货交易行为,其交易的成立与成品实行交接在时间上是分开的,且其价格则是通过招、投标预先确定的,因此索赔通常是以承包人通过正当手续,要求业主偿付施工中所造成的额外费用的一种形式。

施工索赔的内容包括以下两个方面:一方面是对额外所消耗资源的赔偿,即对费用的索赔;另一方面是对时间的索赔,体现为工程项目的竣工日期延后,即延期。本节仅对索赔费用的确认和支付方式进行讨论。

(一)索赔费用包括的项目和内容

1. 人工费

由于增加了合同以外的工程内容,或因业主原因造成工程拖延,致使承包人多使用了人工或者延长了工作时间,则承包人有权向业主要求补偿人工费的损失。其计算方法如下:工资单价(按合同规定或日工资,分别按合同工、普工、技术工计)×人工数(分别按合同工、普工、技术工计)×应赔偿(或延长)天数,经汇总即为索赔的人工费。

2. 材料费

由于业主修改了工程内容,或重新施工制作,致使工程材料用量增加,则承包人有权向业主提出索赔。其计算方法如下:(实际使用的材料数量－原来材料数量)×所使用材料的单价。

3. 机械费

机械费索赔涉及计算机械工作时间的增加且或停置的时间(台班)、新增各种机械的数量和工作时间(台班)、由于业主原因造成各种机械停置的数量和工作时间(台班)。将以上机械的各种工作时间的增加量(或停置时间)求出后,乘以合同规定的单价(或台班价),然后再按各类机械费用累计、汇总后,即为机械费的索赔数额。

4. 管理费

承包人的管理费通常由现场管理费和上级部门(公司)的管理费组成。其计算方法如下:
(1) 现场管理费＝现场管理费率×直接费

其中,现场管理费率＝$\dfrac{\text{现场间接费}}{\text{工程直接费}}$

(2) 上级部门(公司)管理费＝上级(公司)管理费率×(直接费索赔额＋现场管理费的索赔额)

其中:上级(公司)管理费率,一般承包单位均有所规定,亦可由承包人根据某一段时间内的工程进展情况加以确定。

最终的索赔数额则以上述四种费用为基础,按合同文件规定的原则和方法进行计算并汇总即可。

(二) 索赔费用金额的计算与确定

当索赔成立时,其关键的工作就是确定索赔费用的金额。虽然承包人在索赔报告中已有费用金额的计算,但监理工程师仍应对其严格审查,然后再确定索赔费用金额。

1. 索赔细目与相应工程量的审定

首先应仔细阅读监理记录,如工地日记、监理工程师日记、计量与支付方面的记录及有关报表、停工导致索赔的有关记录;其次,应仔细分析承包人的有关记录(每日的现场记录、索赔事件发生时的同期记录);再次,应派人员就重点内容去现场查实;最后,根据上述监理工程师和承包人双方及现场查实情况,按合同文件的有关规定进行综合分析,确定出索赔的细目和其相应的工程量(工程量的计算须按技术规范和工程量清单前言的要求进行)。

此处应注意的是,监理工程师应对承包人所提项目中的各种细目逐个进行分析和审查,确认其中哪些与索赔有关,哪些与索赔无关。对与索赔有关的细目,则应进一步分析其内容和数量是否正确与准确。

2. 单价与费率分析

承包人提出索赔时,一般会附上工程项目方面的资料及工资和成本方面的资料。监理工程师应详细审查这些资料,从中找出与索赔有关的情况及依据。一般来说,大多数的索赔项目均不包括利润,有的甚至还不包括管理费,而承包人的报价单中,其价格已经包含了管理费和利润;另一方面,由于在施工过程中,合同中的一些基本条件可能已进行了重大修改,早已不同于报价时的情况。因此,索赔项目不能照搬报价单中的单价和费率来进行索赔费用金额的计算,而应从报价单的单价中将费率分解出来,重新加以确定,再进行索赔费用金额的计算。

3. 计算审查

监理工程师对承包人的索赔费用金额计算,应进行详细的审查。第一,应对承包人的计算原则、计算方法进行分析和审查,主要是看其是否符合合同的规定和要求;第二,应检查承包人的计算有无算术错误。审查的重点应是看其计算的原则和方法是否符合合同的有关规定和要求。

(三) 索赔费用的支付

当索赔费用金额经计算确认后,就可作为承包人的应收款项,作为中期支付证书中(或最终支付证书中)的一个支付项目支付给承包人。如果一项索赔并没有全部结束,只要监理工程师已认可了其中的一部分,则该部分的款项亦应该以一项持续索赔的临时付款的方式支付给承包人。不过,监理工程师必须依据索赔时间/金额审批表,首先签发索赔支付证明,并按《公路工程标准施工招标文件(2009年版)(上册)》合同通用条款第60条规定,将其列入中期支付证书或最终支付证书内予以支付,且必须按合同有关规定及索赔时间/金额审批表所确定的执行索赔费用的支付。

1. 简述工程费用监理的原则。
2. 简述工程费用监理的程序。
3. 从时间上考虑,工程费用监理的方法有哪些?
4. 什么是工程量清单?
5. 工程量清单有哪些作用?
6. 简述工程计量的依据。
7. 计量方式有哪些?
8. 简述工程计量规则。
9. 路基工程中场地清理应如何计量?
10. 路基工程中挖方路基应如何计量?
11. 路基工程中填方路基应如何计量?
12. 路基工程中挡土墙应如何计量?
13. 路基工程中护坡、护面墙应如何计量?
14. 路基工程中锚杆、锚定板挡土墙应如何计量?
15. 路基工程中加筋土挡土墙应如何计量?
16. 简述路面工程计量规则。
17. 简述桥梁工程中钢筋的计量细则。
18. 简述桥梁工程中基础挖方及回填的计量细则。
19. 简述桥梁工程中桩基础的计量细则。
20. 简述桥梁工程中沉井的计量细则。
21. 简述桥梁工程中结构混凝土工程及预应力混凝土工程的计量细则。
22. 简述桥梁工程中砌石工程的计量细则。
23. 简述桥梁工程中桥面铺装的计量细则。
24. 简述桥梁工程中涵洞、通道的计量细则。
25. 简述工程费用支付的种类。
26. 工程支付有哪些原则?
27. 什么是质量保证金,质量保证金的扣留有哪些规定?

项目 6

公路工程施工安全监理

学习目标

1. 知识目标

（1）掌握安全监理的依据和工作原则。
（2）掌握施工准备期间的安全监理要点。
（3）熟悉路基工程、路面工程、桥涵工程、特殊季节和特殊环境下施工安全监理的工作要点。

2. 能力目标

（1）在工程施工过程中能把握安全监理原则。
（2）能进行路基工程、路面工程、桥涵工程、特殊季节和特殊环境下施工安全监理工作。

任务 1 施工安全监理概述

安全生产关系人民群众生命和财产安全,关系改革发展和社会稳定大局。国务院于2003年11月颁布了《建设工程安全生产管理条例》,它与《中华人民共和国建筑法》和《中华人民共和国安全生产法》等相关法律相配套,构建了我国建设工程安全生产的法律框架。《建设工程安全生产管理条例》规定了工程建设参与各方责任主体的安全责任,明确规定了工程监理单位的安全责任,赋予了工程监理单位一项新的工作内容,使安全监理成为工程监理重要的组成部分。

交通运输部于2017年通过了《公路水运工程安全生产监督管理办法》(交通运输部2017年第25号令),进一步明确和加强了公路水运工程安全生产监督管理工作。

一、施工安全监理的概念

交通建设工程安全监理是指工程监理单位受建设单位(或业主)的委托,依据国家有关的法律、法规和工程建设强制性标准及合同文件,对交通建设工程安全生产实施的监督检查。

交通建设工程安全监理是交通建设工程监理的重要组成部分,也是交通建设工程安全生产管理的重要保障。

二、施工安全监理的依据

交通建设工程安全监理的依据包括有关安全生产、劳动保护、环境保护、消防等的法律法规和标准规范,交通建设工程批准文件和设计文件,交通建设工程委托监理合同和有关的交通建设工程合同等。

1. 有关安全生产、劳动保护、环境保护、消防等的法律法规和标准规范

有关交通建设工程安全生产、劳动保护、环境保护、消防等的法律法规和标准规范包括:《中华人民共和国安全生产法》《中华人民共和国公路法》《中华人民共和国港口法》《中华人民共和国劳动法》《中华人民共和国环境保护法》《中华人民共和国消防法》《建设工程安全生产管理条例》《公路水运工程安全生产监督管理办法》等法律法规;《公路建设市场管理办法》《水运建设市场监督管理办法》《公路建设监督管理办法》等部门规章以及地方性法规等;《建设工程安全生产管理条例》《工程建设标准强制性条文》、《公路工程施工监理规范》《公路水运工程生产安全事故应急预案》以及有关的工程安全技术标准、规范、规程等。

2. 交通建设工程批准文件和设计文件

交通建设工程批准文件和设计文件包括批准的可行性研究报告、建设项目选址意见书、建设用地规划许可证、建设工程规划许可证、施工许可证以及初步设计文件、施工图设计文件等。

3. 交通建设工程委托监理合同和有关的建设工程合同文件

工程监理单位应当根据工程监理单位与建设单位签订的交通建设工程委托监理合同和建设单位与施工单位签订的有关建设工程合同进行安全监理。

三、施工安全监理责任的工作原则

监理单位和监理工程师在实施安全监理、落实其安全责任过程中，必须坚持以下工作原则。

1. 安全第一，预防为主，综合治理

监理工程师在工作中，要督促、帮助施工单位更新理念，强化安全意识和安全管理，把安全始终放在第一的位置，同时在审查施工方案或有关专项技术措施时要突出安全第一的原则，不得因可能发生事故的概率小而去冒险。巡视检查、旁站时，监理工程师也应注意发现隐患，并要求施工单位及时采取有效措施消除隐患，达到预防的目的。

2. 以人为本

以人为本抓好安全生产是构建和谐社会，促进国民经济节约发展、清洁发展、安全发展、可持续发展的具体体现和基本保证。安全生产是为了人，目的在于保障人的生命和健康；安全生产又必须依靠人，人是安全生产的实践主体。从人的方面抓好安全生产：一是坚持以人为本的原则，首先要尽最大努力保护全体施工操作人员的生命安全与身心健康，我国所有的劳动安全法规均是以保护劳动者免受危害为第一要务，其次才是保护财产的安全；二是在安全生产中要特别注意发挥人的力量和作用来提高安全度；三是要注意消除人的不安全行为。

3. 在"质量、进度、成本"控制中落实生产安全

工程质量是监理工作永恒的主题，没有安全的项目根本没有质量可言，监理工程师方案审查、质量检查、工序验收等工作中，首先要注意安全状况，然后才是质量水平。

进度是监理工作的控制目标之一，它与项目效益直接相关。只有解决了安全问题之后，质量才有保障，不返工才有进度。同时应注意，安全费用应该纳入项目的成本之中，没有安全便没有经济效益。

任务 2 施工准备

一、施工现场驻地和场站建设

施工现场驻地和场站应选在地质良好的地段，应避开易发生滑坡、塌方、泥石流、崩塌、落石、洪水、雪崩等危险区域,宜避让取土、弃土场地。施工现场生产区、生活区、办公区应分开设置,距离集中爆破区应不小于 500 m。施工现场临时用房、临时设施、生产区、生活区、办公区的防火间距应符合现行《建设工程施工现场消防安全技术规范》(GB 50720—2011)的相关要求。办公区、生活区宜避开存在噪声或对人体有害物质的区域,无法避开时应设在噪声或对人体有害物质所在区域最大频率风向的上风侧。施工现场原材料、半成品、成品、预制构件等堆放及机械、设备停放应整齐、稳固、规范、标识清楚,且不得侵占场内道路或影响安全。

(1) 材料加工场应符合下列规定。
① 宜设围墙或围栏防护实行封闭管理,并宜设排水设施。
② 场内应设置明显的安全警示标志及相关工种的操作规程。
③ 加工棚宜采用轻钢结构,并应采取防雨雪、防风等措施。

(2) 预制场、拌和场应符合下列规定。
① 应合理分区、硬化场地,并应设置排水设施。
② 拌和及起重设备基础的地基承载力应满足要求,材料及成品存放区地基应稳定。
③ 料仓墙体强度和稳定性应满足要求,料仓墙体外围应设警戒区,距离宜不小于墙高的 2 倍。
④ 拌和及起重设备应设置防倾覆和防雷设施。

(3) 施工现场变电站建设应符合现行《施工现场临时用电安全技术规范》(JCJ 46—2005)的有关规定。

(4) 储油罐的设置应符合下列规定。
① 储油罐与在建工程的防火间距应不小于 15 m,并应远离明火作业区、人员密集区、建(构)筑物集中区。
② 储油罐顶部应设置遮阳棚。
③ 应按要求配备泡沫灭火器、干粉灭火器、沙土袋、沙土箱等灭火消防器材及沙土等灭火消防材料。
④ 应设防静电、防雷接地装置及加油车接地装置,接地电阻不得大于 10 Ω。
⑤ 应悬挂醒目的禁止烟火等警示标志。

二、施工便道

施工便道应根据运输荷载、使用功能、环境条件进行设计和施工,不得破坏原有水系、降低原有泄洪能力,并应符合下列规定。

(1) 双车道施工便道宽度不宜小于 6.5 m。
(2) 单车道施工便道宽度不宜小于 4.5 m,并宜设置错车道,错车道应设在视野良好地段,间距不宜大于 300 m。设置错车道路段的施工便道宽度宜不小于 6.5 m,有效长度宜不小于 20 m。
(3) 路拱坡度应根据路面类型和现场自然条件确定,并应大于 1.5%。
(4) 施工便道应根据需要设置排水沟和圆管涵等排水设施。
(5) 施工便道在急弯、陡坡、连续转弯等危险路段应进行硬化,设置警示标志,并根据需要设置防护设施。

施工便道与既有道路平面交叉处应设置道口警示标志,有高度限制的应设置限高架。施工便桥应根据使用要求和水文条件进行设计,并应设置限宽、限速、限载标志,建成后应验收。

三、施工现场临时用电

施工现场临时用电应符合现行《施工现场临时用电安全技术规范》(JGJ 46—2005)的有关规定。施工用电设备数量为5台及以上,或用电设备容量为50 kW 及以上时,应编制施工现场临时用电组织设计。施工现场临时用电工程专用的电源中性点直接接地的 220 V/380 V 三相四线制低压电力系统,必须符合下列规定。

(1) 采用三级配电系统。
(2) 采用 TN-S 接零保护系统。
(3) 采用二级保护系统。

电线架设应符合下列规定。

(1) 架空线路应避开施工作业面、作业棚、生活设施与器材堆放场地。
(2) 架空线路边线无法避开在建工程(含脚手架)时,其安全距离应符合表 6-1 的规定。

表 6-1 外电架空线路边线外侧边缘与在建工程(含脚手架)间安全距离

外电线路电压等级/kV	<1	1~10	35~110	154~220	330~500
安全距离/m	>4	>6	>8	>10	>15

(3) 施工现场的机动车道与外电架空线路交叉时,架空线路的最低点与路面的垂直安全距离应符合表 6-2 的规定。

表 6-2 施工现场的机动车道与外电架空线路交叉时的垂直安全距离

外电线路电压等级/kV	<1	1~10	>35
垂直安全距离/m	6	1	8

铺设电缆线应符合下列规定。

(1) 施工现场开挖沟槽边缘与埋设电缆沟槽边缘的安全距离不得小于 0.5 m。
(2) 地下埋设电缆应设防护管。
(3) 架空铺设电缆应沿墙或电杆进行绝缘固定。
(4) 通往水上的岸电应用绝缘物架设,电缆线应留有余量,作业过程中不得挤压或拉拽电缆线。
(5) 水上或潮湿地带的电缆线必须绝缘良好并具有防水功能,电缆线接头必须经防水处理。

每台用电设备必须独立设置开关箱;开关箱必须装设隔离开关及短路、过载、漏电保护器,严禁设置分路开关;配电箱、开关箱的电源进线端严禁用插头和插座做活动连接。

配电箱及开关箱设置应符合下列规定。

(1) 总配电箱应设在靠近电源的区域;分配电箱应设在用电设备或负荷相对集中的区域;开关箱与分配电箱的距离不得大于 30 m,开关箱应靠近用电设备,与其控制的固定式用电设备水平距离不宜大于 3 m。
(2) 动力配电箱与照明配电箱宜分别设置;合并设置的配电箱,动力和照明应分路设置。
(3) 配电箱、开关箱应装设在干燥、通风及常温场所,不得装设在存在瓦斯、烟气、潮气及其他有害介质的场所。

(4) 配电箱、开关箱应选用专业厂家定型、合格产品。

(5) 总配电箱中漏电保护器的额定漏电动作电流应大于 30 mA,额定漏电动作时间应大于 0.1 s,额定漏电动作电流与额定漏电动作时间的乘积不得大于 30 mA·s。开关箱中漏电保护器的额定漏电动作电流不得大于 30 mA,额定漏电动作时间不应大于 0.1 s。潮湿或有腐蚀介质的场所的漏电保护器应采用防溅型产品,额定漏电动作电流不得大于 15 mA,额定漏电动作时间不得大于 0.1 s。

(6) 配电箱、开关箱应装设端正、牢固。固定式配电箱、开关箱的中心点与地面的垂直距离应为 1.4 m~1.6 m。移动式配电箱、开关箱应装设在坚固、稳定的支架上,其中心点与地面的垂直距离应为 0.8 m~1.6 m。

遇有临时停电、停工、检修或移动电气设备情况时,应关闭电源。

四、生产生活用水

生活饮用水水质应符合现行《生活饮用水卫生标准》。施工现场水塔、水箱等储水设施应搭设稳固、牢靠,并应采取防倾覆措施。

五、施工机械设备

应制订施工机械设备安全技术操作规程,建立设备安全技术档案。施工机械设备进场前应查验机械设备证件、性能、状况;进场后,应向操作人员进行安全技术交底。特种设备现场安装、拆除应按相关规定具有相应作业资质。龙门吊、架桥机等轨道行走类设备应设置夹轨器和轨道限位器。轨道的基础承载力、宽度、平整度、坡度、轨距、曲线半径等应满足说明书和设计要求。机械设备集中停放的场所应设置消防通道,并应配备消防器材。施工现场专用机动车辆驾驶人员应按相关规定经过专门培训,并应取得相应资格证书。施工现场运输车辆应状态良好,车身应设置反光警示标志。

任务 3 路基工程

一、一般规定

路基施工前应掌握影响范围内地下埋设的各种管线情况,制订安全措施。施工中发现危险品及其他可疑物品时,应立即停止施工,按照规定报请有关部门处理。路基施工应做好施工期临时排水设施总体规划,临时排水设施应与永久性排水设施综合考虑,并与工程影响范围内的自然排水系统相协调。机械作业范围内不得同时进行人工作业。施工机械设备不宜在坡度大的边坡区域作业，必要时应采取防止设备倾覆的措施。多台机械同时作业时，各机械之间应保持安全距离。路基边坡、边沟、基坑边缘地段上作业的机械应采取防止机械倾覆、基坑坍塌的安全措施。弃方除应符合现行《公路路基施工技术规范》(JTG F10—2006)的有关规定外，尚应符合下列规定。

(1) 施工前，应现场核实弃土场的具体情况，弃土场四周应设立警示标志。

(2) 弃方不得影响排洪、通航，不得加剧河岸冲刷。水库、湖泊、岩溶漏斗及暗河口处不得弃方。桥墩台、涵洞口处不得弃方。

(3) 弃方作业应遵循"先支护，后弃土"的原则。

二、场地清理

不得焚烧杂草、树木等。清理淤泥或处理空穴前，应查明地质情况，采取保证人员和机械安全的防护措施。

三、土方工程

取土场(坑)的边坡、深度等应满足设计要求，且不得危及周边建(构)筑物等既有设施的安全。取土场(坑)底部应平顺并设有排水设施，取土场(坑)边周围应设置警示标志和安全防护设施，宜设置夜间警示和反光标志。地面横向坡度陡于1∶1的区域，取土坑应设在路堤上侧。取土坑与路基间的距离应满足路基边坡稳定的要求，取土坑与路基坡脚间的护坡道应平整密实，表面应设1%~2%向外倾斜的横坡。路堑开挖应采取保证边坡稳定的措施，边坡有防护要求的应开挖一级防护一级，且应自上而下开挖，不得掏底开挖、上下同时开挖、乱挖、超挖。开挖应按施工方案执行，并应符合下列规定。

(1) 宜按规定监测土体稳定性。

(2) 应采取临时排水措施。

(3) 应及时排除地表水、清除不稳定孤石。

深挖路堑施工应及时修建临时排水设施。边坡应严格按设计坡度开挖，并应监测边坡的稳定性。填方作业边缘应设置明显的警示标志，并应做好临时排水。高填方路堤施工应符合下列规定。

(1) 路堤预留宽度应符合设计要求。

(2) 应及时修建边坡临时排水设施。

(3) 作业区边缘应设置明显的警示标志。

(4) 应进行位移监测。

靠近结构物处挖土应采取安全防护措施。路基范围内暂时不能迁移的结构物应预留土台，并设警示标志。

四、石方工程

爆破作业前应设置警戒区。石方开挖严禁采用硐室爆破。近边坡部分宜采用光面爆破或预裂爆破。深挖路堑施工过程中,应及时修建临时排水设施。边坡应严格按设计坡度开挖,并应监测边坡的稳定性。

五、防护工程

砌筑施工应符合下列规定。
(1) 边坡防护作业应设警戒区,并应设置明显的警示标志。
(2) 砌筑作业人员应戴安全帽、穿防滑鞋等。
(3) 高度超过 2 m 作业应设置脚手架。
(4) 砌筑作业中,脚手架下不得有人操作及停留,不得重叠作业。
(5) 不得自上而下顺坡卸落、抛掷砌筑材料。
(6) 高处运送材料宜使用专用提升设备。
(7) 高边坡的防护应编制专项安全方案。

砂浆喷射作业应严格执行操作规程,边坡喷射砂浆应自下而上顺序操作。人工开挖支挡抗滑桩施工除应符合现行《公路路基施工技术规范》(JTG F10—2006)的有关规定外,尚应符合下列规定。

(1) 现场应配备气体浓度检测仪器,进入桩孔前应先通风 15 min 以上,并经检查确认孔内空气符合现行《环境空气质量标准》(GB 3095—2012)规定的标准浓度限值。人工挖孔作业时,应持续通风,现场应至少备用 1 套通风设备。
(2) 土石层变化处和滑动面处不得分节开挖。应及时加固防护护壁内滑裂面。
(3) 同排桩施工应跳槽开挖,相邻桩孔不得同时开挖,相邻两孔中的一孔浇筑混凝土,另一孔内不得有作业人员。
(4) 土层或破碎岩石中挖孔桩应采用钢筋混凝土护壁,并应根据计算确定护壁厚度和配筋量。
(5) 孔内作业人员应戴安全帽、系安全带、穿防滑鞋,安全绳应系在孔口。作业人员应通过带护笼的直梯进出,人员上下不得携带工具和材料。作业人员不得利用卷扬机上下桩孔。
(6) 绞车、绞绳、吊斗、卷扬机等设备应完好,起吊设备应装设限位器和防脱钩装置。
(7) 孔口处应设置护圈,护圈应高出地面 0.3 m。孔口应设置护栏和临时排水沟,夜间应悬挂警示红灯。孔口四周不得堆积弃渣、无关机具及其他杂物。
(8) 非爆破开挖的挖孔桩雨季施工,孔口应设置防雨棚,雨天孔内不得施工。
(9) 在含有毒有害气体的地区,孔内作业应至少每 2 h 检测 1 次有毒有害气体及含氧量,保持通风,同时应配备不少于 5 套且满足施救需要的隔绝式压缩氧自救器等应急救援器材。
(10) 孔深不宜超过 15 m,孔径不宜小于 1.2 m。
(11) 孔深超过 15 m 的桩孔内应配备有效的通信器材,作业人员在孔内连续作业不得超过

2 h;桩周支护应采用钢筋混凝土护壁,护壁上的爬梯应每间隔 8 m 设 1 处休息平台。孔深超过 30 m 的应配备作业人员升降设备。

(12) 孔口应设专人看守,孔内作业人员应检查护壁变形、裂缝、渗水等情况,并与孔口人员保持联系,发现异常应立即撤出。

(13) 挖孔作业人员的央顶部应设置护盖。弃渣吊斗不得装满,出渣时,孔内作业人员应位于护盖下。

(14) 孔内照明电压应为安全电压,应使用防水带罩灯泡,电缆应为防水绝缘电缆。

(15) 孔内爆破作业应专门设计,采用浅眼松动爆破法,并应严格控制炸药用量,炮眼附近孔壁应加强防护或支护。孔深不足 10 m,孔口应做覆盖防护。爆破作业的安全管理应按照现行《爆破安全规程》(GB 6722—2014)中的有关规定执行。爆破前,相邻桩孔人员必须撤离。

(16) 混凝土护壁应随挖随浇,每节开挖深度应符合专项施工方案要求,且不得超过 1 m。护壁外侧与孔壁间应填实。混凝土护壁浇筑前,上下段护壁的钩拉钢筋应绑扎牢固。护壁模板应在混凝土强度达到 5 MPa 以上后拆除。

挡土墙施工除应符合现行《公路路基施工技术规范》(JTG F10—2006)的有关规定外,尚应符合下列要求。

(1) 挡土墙施工应设警戒区。

(2) 回填作业应在挡土墙墙身的强度达到设计强度的 75% 后实施,墙背 1.0 m 以内不宜使用重型振动压路机碾压。

(3) 挡土墙墙高大于 2 m 时,施工应符合《公路路基施工技术规范》(JTG F10—2006)高处作业的相关规定。

(4) 锚杆挡土墙施工前,应清除岩面松动石块,并整平墙背坡。

锚杆、锚索预应力张拉应符合施工工艺要求。张拉作业应设警戒区,操作平台应稳固,张拉设备应安装牢固。张拉过程中操作人员不得离岗,千斤顶后方不得站人。

六、排水工程

高边坡截水沟施工应设置防作业人员坠落设施。排水沟施工不得自上而下滚落运送材料。渗井应随挖随支,停止施工或完成后应加盖封闭。

七、软基处理

施工场地及机械行走范围的承载力应满足相应的要求,并应保持平整。排水板打设设备与架空线路之间的安全距离应符合有关规定。振沉砂桩或碎石桩作业灌料斗下方不得站人。强夯施工应符合下列规定。

(1) 强夯作业区应封闭管理并设置安全警示标志,由专人负责统一指挥。

(2) 强夯机架刚度、强度、稳定性应满足施工要求,变换夯位后,应检查门架支腿。作业前,应提升夯锤 0.1~0.3 m,检查整机的稳定性。

(3) 吊锤机械驾驶室前应设置防护网,驾驶员应佩戴防护镜。

旋喷桩的高压设备和管路系统的密封圈应完好,各管道和喷嘴内不得有杂物,喷射过程中出现压力突变应停工查明原因。真空预压施工应符合下列规定。

(1) 施工用电应符合有关规定。

(2) 应观察风雨对邻近结构物的影响。

在淤泥区域进行换填施工作业时,应采取防止人员陷入的措施。

任务 4 路面工程

一、一般规定

施工中,拌和楼、发电站(机)、摊铺机等大型机械设备及其辅助机械(具)运输车、滑模摊铺机、轨道摊铺机、沥青操作手不得擅自离开操作台。施工现场出入口、沿线各交叉口等处应设明显警示、警告标志,并应设专人指挥。机械设备停放位置应平整,周围应设置明显的警示标志,夜间应设警示灯。开挖下承层沟槽或施作伸缩缝,应设置明显的安全警示标志。夜间施工,现场作业人员应身穿反光服,路口、危险路段和桥头引道应设置警示灯或反光标志,施工设备均应有照明设备和明显的警示标志,照明应满足夜间施工要求。隧道内摊铺沥青混凝土路面应符合下列规定。

(1) 应采用机械通风排烟,隧道内空气中的有毒气体和可燃气体的浓度不得超过相关规定。

(2) 隧道内作业人员应佩戴符合要求的防毒面具。

(3) 隧道内应有照明和排风等设施,作业人员应穿反光服。

二、基层与底基层

消解石灰,浸水过程中不得投料、翻拌,人员应远避并采取个体防护措施。拌和作业开机前应警示,拌和机前不得站人,拌和过程中人员不得跨越皮带或调整皮带运输机。混合料运输应沿指定线路,不得超载、超速。卸料升斗时,人员不得在车斗的正下方停留。整平和摊铺作业应临时封闭交通、设明显警示标志,下承层内的各类检查井应稳固封盖,辅助作业人员应面向压路机方向作业,设备之间应保持安全距离。碾压作业应符合下列规定。

(1) 多台压路机同时作业时,各机械之间应保持安全距离。

(2) 作业人员应在行驶机械后方清除轮上黏附物。

(3) 人员不得进入碾压区内,确需人员进入的,应安排专人监护。

三、沥青面层

封层、透层、黏层施工应符合下列规定。
(1) 喷洒前应做好检查井、闸井、雨水口的安全防护。
(2) 洒布车行驶中不得使用加热系统。洒布地段不得使用明火。
(3) 小型机具洒布沥青时,喷头不得朝外,喷头10 m范围不得站人,不得逆风作业。
(4) 大风天气,不得喷洒沥青。

沥青储存地点应配备灭火器、消防砂等消防设施,并应设置警示标志。沥青脱桶、导热油加热沥青作业应采取防火、防烫伤措施。沥青混合料拌和作业除应符合规范规定外,尚应符合下列规定。
(1) 拌和机点火失效时,应关闭喷燃器油门,并应充分通风后再行点火。
(2) 拌和过程中人员不得在石料溢流管、升起的料斗下方站立或通行。
(3) 沥青罐内检查不得使用明火照明。
(4) 沥青拌和站应配备灭火器、消防砂等消防设施。

沥青路面摊铺、碾压应符合有关规定。

四、水泥混凝土面层

水泥混凝土拌和及运输应符合相关规定。摊铺作业布料机与振平机应保持安全距离。切缝、刻槽作业范围应设警戒区。

任务 5 桥涵工程

一、一般规定

公路施工,通行区应搭设安全通道,安全通道应满足通行要求,施工作业面底部应悬挂安全网。安全通道应设防撞设施及限高、限宽、减速标志和设施,梁式桥的模板支架及其他设施宜在防撞栏等上部构造施工完成后拆除。泥浆池、沉淀池周围应设置防护栏杆和警示标志。

二、预应力混凝土工程

预应力张拉机具设备应按规定校验、标定,张拉作业应符合下列规定。

(1) 张拉作业应设警戒区。
(2) 张拉及放张程序应符合设计要求。张拉过程中出现异常现象,应立即停止张拉作业,检查、排除异常。

先张法施工应符合下列规定。
(1) 张拉端后方应设立防护挡墙。
(2) 正式施工前应进行试张拉。
(3) 张拉及放张过程中,预制台座区域及张拉台座两端不得站人。
(4) 已张拉的预应力钢筋不得电焊、站人。

先张法施工,张拉台座应进行设计验算,强度、刚度和稳定性应符合要求。张拉完毕后,应妥善保护张拉施锚两端。

后张法施工应符合下列规定。
(1) 高处张拉作业应搭设张拉作业平台、张拉千斤顶吊架、防护栏杆和上下扶梯。
(2) 梁端应设围护和挡板。
(3) 张拉作业时千斤顶后方不得站人。
(4) 管道压浆作业人员应佩戴护目镜。

三、钻(挖)孔灌注桩

钻(挖)孔灌注桩施工作业应符合下列规定。
(1) 施工作业区域应设置警戒区。
(2) 临近堤防及其他水利、防洪设施施工应符合相关部门的有关规定。
(3) 山坡上钻(挖)孔灌注桩施工,应清除坡面上的危石和浮土;存在裂缝的坡面或可能坍塌的区域,应采取必要的防护措施。
(4) 停止施工的钻、挖孔桩,孔口应加盖防护,四周应设置护栏及明显的警示标志,夜间应悬挂警示红灯。
(5) 钻机等高耸设备应按规定设置避雷装置。
(6) 钢筋笼下放应采用专用吊具。钢筋笼孔口连接时,孔内钢筋笼应固定牢靠。作业人员不得在钢筋笼内作业,安全带不得扣挂在钢筋笼上。
(7) 浇筑混凝土时,孔口应设防坠落设施。

除上述规定外,钻孔灌注桩施工作业还应符合下列规定。
(1) 施工场地及行走道路应平坦坚实,满足钻机正常工作和移动的要求。
(2) 钻机安设应平稳、牢固。
(3) 发生卡钻时,不得强提,应查明原因并处理。
(4) 停钻时,钻头、钻杆应置于孔外安全位置。
(5) 钻机电缆线接头应绑扎牢固,不得透水、漏电;电缆线不得浸泡于水、泥浆中,不得挤压电缆线及风水管路。
(6) 冲击钻机的卷扬机应制动良好,钻架顶部应设置行程开关。钢丝绳应无死弯和断丝,安全系数不应小于12;钢丝绳夹数量应与钢丝绳直径相匹配,并应设置保险绳夹。

回旋钻机成孔应符合下列规定。

(1) 回旋钻机钻进时,高压胶管下不得站人。水龙头与胶管应连接牢固。钻机旋转时,不得提升钻杆。

(2) 钻机移动不得挤压电缆线及管路。

(3) 潜水钻机钻孔时,每完成一根钻孔桩后应检查电机的密封状况。

旋挖钻机成孔应符合下列规定。

(1) 钻孔作业过程中,应观察主机所在地面变化情况,发现下沉现象应及时停机处理。因故长时间停机,应挂牢套管口保险钩。

(2) 场内墩位间转移旋挖钻机应预先检查转移路线、放倒机架,并应设专人指挥。

岩溶、采空区和其他特殊地区钻孔灌注桩施工作业应符合下列规定。

(1) 施工前,应核对桩位处的地质勘查资料;对地质情况有疑问时,应补充完善地质资料。

(2) 发生漏浆及坍孔等现象,应立即停止作业,采取保证平台、钻机和作业人员安全的措施。以大直径、超长桩钢护筒作为平台支撑时,最小埋置深度应满足工作平台受力和稳定性要求。无法采用机械成孔且无地下水或有少量地下水,无不良地质的地区,可采用人工挖孔。人工挖孔桩作业应制订专项施工方案,并应符合相关规范的规定。

四、沉入桩

钢筋混凝土桩、预应力混凝土桩和钢管桩的吊运、存放和运输应符合现行《公路桥涵施工技术规范》(JTG/T F50—2011)的有关规定。

沉入桩施工应符合下列规定。

(1) 沉入桩施工区域应设置明显的安全警示标志,非作业人员不得进入施工区域。

(2) 起吊桩或桩锤作业人员不得在桩、桩锤下方或桩架龙门口停留或作业。

(3) 吊点应符合设计要求,桩身应设溜绳,桩身不得碰撞桩锤或桩机。

锤击沉入桩作业应符合下列规定。

(1) 打桩机移动轨道应铺设平顺,轨距一致,轮器、打桩机应设夹轨器。

(2) 应设专人指挥打桩机移动,机体应平稳,按要求配重。轨道与轨枕应钉牢,钢轨端部应设止轮器、打桩机架移动时,桩锤应置于机架最低位置。

(3) 滚杠滑移打桩机,工作人员不得在打桩机架内操作。

(4) 应经常检查维护打桩机架及起重工具。检查维护的桩锤应放落在地面或平台上。打桩机处于工作状态,不得维护。

(5) 锤击沉入桩应按要求观测邻近建(构)筑物和周边土体的沉降和位移,发现异常应停止沉入桩并采取措施处理。

(6) 沉入桩时,桩锤、送桩与桩应保持在同一轴线上。

振动沉入桩作业应符合下列规定。

(1) 沉入桩时,作业人员应远离基桩。沉入桩过程遇有异常情况应立即停振,并妥善处理。

(2) 桩机停止作业时,应立即切断动力源。

(3) 电动振动锤使用前应测定电动机的绝缘值,且不得小于 0.5 MΩ,并应对电缆芯线进行通电试验。电缆绝缘层应完好无损。电缆线应采取有效的防止磨损、碰撞的保护措施。沉入桩或拔桩作业时,电动振动锤的电流不得超过规定值。

水上沉入桩除应符合相关规范规定外,尚应符合下列规定。

(1) 固定平台、自升式平台应搭设牢固。打桩机底座应与打桩平台连接牢靠。

(2) 打桩船沉桩应符合规范有关规定。

拔桩的起重设备应配超载限制器,不得强制拔桩。

五、沉井

沉井制作场地应符合现行《公路桥涵施工技术规范》(JTG/T F50—2011)的有关规定。

筑岛制作沉井应符合下列规定。

(1) 筑岛围堰应牢固、抗冲刷。

(2) 筑岛围堰顶高程应高于施工期间可能出现的最高水位 0.7 m 以上,同时应考虑波浪的影响。

施工机械设备应在坚实的基础上作业,其承载力应满足设备施工要求。沉井顶部作业应搭设作业平台,平台结构应依跨度、荷载经计算确定,作业平台的脚手板应满铺且绑扎牢固,临边防护、通道等设施应符合《公路桥涵施工技术规范》(JTG/T F50—2011)有关规定。制作沉井应同步完成直爬梯或梯道预埋件的安设,各井室内应悬挂钢梯和安全绳。沉井照明应充足,作业施工用电应符合现行《施工现场临时用电安全技术规范》(JGJ 46—2005)的规定。沉井内的水泵、水力机械、管道、起重等施工设备应安装牢固。沉井内的潜水作业应符合规范有关规定。施工过程中,应安排专人负责观察现场情况,发现涌水、涌砂时,井内作业人员应及时撤离。下沉前,应对周边的建(构)筑物和施工设备采取有效的防护措施。下沉过程中,应对邻近建(构)筑物、地下管线进行监测,发现异常应停止作业,并采取相应措施。

沉井取土下沉应符合下列规定。

(1) 不宜采用爆破法进行沉井内取土,必须爆破时应经专项设计。

(2) 开挖沉井刃脚或井内横隔墙附近时,无关人员不得进入现场。

采用配重下沉沉井,配重物件应堆码整齐,沉井纠偏应逐级增加荷载,并连续观测。高压射水辅助下沉时,高压水不得直接对人或机械设备、设施喷射。空气幕辅助下沉的储气罐应放置在通风遮阳位置,不得暴晒或高温烘烤。沉井顶端距地面小于 1 m 时,应在井口四周架设防护栏杆和设置相关安全警示标志。沉井接高应停止沉井内取土作业。倾斜的沉井不得接高。浮式沉井应制订专项施工方案,浮运、就位、下沉等施工阶段应设专人观测沉井的稳定性。沉井内潜水清理作业应符合《公路桥涵施工技术规范》(JTG/T F50—2011)有关规定。浇筑沉井封底混凝土应搭设工作平台。

六、地下连续墙

地下连续墙施工应编制专项施工方案,在堤防等水利、防洪设施及其他既有构筑物周边施工应进行风险评估,施工过程中应持续观测。地下连续墙施工应设警戒区,施工现场和施工道路应平整,地基承载力应满足施工要求。地下连续墙安放钢筋笼、浇筑混凝土应符合有关规定。开挖作业应在地下连续墙的混凝土达到设计强度后进行。开挖挡土墙结构的地下连续墙时,应严格按照程序设置围檩支撑或土中锚杆。

七、围堰

围堰内作业应及时掌握水情变化信息,遇有洪水、流冰、台风、风暴潮等极端情况,应立即撤出作业人员。土石围堰施工应符合现行《公路桥涵施工技术规范》(JTG/T F50—2011)的有关规定。钢板(管)桩围堰施工除应符合上述规范的有关规定外,尚应符合下列规定。

(1) 地下水位高或水中围堰应采取可靠的止水措施。

(2) 水中围堰抽水应及时加设围檩和支撑系统。

(3) 水上作业应符合规范有关规定。

双壁钢围堰施工应符合下列规定。

(1) 应按设计要求制造钢围堰,焊缝应检验,并应进行水密试验。

(2) 浮船或浮箱上组装双壁钢围堰,钢围堰应稳固。

(3) 双壁钢围堰浮运、吊装应制订专项施工方案。

(4) 水上作业应符合《公路桥涵施工技术规范》(JTG/T F50—2011)有关规定。

(5) 钢围堰接高和下沉作业过程中,应采取保持围堰稳定的措施。悬浮状态不得接高作业。

(6) 施工过程中应注意监测水位变化,围堰内外的水头差应在设计范围内。

钢吊(套)箱隔堰施工应符合下列规定。

(1) 应验算悬吊装置、吊杆的安全性以及有底钢吊(套)箱的抗浮性。

(2) 吊装所用设备、机具,状态应良好。

(3) 吊(套)箱就位后应及时与四周的钢护筒连成整体。

(4) 吊(套)箱内排水应在封底混凝土强度符合设计规定后进行,排水不应过快,并应加强监测吊箱变化情况、及时设置内支撑。

围堰拆除应符合专项施工方案的要求,内外水位应保持一致,拆除时应设置稳固装置,潜水作业应符合《公路桥涵施工技术规范》(JTG/T F50—2011)有关规定。

八、明挖地基

挖基施工宜在枯水或少水季节进行,并应连续施工,有支护的基坑应采取防碰撞措施,基坑附近有管网或其他结构物时,应有可靠的防护措施。中等以上降雨期间基坑内不得施工。基坑内作业前,应全面检查边坡滑塌、裂缝、变形以及基坑涌水、涌砂等情况,并应翔实记录。坑沿顶面出现裂缝、坑壁松塌或遇有涌水、涌砂影响基坑边坡稳定情况时,应立即加固防护,在确认安全后方可恢复施工。大型深基坑除应遵循边开挖、边支护的原则施工外,尚应建立边坡稳定信息化动态监控系统。开挖和降水施工应符合下列规定。

(1) 开挖应视地质和水文情况、基坑深度按规定坡度分层进行,不得采用局部开挖深坑或从底层向四周掏土的方法施工。

(2) 开挖影响邻近建(构)筑物或临时设施时,应采取安全防护措施。

(3) 开挖过程中应监测边坡的稳定性、支护结构的位移和应力、围堰及邻近建(构)筑物的沉降与位移、地下水位变化、基底隆起等项目。

(4) 基坑顶面应设置截水沟。多年冻土地基上开挖基坑,坑顶截水沟距基坑上边缘不得小于10 m,排水的位置应远离基坑。

(5) 排水作业不得影响基坑安全,排水困难时,应采用水下挖基方法,并应保持基坑中原有水位。

(6) 爆破开挖宜采用浅眼松动爆破法。爆破作业应符合现行《爆破安全规程》(CB 6722—2014)的规定。

(7) 开挖影响既有道路车辆通行时,应制订交通组织方案。

(8) 冻结法开挖时,制冷设备的电源应采用不同供电所双路输电,应分层冻结、逐层开挖,不得破坏周边冻结层,基础工程施工应在冻融前完成。

(9) 弃方不得阻塞河道、影响泄洪。

(10) 基坑周边1 m范围内不得堆载、停放设备。

深基坑四周距基坑边缘不小于1 m处应设立钢管护栏、挂密目式安全网,靠近道路侧应设置安全警示标志和夜间警示灯带。坑壁及支护施工应符合下列规定。

(1) 应根据水文、地质、开挖方式及施工环境条件等因素,确定坑壁的支护措施,并严格执行。

(2) 顶面有动载的基坑,其边沿与动载之间应留有不小于1 m宽的护道,动荷载较大时宜适当加宽护道;水文和地质条件较差时,应采取加固措施。

(3) 支护结构应通过设计计算确定,支护结构和支撑的强度、刚度及稳定性应满足基坑开挖施工的要求。

(4) 直接喷射混凝土加固坑壁,喷射前应清除坑壁上的松软层及岩渣。锚杆、预应力锚索和土钉支护施工参数应通过抗拉拔力试验确定。

(5) 加固坑壁应按照设计要求逐层开挖、逐层加固,坑壁或边坡上有明显出水点处应设置导管排水。

九、承台与墩台

承台施工模板和混凝土作业应符合《公路桥涵施工技术规范》(JTG/T F50—2011)有关规定。现浇墩、台身、盖梁施工除应符合现行《公路桥涵施工技术规范》(JTG/T F50—2011)的有关规定外,尚应符合下列规定。

(1) 脚手架及作业平台应搭设牢固,不得与模板及其支撑体系联结,高处作业应符合规范的有关规定。

(2) 墩身高度超过4 m宜设施工电梯,电梯司机应按照有关规定经过专门培训,并应取得相应资格证书。

(3) 墩身钢筋绑扎高度超过6 m应采取临时固定措施。

(4) 模板工程应符合规范有关要求,设置防倾覆设施,高墩且风力较大地区的墩身模板,应考虑风力影响。

(5) 混凝土浇筑应符合《公路桥涵施工技术规范》(JTG/T F50—2011)的有关规定。

高墩翻模施工应符合下列规定。

(1) 翻模应专门设计,刚度、强度应满足施工要求。

(2) 翻模分节分块的重量应满足起重设备的使用规定,吊装作业应符合规范有关规定。

(3) 每层模板均应设工作平台,安全防护设施应符合规范的有关规定。

(4) 夜间不宜进行翻模作业。

高墩爬(滑)模施工应符合下列规定。

(1) 爬(滑)模系统应专门设计,刚度、强度应满足施工要求。安全防护设施应符合《公路桥涵施工技术规范》(JTG/T F50—2011)有关规定。

(2) 液压系统顶升应保持同步、平稳。

(3) 拆模应在混凝土强度达 2.5 MPa 以上后实施。爬升时承载体受力处的强度应大于 15 MPa。

(4) 应经常检查、及时更换预埋爬锥配套螺栓。

(5) 爬(滑)模不宜夜间升降。

十、砌体

砌体工程施工应符合下列规定。

(1) 砌筑基础前应先做好临时排水,并应检查基坑边坡稳定情况。

(2) 砌筑材料应随运随砌、分散码放。

(3) 吊运砌筑材料应符合有关规定。

(4) 在距地面 2 m 及以上的高处从事砌筑、撬石、运料、开凿缝槽等作业时,应搭设作业平台。

(5) 破石及开凿缝槽作业,作业人员之间的距离不应小于 2 m。砌筑作业应自下而上进行;人员不得在支架下方操作或停留,砌筑勾缝不得交叉作业。

(6) 雨、冰冻后,应检查砌体,发现存在垂直度变化、裂缝、不均匀下沉等现象,应查明原因,及时修复。

(7) 砌体上不宜拉锚缆风绳、吊挂重物、设置其他施工临时设施和支撑的支承点。

(8) 坡面砌筑应预先清除上方不稳固石块等物料。不得从高处往下抛掷石料或自上而下自由滚落运送石料。

加筋土桥台施工应符合下列规定。

(1) 面板应逐层安砌、稳固并分层摊铺、碾压填料。未完成填土作业的面板上不得安砌上一层面板。

(2) 台背填筑施工过程中应随时观测加筋土桥台的变形、位移,发现异常应暂停施工,及时处理。

勾缝及养护应符合下列规定。

(1) 抹面、勾缝、养护涉及高处作业的,应符合有关规定,并应按照先上后下顺序施工。

(2) 多级砌体、护坡应按照先上后下的顺序抹面、勾缝。
(3) 养护期间应避免砌体振动、承重或碰撞砌体。

十一、钢筋混凝土和预应力混凝土梁式桥

支架现浇施工应符合下列规定。
(1) 支架、模板和混凝土浇筑应符合本规范有关规定。
(2) 支架在承重期间,不得随意拆除任何受力杆件。承重模板支架应在张拉完成后拆除。
(3) 梁体底模、支架应严格按设计要求顺序卸载。

移动模架施工应符合下列规定。
(1) 模架应按产品的操作手册拼装,并由移动模架设计制造厂家派专人现场指导安装与调试。
(2) 首孔梁浇筑位置就位后应按设计要求进行预压。
(3) 混凝土的浇筑过程中,应随时检查模架的关键受力部位和支撑系统,应采取有效措施及时处理;移动过孔时,应监控模架的运行状态。
(4) 每完成一孔梁的施工,均应对模架的关键部位及支撑系统进行检查,并及时处理发现的问题。
(5) 模架横向移动和纵向移动过孔时,应解除作用于模架上的全部约束。纵向移动时两侧的承重钢梁应保持同步。模架在移动过孔时的抗倾覆系数不得小于1.5。

装配式桥施工应符合下列规定。
(1) 装配式桥构件移动、存放和吊装时的混凝土强度不应低于设计吊装强度;设计未规定时,不得低于设计强度的80%。
(2) 存梁台座应坚固稳定,且应高出地面0.2 m以上,存放地点应设置排水系统。梁、板构件存放支点位置应符合设计规定。上下层垫木应在同一条竖线上;叠放的高度宜按构件强度、台座地基的承载力、垫木强度及叠放的稳定性等计算确定,大型构件不宜超过2层,小型构件不宜超过6层。
(3) 架桥机的抗倾覆稳定系数不得小于1.3;架桥机过孔时,起重小车应位于对稳定最有利的位置,且抗倾覆稳定系数不得小于1.5。架桥机的安装、使用、检修、检验等应符合现行《架桥机安全规程》(GB 26469—2011)的有关要求。
(4) 梁、板构件移动吊点位置应符合设计规定,经冷拉的钢筋不得用作构件吊环,吊环应顺直,吊绳与起吊构件的交角小于60°时应设置吊梁或起吊扁担。
(5) 吊移高宽比较大的预应力混凝土T型梁和I型梁应采取防止梁体侧向弯曲的有效措施。
(6) 架桥机纵向移动应一次到位,不得中途停顿。起吊天车提升与携梁行走不得同时进行,天车携梁应平稳前移。停止作业的架桥机应临时锚固。
(7) 运梁、架梁应在相邻梁片之间的横向主筋焊接完成后实施。
(8) 架梁和湿接缝施工期间应设置母索系统。
(9) 梁、板安装及架桥机移动过孔期间,作业区域下方应设警戒区。

（10）就位后的梁、板应及时固定，T 型梁、I 型梁应与先安装的构件形成横向连接。

悬臂浇筑除应符合现行《公路桥涵施工技术规范》(JTG/T F50—2011)的有关规定外，尚应符合下列规定。

（1）挂篮制作加工完成后应进行试拼装。现场组拼后，应检查验收，并应按最大施工组合荷载的 1.2 倍做荷载试验。

（2）挂篮行走滑道铺设应平顺，锚固应稳定。行走前应检查行走系统、吊挂系统、模板系统等。

（3）挂篮应在混凝土强度符合要求后移动，墩两侧挂篮应对称平稳移动；就位后应立即锁定；挂篮每次移动后，应经检查验收。

（4）雨雪天或风力超过挂篮设计移动风力时，不得移动挂篮。

悬臂拼装应符合下列规定。

（1）梁段装车、装船运输应平稳安放，梁段与车、船之间应安装防倾覆固定装置。

（2）梁段起吊时混凝土强度应符合设计规定。

（3）拼装施工前应按施工荷载对起吊设备进行强度、刚度和稳定性验算，其安全系数不得小于 2。梁段起吊安装前，应对起吊设备进行全面安全技术检查，并应分别进行 1.25 倍设计荷载的静荷和 1.1 倍设计荷载的动荷起吊试验。梁段正式起吊拼装前，起吊条件应符合要求。

（4）天气突然变化、卷扬机电机过热或其他机械设备出现故障时，应暂停吊运作业，并应采取相应的应急避险措施。

顶推施工应符合现行《公路桥涵施工技术规范》(JTG/T F50—2011)的有关规定，墩台上宜设置导向装置，顶推过程中，宜监测梁体的轴线位置、墩台的变形、主梁及导梁控制界面的挠度和应力变化等；发现异常，应停止顶推并处理。整孔预制安装箱梁施工应符合现行《公路桥涵施工技术规范》(JTG/T F50—2011)的有关规定，架设安装时，箱梁在起落过程中应保持水平；顶落梁时梁体的两端应同步缓慢起落，并不得冲击临时支座。

十二、拱桥

各类拱桥施工涉及高空作业，安全防护设施均应符合规范有关规定。拱架浇（砌）筑拱圈应符合下列规定。

（1）拱架及模板应进行专项设计，强度、刚度和稳定性应满足最不利工况要求。落地式拱架弹性挠度不得大于相应结构跨度的 1/2 000，且不得超过 50 mm；拱式拱架弹性挠度不得大于相应结构跨度的 1/1 000，且不得超过 100 mm。拱架抗倾覆稳定系数不得小于 1.5，并应满足《公路桥涵施工技术规范》(JTG/T F50—2011)的有关规定。

（2）拱架正式施工前应进行预压，预压应符合《公路桥涵施工技术规范》(JTG/T F50—2011)的有关规定。

（3）拱圈混凝土浇筑或圬工砌筑顺序应按设计要求实施，两端应同步、对称浇（砌）筑。浇（砌）筑时应观测拱架变形情况，发现异常应及时处理。

（4）拱架拆除应设专人指挥，不得使用机械强行拽拉拱架。

（5）现浇混凝土拱圈的拱架应按设计要求拆除，设计无规定时应在拱圈混凝土达到设计强度的85%后拆除。浆砌圬工拱桥的拱架应在砂浆强度达到设计强度的85%后拆除。

(6) 拱架应纵向对称均衡拆除、横向同时拆除。

(7) 满布式落地拱架应从拱顶向拱脚依次循环拆除。

(8) 多孔拱桥拱架应多孔同时或各连续孔分阶段拆除;桥墩允许承受单孔施工荷载的可单孔拆除。

混凝土拱肋、横撑、斜撑施工应符合《公路桥涵施工技术规范》(JTG/T F50—2011)的规定,应在拱肋、横撑、斜撑混凝土强度达到100%后,按设计要求的顺序拆除支架;悬臂浇筑混凝土拱圈除应符合《公路桥涵施工技术规范》(JTG/T F50—2011)规定外,尚应符合下列规定。

(1) 扣塔、扣索、锚碇组成的系统的强度、刚度和稳定性应满足最不利工况要求。

(2) 扣索应在拱圈混凝土达到设计规定的强度后分批、分级张拉,扣索、锚索的钢丝绳和卡具的安全系数应大于2。

(3) 应按设计要求调索,并应设专人检查张拉段和扣锚段工作状况、记录索力和位移变化。

(4) 扣索和锚索应在合龙段混凝土强度符合设计规定的强度或达到设计强度的85%后拆除;挂篮应在拱脚处拆除。

斜拉扣挂法悬拼拱肋施工应符合下列规定。

(1) 扣塔架设及扣锚索张拉应搭设操作平台及张拉平台。

(2) 扣塔不应设缆风索,缆风索安全系数应大于2。

(3) 扣索、锚索应逐根分级、对称张拉、放张,扣索、锚索安全系数应大于2。

拱上吊机施工拱肋应符合下列规定。

(1) 拱上吊机抗倾覆稳定性应满足最不利工况要求。

(2) 过程中扣索、锚索施工应满足《公路桥涵施工技术规范》(JTG/T F50—2011)相关规定。

(3) 拱上吊机前行到位后,前支后锚应牢固。非工作状态时应收拢吊钩,臂杆应与钢梁固定。

(4) 吊机纵、横移轨道上应配备止轮器。

钢管拱肋内混凝土应按设计顺序两端对称浇筑。转体施工应符合下列规定。

(1) 桥梁转体的转动体系、锚固体系、动力体系等应进行专项设计。

(2) 转体施工前,应掌握转体作业期间的天气情况,遇恶劣天气不得进行转体施工。

(3) 正式转体前应进行试转,明确转动角速度、拱圈悬臂端线速度、牵引力等相关技术参数。

(4) 转体完成后应及时约束固定,并应浇筑施工球铰处混凝土。

(5) 合龙段施工时,悬臂端的临时压重及卸载应按照设计方案要求的重量、位置及顺序作业。

有平衡重平转施工应符合下列规定。

(1) 转体前,应核对平衡体的重量和转动体系的重心;采用临时配重,应设置锚固设施。

(2) 转动体系应平衡可靠,抗倾覆安全系数应大于1.5,四周的保险支腿应稳固。

(3) 转动铰低于水面应设围堰保护,低于地平面应在基坑周围砌护墙,围堰和基坑周围应设护栏,非转体作业人员不得入内。

(4) 扣索和后锚索应牢固可靠。扣索张拉应符合设计要求,应检测扣索的索力,允许偏差不得超过±3%。

(5) 采用内、外锚扣体系时,扣索宜采用钢绞线和带镦头锚的高强钢丝等高强材料,其安全系数应大于2;大跨径拱桥采用多扣点张拉时,应确保张拉过程同步。

(6) 扣索张扣到位、拱圈卸架后,应进行24 h观测,检验锚固、支撑体系的可靠程度。

(7) 转动时应控制转动速度,千斤顶应同步牵引。转动角速度应控制在0.01~0.02 rad/min,拱圈悬臂端的线速度应控制在1.5~2.0 m/min。

(8) 钢丝绳牵引索应在千斤顶直接顶推启动后再牵引转动。

(9) 接近止动距离时应按方案要求进行止动操作,并应设专人负责限位工作。

(10) 合龙段混凝土达到设计强度后,应分批、分级松扣,拆除扣索、锚索。

无平衡重平转施工应符合下列规定。

(1) 尾索张拉、扣索张拉、拱体平转、合龙卸扣作业应监测索力、轴线、高程等。

(2) 无平衡重平面转体锚固体系的抗剪强度、抗滑稳定性应符合设计要求。锚碇系统两方向的平撑及尾索应形成三角稳定体。转动体系应灵活自如、安全可靠。位控体系能控制转动体的转动速度和位置。

(3) 两组尾索应上下左右对称、均衡张拉,桥轴向和斜向的尾索应分次、分组交叉张拉,各尾索的内力应均衡。

(4) 扣索张拉前,应检查支撑、锚梁、轴套、拱铰、拱体和锚碇等部位(件)。扣索应锚固可靠,拱圈(肋)卸架应对称拴扣风缆。

(5) 扣索应对称于拱体按由下向上的次序分级张拉。张拉过程中各索内力相对偏差应控制在5 kN以内。

(6) 风缆的走速在启动和就位阶段应控制在0.5~0.6 m/min,中间阶段应控制在0.8~1.0 m/min。

(7) 合龙后扣索应对称、均衡、分级拆除,拆除过程中应监控拱轴线及扣索内力。

竖转法施工应符合下列规定。

(1) 扣索应选用钢丝绳或钢绞线,钢丝绳的安全系数不得小于6,钢绞线的安全系数不得小于2,锚碇的抗拔、抗滑安全系数不得小于2。

(2) 索塔的偏载、荷载变化和风力等不得超出设计要求。

(3) 转动铰应转动灵活,接触面应满足局部承压要求;索塔顶端滚轴组鞍座内应无异物;拱上多余约束应解除。

(4) 遇恶劣天气不得进行转体施工。

(5) 转动前应进行试转,竖转速度应控制在0.005~0.01 rad/min。

(6) 转动过程中扣索应同步提升,速度应均匀、可控,并应不间断观测吊塔顶部位移、检测后锚索与扣索的索力差,并应控制在允许范围内。

(7) 拱顶两侧应对称拴扣缆风索,释放索距应与扣索提升同步。

吊杆(索)、系杆施工应搭设稳定、安全的施工平台,张拉应同步、对称。拱上结构应符合下列规定。

(1) 缆索吊装或斜拉扣挂系统应符合《公路桥涵施工技术规范》(JTG/T F50—2011)第8.12.6条的有关规定。

(2) 拱上结构施工应符合现行《公路桥涵施工技术规范》(JTG/T F50—2011)的有关规定。

十三、桥面及附属工程

桥面系施工前,上下行桥之间空隙处应满布安全网。反开槽安装的伸缩装置槽口应临时铺设钢板或砂袋,并应在开槽处设置警示标志。桥面垃圾、弃渣等应集中收集后运往指定地点,不得直接抛往桥下。混凝土防撞护栏的施工应符合下列规定。

(1) 装配式梁式桥防撞护栏施工前,边梁应与中梁连接牢固。

(2) 单柱墩桥梁防撞护栏应两侧对称施工。

十四、涵洞与通道

顶进法施工涵洞或通道桥涵应编制专项施工方案。涵洞基坑和顶进工作坑开挖应符合《公路桥涵施工技术规范》(JTG/T F50—2011)有关规定。现场浇筑涵洞或通道桥涵时,支架、模板应安装牢固,应符合《公路桥涵施工技术规范》(JTG/T F50—2011)有关规定。顶进前应编制公路中断和抢修预案,并应配备抢修人员和物资。雨季不宜顶进作业,无法避开时,应采取防洪、排水措施。顶进作业时,地下水位应降至涵洞或通道桥涵基础底面 1 m 以下,且降水作业应控制土体沉降。顶进前,应注浆加固易坍塌土体,并应通过现场试验确定注浆参数,注浆时土体不得隆起。传力柱支承面应密贴,方向应与顶力轴线一致。宜 4~8 m 加一道横梁,应采用填土压重等防止传力柱崩出伤人的措施,传力柱上方不得站人。顶进时应安排专人密切观察传力柱的变化,有拱起、弯曲等变形时,应立即停止顶进,进行调整。顶入路基后,宜连续顶进。顶进挖土时,应派专人监护。发现异常情况时,作业人员及机械应立即撤离危险区域,并应视情况采取交通安全保障措施。顶进挖土作业应坚持"勤挖快顶"的原则。不得掏洞取土、逆坡挖土。顶进暂停期内不得挖土。挖土机械不得碰撞加固设施和桥涵主体结构。人工清理开挖工作面时,挖土机械应退出开挖面。支点桩不得爆破拆除。

任务 6 特殊季节与特殊环境施工

一、一般规定

应根据施工所在地季节性变化规律、施工环境,结合施工特点,制订特殊季节、特殊环境防范措施,编制应急预案,并应储备应急物资、定期演练。应及时收集当地气象、水文等信息,并根据情况及时采取防范措施。

二、冬季施工

冬季来临前,应检修、保养使用的船机、设备、机具及防护、消防、救生设施,并应采取防冻措施。冬季施工现场的道路、工作平台、斜坡道、脚手板船舶甲板等均应采取防滑措施、及时清除冰雪。冬季施工现场应配备消防设施。办公、生活区严禁使用电炉、碘钨灯等取暖,煤炭炉取暖必须采取防火、防一氧化碳中毒的措施。雪天或滑道、电缆结冰的现场外用电梯应停用,梯笼应置于底层。冬季进行高处作业应采取可靠的防滑、防寒和防冻措施,并应及时清除水、冰、霜、雪。严禁明火烘烤或开水加热冻结的储气罐、氧气瓶、乙炔瓶、阀门、胶管。封冻河流上施工应制订专项施工方案,机械设备冰上作业应经论证。内河凌汛期,水上在建的建(构)统物和工程船舶等应采取防撞措施,现场上游应布设破冰防线。

三、雨季施工

雨季来临前,应检查、修复或完善现场避雷装置、接地装置、排水设施,围堰、堤坝等应采取加固和防坍塌措施,易冲刷部位应采取防冲或导流措施。现场的脚手架、跳板、桥梁、墩台等作业面应采取防滑措施。大风、大雨后,应检查支架、脚手架、起重设备、临时房屋等设施的基础。雷雨天气,不得从事露天作业。

四、夜间施工

夜间施工时,作业场所或工程船舶应设置照明设备,照度应满足施工要求。光束不得直接照射工程船舶、机械的操作和指挥人员。夜间施工时,作业现场的预留孔洞、上下道口及沟槽等危险部位应设置夜间警示标志和警示灯。

五、高温施工

作业时间应避开高温时段。必须在高温条件下的施工作业,应采取防暑降温措施。施工现场的易燃易爆物品应采取防晒措施。

六、台风季节施工

在建工程、施工机械设备、临时设施、生活和办公用房应做防风加固,排水沟渠应通畅。应落实船舶避风锚地、拖轮和人员的转移地点。

七、汛期施工

易发生洪水、泥石流、滑坡等灾害的施工现场应加强观测、预警,发现危险预兆应及时撤离作业人员和施工机械设备。库区及下游受排洪影响地区施工作业应及时掌握水位变化情况。

八、能见度不良施工

能见度不良的施工现场不宜施工作业。能见度不良时,水上作业场地应按规定启用声响警示设备和红光信号灯。船舶雾航必须按《1972年国际海上避碰规则》和《中华人民共和国内河避碰规则》的有关规定执行。停航通告发布后,必须停止航行。航行中突遇浓雾应立即减速、测定船位,继续航行应符合相关规定。

九、沙漠地区施工

风沙地区的临时生产、生活设施应满足防风、防沙要求,驻地附近应设置高于 15 m 的红色信号旗和信号灯。通行车辆技术性能应满足沙漠运行要求,司操人员应接受相应培训。外出作业每组不得少于 3 人,并应配备通信设备。大风来临前,机械设备应按迎风面最小正对风向放置,高耸机械应采取固定、防风措施。

十、高海拔地区施工

海拔 3 000 m 以上地区施工作业应严格执行高海拔地区有关规定,制定相应规章制度,并应采取有效保障措施。应设立医疗机构和氧疗室,现场应配备供氧器。生活区、料库(场)、设备存放场应避开热融可能滑坍的冰锥、冻胀丘、高含冰量的冻土和湖塘等不良地段。高海拔地区施工驻地周边沼泽地带应设置警示标志。高海拔地区工作的人员应严格体检,不适合人员不得从事高海拔地区作业。海拔 4 000 米及以上地区野外作业每天不宜超过 6 h,隧道内作业每天不宜超过 4 h。

任务 7　工程安全隐患和安全事故处理

一、工程安全隐患及处理

1. 安全隐患的概念

隐患,是指未被事先识别或未被采取必要防护措施的可能导致安全事故的危险源或不利环境因素；或是指具有潜在的对人身健康安全构成危害，造成财产损失或兼具这些的起源或情况。工程施工安全隐患是在安全检查及数据分析过程中发现的上述起源或情况。强调对工程安全事故隐患的处理，是为了对安全事故进行预防，避免安全事故的发生。隐患处理应根据隐患的严重程度以及隐患的应急程度，分别采用与其相适应的处理手段和处理方法。

2. 安全事故隐患的分级

安全事故隐患包括物和环境的不安全状态、人的不安全行为和管理上的缺陷。按照可能造成的人员死伤后果，安全事故隐患分级如表 6-3 所示。各地应根据本地实际，细化评价指标，使分级更加准确。

表 6-3 工程安全隐患分级

隐患等级	分级判据（可能造成的死伤人数）	隐患等级	分级判据（可能造成的死伤人数）
特别重大隐患	30 人（含 30 人）以上	较大隐患	3～9 人
重大隐患	10～29 人	一般隐患	2 人以下

3. 安全事故隐患的处理方法

1）一般安全隐患

监理工程师对一般安全隐患不能因轻视而麻痹大意，对一般安全隐患的处理，更不能随之任之。监理工程师对一般安全隐患可口头指出或签发安全工作指令，要求承包单位采取加强安全管理和教育或限时整改的方法进行处理，预防问题扩大或加深。

2）严重安全隐患

对严重安全隐患可采用下列处理方法。

（1）由总监理工程师或专业监理工程师召开有承包单位项目负责人、项目安全负责人、专职安全员参加的现场监理会议，要求承包单位及时采取有效措施，消除安全隐患。

（2）监理工程师签发安全工作指令要求承包单位限时整改、复查、消项。

（3）必要时监理工程师签发工程暂时停工指令，要求承包单位进行整改，整改完成后再恢复施工。监理工程师发出严重安全隐患治理要求后，施工单位应立即进行调查，分析原因，制订纠正和预防措施，形成处理方案，并报监理工程师。项目经理应组织项目经理部相关管理人员对处理方案进行认真深入分析，特别是对安全事故隐患原因进行分析，找出安全事故隐患的真正起源点。必要时，项目经理可请工程监理单位、设计单位、分包单位、供应单位和建设单位各方共同参加分析。安全隐患处理完毕，施工单位应组织人员检查验收，写出安全隐患处理报告并存档，同时报监理工程师。

控制事故隐患是安全监理的目的，对系统危险的辨别预测、分析评价的危险控制技术，分宏观控制技术和微观控制技术两大类。宏观控制技术以整个工程项目为对象，对危险进行控制。采用的手段有法制手段（政策、法令、规章）、经济手段（奖、惩、罚）和教育手段（入场安全教育、特殊工种教育），安全监理则以法律和教育为主。微观控制技术以具体的危险源为控制对象，以系统工程为原理，对危险进行控制。所采用的手段主要是工程技术措施和管理措施，安全监理则以管理措施为主，加强有关的安全检查和技术方案审核工作。

安全监理随着监理对象不同,方法措施也完全不同,应做到宏观控制与微观控制互相依存、缺一不可。通过利用危险控制技术,做到预知危险、杜绝危险,把安全事故发生的概率降到最低,为安全施工保驾护航。

监理工程师发出安全隐患治理要求后,如果施工单位整改不力或拒绝整改,当情况不紧急时,监理工程师应再次通过某种形式要求施工单位整改以消除安全隐患,或签发停工指令要求施工单位暂时停工以消除安全隐患,或向安全行政管理部门书面报告。当情况紧急,施工单位又拒绝整改或停工,随时可能发生安全事故时,监理工程师应直接向建设行政管理部门或安全行政管理部门电话报告,请求行政部门出面干预,以达到消除事故的目的,事后再通过书面形式报告。

二、工程安全事故及处理

1. 工程安全事故的概念

工程安全事故,是指在列入国家或地方基本建设计划的基础设施新建、改建、扩建、拆除和加固活动中发生的生产安全事故。

2. 工程安全事故的等级标准

事故按照死亡失踪人数、涉险人数、重伤(或急性中毒)人数、经济损失等因素,一般分为四级,即特别重大(Ⅰ级)、重大(Ⅱ级)、较大(Ⅲ级)和一般(Ⅳ级),如表 6-4 所示。只要达到其中一项,就是相应等级的工程安全事故。

表 6-4 工程安全事故分级

事故级别	死亡失踪人数	涉险人数	重伤(或急性中毒)人数	经济损失/万元
特别重大(Ⅰ级)	30 人及以上	30 人及以上	100 人及以上	10 000 及以上
重大(Ⅱ级)	10~29 人	10~29 人	50~99 人	5 000~10 000
较大(Ⅲ级)	3~9 人	3~9 人	10~49 人	1 000~5 000
一般(Ⅳ级)	1~2 人	1~2 人	1~9 人	1 000 以下

3. 工程安全事故处理的依据

1) 安全事故的实况资料

安全事故的实况资料主要包括安全事故发生的时间、地点,安全事故状况的描述,安全事故发展变化的情况,有关安全事故的观测记录、事故现场状态的照片和录像。

2) 有关合同及合同文件

有关合同及合同文件主要包括工程承包合同,设计委托合同,设备、器材与材料供应合同,设备租赁合同,分包合同,监理合同等。有关合同和合同文件在处理安全事故中的作用是,确定在施工过程中有关各方是否按照合同有关条款实施其活动,借以探寻发生事故的可能原因。

3) 有关的技术文件和施工技术、资料档案

(1) 有关的设计技术文件。施工图纸和技术说明等设计文件是工程施工的重要依据。

(2) 有关的施工技术、资料档案主要包括:施工组织设计、施工计划、工程施工安全技术措施;安全技术交底、施工记录、施工日志等;有关建筑材料、施工机具及设备等的质量证明材料;有关安全物资质量的证明材料等。

4) 相关的建设工程法律法规和标准规范

相关的建设工程法律法规和标准规范主要包括建设市场管理的法律法规,施工现场管理的法律法规,建筑业资质、安全生产许可证和从业人员资格管理的法律法规,工程强制性技术标准和规范。

4. 工程安全事故处理的程序

监理工程师应熟悉各级政府建设行政主管部门处理工程质量安全事故的基本程序,特别是应把握在质量安全事故处理过程中如何履行自己的职责。工程质量安全事故发生后,监理工程师可按以下程序进行处理。

(1) 工程质量安全事故发生后,总监理工程师应签发工程暂停令,并要求施工单位采取必要的措施,防止事故扩大并保护好现场。同时,要求质量安全事故发生单位迅速按类别和等级向相应的主管部门上报,并于24小时内提供书面报告。

(2) 监理工程师在事故调查组展开工作后,应积极协助,客观地提供相应证据,若监理方无责任,监理工程师可应邀参加调查组,参与事故调查;若监理方有责任,监理工程师应予以回避,但要配合调查组工作。

(3) 当监理工程师接到质量安全事故调查组提出的技术处理意见后,责成相关单位完成技术处理方案,并予以审核签认。技术处理方案的制订,应征求建设单位和原设计单位的意见。

(4) 监理工程师应要求施工单位根据技术处理方案制订详细的施工方案设计,并对安全事故技术处理过程进行监理,对处理过程中的关键部位和关键工序进行旁站,并会同设计、建设等有关单位共同检查认可。

(5) 安全事故处理完工后,监理工程师应组织有关各方进行检查验收,必要时应对处理结果进行鉴定,要求事故单位整理编写安全事故处理报告,并审核签认,将有关技术资料归档。

1. 安全监理的依据有哪些?
2. 简述施工安全监理的工作原则。
3. 如何进行驻地和场站建设?
4. 施工便道在安全上有什么要求?
5. 施工临时用电在安全上有什么要求?
6. 施工机械设备在安全上有什么要求?
7. 弃方除应符合现行《公路路基施工技术规范》(JTG F10—2006)的有关规定外,还有哪

些要求?

8. 路堑开挖有哪些安全方面的考虑?
9. 高填方路堤施工有哪些安全方面的考虑?
10. 砌筑施工有哪些安全方面的考虑?
11. 人工开挖支挡抗滑桩施工有哪些安全方面的考虑?
12. 挡土墙施工除应符合现行《公路路基施工技术规范》(JTG F10—2006)的有关规定外,还有哪些安全方面的考虑?
13. 软基处理中强夯施工有哪些安全方面的考虑?
14. 基层与底基层施工过程中碾压作业有哪些安全方面的考虑?
15. 在路面施工过程中,封层、透层、黏层施工有哪些安全方面的考虑?
16. 沥青混合料拌和作业除应符合规范规定外,还有哪些安全方面的考虑?
17. 预应力张拉机具设备应按规定校验、标定,张拉作业还有哪些安全方面的考虑?
18. 钻(挖)孔灌注桩施工作业有哪些安全方面的考虑?
19. 沉入桩施工作业有哪些安全方面的考虑?
20. 沉井施工作业有哪些安全方面的考虑?
21. 地下连续墙施工作业有哪些安全方面的考虑?
22. 钢板(管)桩围堰施工除应符合规范的有关规定外,还有哪些安全方面的考虑?
23. 明挖地基开挖和降水施工安全方面有哪些要求?
24. 现浇墩、台身、盖梁施工除应符合现行《公路桥涵施工技术规范》(JTG/T F50—2011)的有关规定外,还有哪些安全方面的要求?
25. 简述砌体工程的施工安全要求。
26. 简述移动模架的施工安全要求。
27. 简述装配式桥的施工安全要求。
28. 简述悬臂浇筑的施工安全要求。
29. 拱桥施工涉及高空作业,安全防护设施均应符合规范有关规定,其中拱架浇(砌)筑拱圈有哪些施工安全要求?
30. 悬臂浇筑混凝土拱圈有哪些安全方面的考虑?
31. 斜拉扣挂法悬拼拱肋施工有哪些安全方面的考虑?
32. 转体施工有哪些安全方面考虑?
33. 简述顶进法施工涵洞与通道安全要点。
34. 简述特殊季节与特殊环境施工安全要点。
35. 安全事故隐患应如何分级?
36. 简述安全事故应急处理的方法。
37. 简述工程安全事故处理的依据。
38. 简述工程安全事故处理的程序。

项目 7

公路工程施工环境保护监理

学习目标

1. 知识目标

(1) 熟悉环境保护监理的任务、依据。
(2) 熟悉路基工程、路面工程、桥涵工程环境保护的基本要求和环境监理要点。

2. 能力目标

(1) 在环境监理过程中能熟练应用环境监理的依据。
(2) 在实际的路基工程、路面工程、桥涵工程中能根据环境保护基本要求进行环境监理。

任务 1　公路工程施工环境保护概述

一、施工环境保护监理的概念与任务

施工环境保护监理,是指具有相应资质的监理单位受建设单位的委托,依法承担其建设项目施工期间的环境保护监督管理工作,代表业主对承包人在施工活动中污染防治和生态保护与恢复等情况进行监督管理,确保各项环保措施落实的专业化服务活动。

施工环境保护监理的任务一般可分为环境达标监理和环保工程监理两类。其中,环境达标监理的主要任务是对工程建设过程中,污染环境、破坏生态的行为进行监督管理,防止或减少施工过程污染物排放和生态破坏,实现污染物达标排放或符合生态保护要求,如噪声、废气、污水、固体废物等污染物排放达标,以及水土流失、生态恢复、自然保护区、水源区和风景名胜区保护等符合要求。环保工程监理的主要任务是对工程的环保配套设施进行施工监理,落实项目环境影响评价文件中的环保设施要求,确保"三同时"的实施,如临时用地复垦、水土保持、景观绿化等生态工程、路桥面雨水径流收集、服务区污水处理、声屏障、消烟除尘设施等。

二、施工环境保护监理的依据

根据中华人民共和国交通运输部下发的《关于开展交通工程环境监理工作的通知》(交环发[2004]314号)和《关于在公路水运工程建设监理中增加施工安全监理和施工环保监理内容的通知》(交质监发[2007]158号),明确了施工环境保护监理工作已成为公路水运工程监理工作内容的重要组成部分,并纳入工程监理管理体系,因此环境保护监理的强制性由施工监理的有关规定来保障。环境保护监理的主要依据如下。

1. 国家有关的法律、法规

《中华人民共和国宪法》已经明确了每个公民的环保义务,如第九条第二款"国家保障自然资源的合理利用,保护珍贵的动物和植物。禁止任何组织或者个人用任何手段侵占或者破坏自然资源。"其他的国家有关法律、法规还包括《中华人民共和国环境保护法》、《中华人民共和国水土保持法》、《中华人民共和国水污染防治法》、《中华人民共和国环境噪声污染防治法》、《中华人民共和国环境影响评价法》等,都有环境保护的明确条款。

2. 国家有关的条例、办法、规定等

在国家有关环保法律法规的基础上,中华人民共和国交通运输部先后制定了《交通部环境监测工作条例实施细则》、《交通行业环境保护管理规定》、《交通建设项目环境保护管理办法》、

《关于开展交通工程环境监理工作的通知》等。

3. 地方性法规、文件

迄今为止有十几个省(市、自治区)颁布了地方环境保护法规,对国家环境保护法律法规进行了补充和完善,具有较强的针对性和可操作性,它们同样是施工环境保护监理的依据。

4. 国家环境标准

国家环境标准中的环境质量标准和污染物排放等标准为强制性标准。

5. 公路水运工程的国家标准、规范

根据中华人民共和国交通运输部出台的《关于在公路水运工程建设监理中增加施工安全监理和施工环保监理内容的通知》要求,自2007年7月1日起,安全监理和环保监理工作已纳入监理规范。常用的国家标准和规范包括:《公路工程施工监理规范》(JTG G10—2016)、《公路路基施工技术规范》(JTG F10—2006)、《公路环境保护设计规范》(JTG B04—2010)、《公路建设项目环境影响评价规范》(JTG B03—2006)等都编制了专门条款规定了环境保护工作内容。

6. 环境影响评价和水土保持报告及批复、环境行动计划等

建设项目的环境影响评价和水土保持报告及批复,是施工环境保护监理工作重要的依据之一。此外,《地质灾害危险性评估报告》《地震安全性评价报告》等也是环境保护监理工作的重要依据。

7. 工程设计文件

公路建设的设计阶段,往往已经考虑了一些重大的环境保护问题,并在设计文件中有所反映,如水土保持措施、绿化等,可以作为环境保护监理工作的依据。

8. 监理合同、施工合同以及有关补充协议

建设单位委托开展施工过程环境保护监理的合同,以及有关的补充协议,都明确规定了环境保护监理单位的权利、责任和义务,是监理单位开展工作的直接依据。

9. 施工过程的会议纪要、文件

在施工过程中,根据实际情况形成的有关环保问题的会议纪要、有关文件,可以作为环境保护监理的依据。

三、公路施工期对环境的影响因素

环境保护已列入我国的基本国策之中。环境保护涉及范围广,根据可持续发展的理论,项目地区环境因素包括自然环境、生态环境、社会环境和人民生活环境。公路施工期对环境的影响因素主要有以下几点。

(1) 对生态环境的主要影响因素有：水土流失、植被破坏等。

(2) 对声环境的主要影响因素有：夜间施工机械噪声等。

(3) 对水环境的主要影响因素有：挖泥、取砂、材料冲洗引起水质混浊；施工机械的含油污水及油料泄漏造成油污染；施工人员的生活污水、垃圾直接排入水体；沥青、油料、化学品等因保管不善造成其进入水体等。

(4) 对大气环境的主要影响因素有：灰土拌和、扬尘、沥青烟、废气等。

(5) 对社会经济的主要影响因素有：临时占地及施工作业对周边农田的损坏，施工对沿线河道、人工渠道的干扰；加重地区道路的负荷等。

公路施工监理过程中，应着重检查、控制施工对生态环境、水环境、大气环境的影响。

任务 2 路基工程环境保护监理

一、路基工程环境保护基本要求

1. 场地治理

(1) 公路用地及借土场范围以内的所有垃圾和非适用材料均应清除并移运到适宜的地方妥善处理。

(2) 清除的表层腐殖熟土应集中堆放，以备工程后期用于绿化，或用于弃土、渣场复土还耕等。

2. 防水、排水

(1) 临时排水设施应与永久性排水设施相结合，污水不得排入农田、耕地及污染自然水源，也不得引起淤积和冲刷。

(2) 在施工过程中，不论何种原因，在没有得到有关管理部门的书面同意的情况下，各类施工活动不应干扰河流、水道或现有灌渠或排水系统的自然流动。

(3) 在路基和排水工程（如涵洞、倒虹吸等）施工期间，应为邻近的土地所有者提供灌溉与排水和临时管道。

3. 路基挖方

(1) 路基挖方施工和开挖方法应考虑对地下历史文物、自然保护区的保护措施，同时不得对邻近的设施及其正常使用产生破坏及干扰。

(2) 挖方施工中产生的弃方不得弃入或侵占可耕地、农田灌溉渠道、河道、现场通车道路等场所，必须运至指定的弃方场。

(3)弃土的堆放应整齐、美观、稳定,必要时坡脚应予以加固处理,并且保持排水通畅。

4. 路基填方

(1)在取土和运输过程中不得损坏自然环境。

(2)借土结束或借土场废弃时,应对借土场地面进行修整和清理,在条件许可时最好在地表覆盖熟土还耕。

(3)粉煤灰路堤施工中,粉煤灰的运输和堆放应呈潮湿状态,运输车辆周边密闭,顶面加盖,以防粉灰沿路撒落飞扬而污染环境。同时,在施工路堤两侧应有良好的排水设施和防雨冲刷的措施,以防粉煤灰遭雨水冲刷流失而污染附近水源和农田等。

二、路基工程环境保护要点

路基施工应做好临时排水,并与永久性排水系统相结合,避免积水及冲刷边坡,取土场、弃土场应做好水土保持工作,施工产生的振动、噪声、扬尘应减小到最低限度。

1. 地表清理及结构物拆除环保要点

开挖施工中表层土保护是一个重点环境保护问题,表层土流失除引起水土流失外,也可能引发一系列生态平衡失调,如植被丢失、景观破坏等。地表清理将对沿线植被及动物栖息地造成永久性破坏;易造成土壤结构的破坏和肥力的下降。地表清理及结构物拆除潜在的环境影响见表7-1。

表7-1 地表清理及结构物拆除潜在的环境影响

序 号	活 动 内 容	潜 在 影 响
1	清除草丛、树林等植被	①生态破坏;②水土流失
2	清淤	水土流失
3	结构物拆除	①扬尘;②噪声;③损害景观
4	场地积水处理	①水污染;②传播病媒
5	废弃物处理	①废弃物流失;②传播病媒

(1)在清除表层淤泥、杂草前,应明确清理对象和范围,不应仅考虑方便施工而任意破坏沿线两侧的植被。对于古树名木等有保存价值的植物,应事先联系当地林业部门,采取移植等异地保护的方法加以保护。树根挖除深度以正好挖出为宜。清除物中的树木、农作物、杂草,除部分可作为肥料外,应尽快运至经审批的水土保持方案所确定的弃渣场,不得随意丢弃。对于挖出的表土,应在施工区域附近选择地形平坦的地点集中堆置,可用于将来沿线绿化和地表恢复,堆置期间应有防雨设施覆盖,以防止雨水冲刷和水土流失,并设置相应的排水系统。不用于本地恢复的,可直接覆盖至可供耕作的其他地面。

(2)路基用地范围内的旧桥梁、旧涵洞、旧路面和其他障碍物的拆除:若周围30 m范围内有居民点的,在拆除时,宜整体大部件吊装移除,减少粉尘排放,并且在拆除前应对被拆除体充分洒水,保持湿润并对正常排水进行妥善安排,拆除的废弃物应及时清运,以防造成二次污染。

2. 路基开挖环保要点

路基开挖潜在的环境影响见表 7-2。

表 7-2 路基开挖潜在的环境影响

序 号	活 动 内 容	潜 在 影 响
1	土石方开挖	①生态破坏;②水土流失;③噪声;④扬尘;⑤损害景观
2	挖掘机、装载机等作业	①噪声;②漏油;③扬尘;④有害气体
3	土石方运输	①沿路撒落;②随意丢弃
4	运输车辆	①噪声;②尾气;③扬尘

路基开挖对沿线植被及动物栖息地将造成永久性的破坏。此外,土壤的剥离与开挖容易造成土壤结构的破坏和肥力的下降。

1)土石方开挖

(1)将开挖范围严格控制在施工范围内,不应仅考虑方便施工而且应注意不任意破坏施工范围之外的植被土壤。应注意对图纸未示出的地下管道、光缆、文物古迹和其他结构物进行保护。

(2)路基开挖,应有相应的土石方调配方案,尽可能利用。开挖应自上而下进行,不得乱挖和超挖。若发现实际与设计勘探的地质资料不符时,特别是土质较设计松散时,应修改施工方案及挖方边坡,保证坡面稳定。施工过程中如修建平台后边坡仍然不能稳定或大雨后立即坍塌时,应考虑修建石砌护坡,在边坡上植草皮或做挡土墙。在雨水充沛地区,应及时设置排水沟及截水沟,避免产生边坡崩塌、滑坡。剥离表层土予以保护和利用,若不用于本地恢复的,应在施工区域附近集中堆置,并设置相应的防雨和排水设施。

(3)对于施工取土,需做到边开采、边平整、边绿化,同时要做到计划取土,及时还耕。对公路两侧取土,要做好规划,需有利于荒地改造。南方地区可与修建养鱼、虾池有计划地结合起来,并与路基保持一定的距离,杜绝随意取土,禁止在河渠、沟堤取土。

(4)挖、填方工程量过大的路段应避免雨季施工,尽可能安排在 11 月至来年 4 月期间,避免雨季施工带来的严重水土流失。如果不能避开雨季施工,应尽量减少施工面坡度,并做到填料的随取、随运、随铺、随压,以减少雨水冲刷侵蚀。

(5)开挖回填时应做好临时排水系统,雨季来临前将开挖回填、弃方的边坡处理完毕。

(6)在有雨水地面径流汇集处开挖路基时,以及在临时土堆周围、还有其他容易产生水土流失的地段,应设置沉淀池,其作用是雨水流经时流速减慢使泥沙下沉,防止水土流失。泥土沉淀池沿路线长度视需要确定,沉淀池可用挖掘机在路基旁开挖出 0.5~1 m 深、20~30 m 的凹地,并在沉淀池的出水一侧设置土工布围栏,使泥沙再次受到拦截。当路基建成、排水涵管铺设完毕后,可推平沉淀池。

2)弃方的处理

(1)在有弃方的路段开工前,在施工组织设计中应明确弃方数量、调运方案、弃方位置及堆放形式、坡脚加固处理、排水系统的布置等相关安排。弃土堆应堆置整齐、稳定,排水畅通,避免对周围的建筑物、排水及其他任何设施产生干扰和破坏,避免造成环境污染。

(2) 开挖中挖出的未被利用的剩余材料、清理场地的杂物和废料,以及不适合做路堤填料的材料,不得任意废弃,都应运送至图纸所示的地点(弃渣场)堆放。沿溪及沿山坡和图纸规定不能横向弃置废方的开挖路段,必须严格在指定的弃方场弃方。

(3) 弃方运输过程中应有覆盖,并严格按照指定路线行驶,将因运输造成的沿线土壤和植被损失控制在最低限度。运输路线经过住宅区、学校等敏感地区时,注意调整作业时间,避免交通噪声干扰人民生活。

(4) 改河、改渠、改道开挖出的土石方除可利用外,应按弃方妥善处理。

3) 石方爆破

(1) 凡不能采用机械或人工直接开挖的石方,才可采用爆破法开挖,石方爆破作业应查明空中缆线、地下管线的位置,确定爆破作业的危险区域,并采取有效措施防止人、畜、建筑物和其他公共设施受到危害及产生损失。在危险区域的边界应设置标志,建立警戒线,显示爆破时间的警戒信号,在危险的入口或附近应设置标志,并派人看守,严禁人员在爆破时进入危险区。在风景名胜等受保护区域附近进行爆破作业时,应先进行爆破效果分析,包括飞石、地震波的影响范围,采取减震等保护措施,以免破坏保护对象。如果采用减弱松动爆破都无法保证安全时,可采用人工开凿、化学爆破或控制爆破等方法。

(2) 石方开挖,应充分重视挖方边坡的稳定。在地形、地质及开挖断面适合时,应采取预裂、光面爆破技术开挖边坡,减少对山体的扰动,保持边坡稳定。石方爆破作业应以小型及松动爆破技术为主,减小爆破震动的影响。路堑开挖前先挖截水沟,挖至设计高程后及时砌筑护坡、排水沟、急流槽等设施,并保证工程质量,防止坡面崩塌造成的不必要的水土流失。

(3) 需要爆破时,如果附近有村庄,应尽可能以挖掘代替爆破,以多点少药代替大剂量炸药爆破,采用延时爆破技术等手段降低噪声和震动。夜间禁止开山爆破。敏感点及文物保护单位附近禁止开山放炮,确需放炮作业的,应先检查被保护建筑是否属于危房,适当加固,并进行阻挡和防护,防止飞石,并减小震动对建筑物的影响。

(4) 在山地或森林等野生动物分布较为集中的区域,爆破前宜采用人工手段对爆破区内可能存在的野生动物进行驱赶,避免其因爆破造成意外死亡。

(5) 开山施工应特别注意避免对特殊地貌景观的破坏以及避免引发泥石流等地质灾害。

4) 边坡修整

(1) 边坡开挖后出露的块石及植物根系应尽量予以保留,以减少开挖面土壤的散落,开挖面的坡度应严格按照设计图纸设置,以免造成坍塌或加剧水土流失。

(2) 合理安排各工序的施工时间和程序,分段施工,尽量减少工作面。在土方工程完成后,立即开始护坡、挡土墙、路基边坡草地、铺砌排水沟等工程。完成一段后再开始下一段工程。

(3) 及时开始边坡的护坡工程和绿化植草,使土木工程和生物工程相结合。这种综合治理的成功办法,可以有效地防止路堑边坡滑塌造成的水土流失,按照设计和规范要求控制好坡度。

(4) 拟设挡土墙的路堑,为及时防护,可采取纵向分段挖掘法,以便同时分段修筑挡土墙。

(5) 拟设防护工程的边坡,当防护工程不能紧跟开挖施工时,应暂时留下一定厚度的保护层或放缓坡度,待防护工程施工时再刷坡挖足。

(6) 在雨水充沛地区,及时设置排水沟及截水沟,避免产生边坡崩塌、滑坡等情况。

5）噪声控制

该阶段施工场界噪声限值为昼间 75 dB，夜间 55 dB。

3. 路堤填筑环保要点

路堤填筑潜在环境影响见表 7-3。

表 7-3　路堤填筑潜在环境影响

序　号	活　动　内　容	潜　在　影　响
1	借方作业	①噪声；②漏油；③扬尘；④有害气体
2	土石方运输	①沿路撒落；②随意丢弃
3	运输车辆	①噪声；②尾气；③扬尘
4	压路机、夯实机械等	①噪声；②漏油；③有害气体
5	履带式设备行驶	对道路场地破坏
6	施工设备、车辆等维修保养	①机油洒弃；②零配件丢弃；③包装物丢弃
7	土工格栅等铺设	边料丢弃

路堤填筑应采取有效的环保措施来防止水土流失、边坡冲刷，确保路基稳定。施工机械引起的振动、噪声、扬尘，应符合合同中规定的相关要求，在学校、疗养院、居住区等敏感点附近，夜间应停止作业，若确需连续作业，应报环保部门批准，并公告公民。

（1）路基施工中，应保持通行道路的湿度，避免过往车辆卷起扬尘，污染周边空气环境。应严防施工机械跑、滴、漏油，以避免对土壤和水环境造成污染。运料车辆应加盖篷布，按照指定路线行驶，在已建成通行的道路上行驶，应保持原有道路整洁畅通。

（2）填方工程量过大的路段应避开雨季施工，避免雨季施工带来的严重水土流失。在雨季来临之前安排将开挖回填土方的边坡的排水设施处理好，并防止路基施工中发生污染农田事件。如果不能避开雨季施工，应尽量减少施工面坡度，并做到施工用料的随取、随运、随铺、随压，以减少雨水冲刷侵蚀。

（3）雨季施工时，应及时掌握气象预报资料，以便按降雨时间和特点实施雨前填铺的松土压实等防护措施，以减少水土流失。路堤填土后应立即平整顶面并压密实，保证适当的排水横坡，边坡铺砌前应挖设临时急流槽并用塑料布铺底，雨季时用沙袋或草席压住坡面进行暂时防护，防止护坡面的水土流失。

（4）山区公路路基施工要先做初步挡护再进行开挖或填土，防止土、石进入河流或谷地影响水质和泄洪。

（5）借方土料场使用前，应将表土剥离开并集中堆置，配以防雨排水设施（同挖方的表土处置）。

（6）填筑路基时，应分层碾压并检查压实度，要求填土层压实度达到要求后方能允许填筑上一层填土，只有分层控制填土的压实度，才能保证控制水土流失量。对填石路段，应采用冲击式压实机械，还应防止强烈振动对周边结构物产生的危害。

（7）粉煤灰路堤施工中，粉煤灰的运输和堆放应呈潮湿状态，运输车辆周边密闭，顶面加盖，以防粉煤灰沿路撒落飞扬而污染环境。同时在施工路堤两侧应有良好的排水设施和防雨水冲刷的措施,以防粉煤灰污染附近水源和农田等。半填半挖交界处或采用加筋挡墙的地段,当采用土工合成材料加筋时,边角料应回收,不得随意丢弃。

(8) 对成形路段适时洒水,减轻扬尘污染。临时坡面应做集中排水槽;暴露面应及时压实、及时洒水,注重水土保持工作,并控制扬尘污染。

(9) 运输路线经过住宅区、学校等敏感地区时,注意调整作业时间,避免交通噪声干扰人们生活。

(10) 该阶段施工场景噪声限值为昼间 75 dB,夜间 55 dB。

三、路基工程环境保护监理要点

(1) 在路基开工时,监理工程师应审批承包人编制的施工方案,对其环保措施提出审查意见,对特殊区域的路基工程,监理工程师应及时提醒承包人注意可能出现的环保问题。

(2) 监理工程师应根据工程情况,确定本阶段施工环境保护监理的巡视、旁站计划,对承包人环保措施的执行效果进行检查。

(3) 挖除地表土,并将地表土搬运到经监理工程师同意的储料堆。

(4) 地表清理遇到古树名木或珍稀植物,采取移植等异地保护措施时,监理工程师应审查其移植方案,并对移植过程采取全过程旁站监理。

(5) 监理工程师应严格控制路基开挖,在用地范围内分段进行,同时配合挡土墙、边坡防护的修筑。

(6) 弃土弃渣的堆放地点应事先经监理工程师同意,监理工程师应督促承包人在堆放地点预先采取排水和挡土措施,防止水土流失或对水源和灌溉渠道造成污染和淤塞。

(7) 对施工过程中不符合环保要求的行为,监理工程师可以发出监理指令,责令改正。

(8) 施工过程中监理工程师应关注扬尘、噪声、废水、石油类等环境监测指标,必要时可根据需要进行现场监测。

任务 3 路面工程环境保护监理

一、路面工程环境保护的基本要求

1. 拌和场

(1) 拌和场选址应遵从远离自然村落的原则。

(2) 拌和设备应配装有集尘装置。

2. 路面摊铺

沥青路面和水泥路面摊铺施工过程中剩余废弃料必须及时收集并运到废弃料场集中处理,不得随意抛弃。

二、路面施工环境保护要点

路面拌和场地应硬化处理。沥青路面拌和设备配置除尘装置应保持良好的除尘效果,施工过程中剩余的废弃料必须及时收集到弃料场集中处理,不得随意抛弃。路面施工与路基、桥梁施工之间应合理安排,减少交叉施工引起的环境污染。

1. 路面基层环境保护要点

路面基层潜在的环境影响见表7-4。

表7-4 路面基层潜在的环境影响

序 号	活 动 内 容	潜 在 影 响
1	拌和场场地平整	①植被破坏;②水土流失
2	拌和场搬运、安装	①扬尘;②噪声
3	拌和场运行	①噪声;②水泥、沥青等泄漏污染土壤;③清洗拌锅、皮带等所产生的废水排放;④有害气体
4	混合料运输	沿路撒落
5	场地碎石、砂堆放	扬尘
6	石灰、矿粉	①石灰矿粉撒落污染空气;②土壤污染
7	破碎机、振动筛等	①噪声;②扬尘;③振动
8	各类运输车辆	①噪声;②漏油;③有害气体;④扬尘
9	路面摊铺、压实设备运行	①噪声;②有害气体;③漏油;④扬尘
10	夜间拌和场强光直照	强光

1)混合料拌和与运输

(1)水泥稳定混合料或二灰稳定混合料的拌和应采用厂拌法。

(2)拌和场应配备临时污水汇集设施,对拌和场清洁砂石料的污水应汇集处理后回用,不得直接排到施工现场以外的地方。拌和场所产生的废水,应处治后排放,不得直接排入鱼塘、河流和农田。

(3)装载机和运输车辆的装卸料、运输产生的扬尘,可在现场设置喷水装置洒水,增加洒水频率来控制无组织排放的扬尘,使扬尘减至最低限度。石灰、粉煤灰应有防尘防雨设施,散装水泥出料门应有围护措施,减少扬尘。混合料应由封闭型载货汽车进行装载运输,并严格按照指定路线行驶。运输易引起扬尘时,车辆应备有盖布及类似物进行遮盖。

(4) 运输路线经过住宅区、学校等敏感地区时，注意调整时间，避免交通噪声干扰人们的生活。

2) 初期养护

基层应采用土工布或棉毡进行覆盖养护，减少水分蒸发。养护应控制水量，避免溢出。在养护结束后，覆盖物应定点堆存。在运输和存放过程中，应注意对周边植被和土壤的保护，在存放点应有防雨和排水设施。

3) 噪声控制

该阶段施工场界噪声限值为昼间 70 dB，夜间 55 dB。当敏感区域噪声不能达标时，应采用控制作业时间等措施，保证居民的夜间休息不受打扰。

2. 沥青混凝土路面环境保护要点

沥青路面潜在的环境影响见表 7-5。

表 7-5　沥青路面潜在的环境影响

序号	活动内容	潜在影响
1	沥青拌和场场地平整	①植被破坏；②水土流失
2	沥青拌和场搬运、安装、维修	①扬尘；②噪声
3	沥青拌和场运行	①噪声；②烘干筒热辐射；③废尘、回收粉的排出污染环境；④沥青挥发、泄漏有害气体；⑤油料燃烧排出有害气体；⑥排尘不净污染环境
4	场地碎石、砂堆放	扬尘
5	石灰、矿粉	①石灰、矿粉撒落污染空气；②土壤污染
6	沥青废料	液体废弃物
7	沥青混合料运输	沿路撒落
8	破碎机、振动筛等	①噪声；②扬尘
9	各类运输车辆	①噪声；②扬尘；③有害气体；④漏油
10	夜间拌和场强光直照	强光
11	路面摊铺、压实设备运行	①噪声；②有害气体；③漏油；④扬尘

1) 混合料的拌和

(1) 沥青混凝土拌和场不得设在饮用水源地保护区内。

(2) 要充分考虑沥青烟气的有毒有害性，结合项目《环境影响评价报告书》中关于沥青搅拌场的影响分析和选址意见，在其下风向重点考虑避开人类活动密集区、养殖场及敏感植物类群。

(3) 沥青拌和设备、沥青、导热油、燃油储存罐及连接管道应确保密封，防止泄漏，应配置干砂和足够的灭火器，以保证产生意外时能应急处理。应配置除尘器以及沥青烟气处理装置。设备污染物排放应符合《煤炭工业污染物排放标准》(GB 20426—2006)和《工业炉窑大气污染物排放标准》(GB 9078—1996)中的相关规定(沥青烟尘≤150 mg/m³)。沥青混凝土的采购合同中应明确对供货单位的环保要求。

（4）拌和楼除尘系统每天将产生大量回收粉尘，经试验室试验分析，塑性指数等指标符合沥青路面施工技术规范相关要求时，尽量回收利用，若不能使用时，应制订相应的处理措施，不得随意倾倒。

2）混合料的运输

混合料应按指定路线运输，运输路线经过住宅区、学校等敏感地区时，注意调整作业时间，避免交通噪声干扰居民生活。

3）沥青混合料摊铺和碾压

摊铺和碾压的机械应保证正常使用，噪声控制应执行《建筑施工场界环境噪声排放标准》(GB 12523—2011)。摊铺作业时会产生沥青烟等有害有毒气体，承包人必须为作业人员提供有效的劳动保护用品，以保证施工人员的健康。

4）沥青洒布

（1）沥青洒布时，应确保设备完好，事先应周密计划，尽可能缩短时间，减轻对周围人群及施工人员的健康影响。

（2）位于沥青洒布处置区周边的土壤表面应铺设临时覆盖物加以保护，对于沥青可能溅到的植物，应有临时覆盖物加以包裹或遮挡。撒落的沥青应进行收集并运送至弃渣场。

（3）摊铺施工剩余废弃料必须收集，运到废弃料场集中处理，不得随意抛弃。

5）废弃料

拌和楼调试、使用过程中的废弃料或因不同原因造成的废弃混合料，应及时收集并运送至弃渣场，避免随意弃置污染土壤或破坏植被。

6）噪声控制

该阶段施工场界噪声限值为昼间70 dB，夜间55 dB。

三、路面施工环境保护监理要点

（1）在路面工程开工前，监理工程师应审批施工方案的环保措施，尤其是对沥青拌和场选址方案的审批。要求沥青拌和场布置在远离人群活动的地点，并配置除尘设备。

（2）监理工程师根据工程情况，确定本阶段施工环境保护监理的巡视、旁站计划，对承包人环保措施的执行效果进行复核。

（3）监理工程师应规定沥青拌和料废料的处置方法，并随时对执行情况进行巡检。

（4）监理工程师应特别注意沥青烟气的污染防治，在靠近水源的地区施工时，还应注意水源保护问题。施工中应有重点地对沥青洒布过程进行旁站检查，以防止沥青污染。

（5）对施工过程中不符合环保要求的行为，监理工程师可以发出监理指令，责令改正。

任务 4 桥涵工程环境保护监理

一、桥涵工程环境保护基本要求

(1) 桥梁基础施工钻孔桩必须设置泥浆沉淀池,不得将钻孔泥浆直接排入河水或河道中。
(2) 桥梁基础施工现场材料应堆放整齐有序,废弃的包装等材料应坚持每日清理收集。
(3) 施工现场应设置简易临时厕所,以防止粪便侵入河体污染河水。
(4) 桥梁预制厂必须设置排水系统,防止产生的废水随意溢流,有条件者应回收处理后循环使用。

二、桥涵工程环境保护要点

桥涵工程施工应充分了解设计提供的工程地质资料,根据当地的气候及周边环境,在施工组织设计中制订相关的环境保护措施。桥涵工程潜在环境影响见表 7-6。

表 7-6 桥涵工程潜在环境影响

序号	活动内容	潜在影响
1	基坑开挖	①生态破坏;②污水排放、淤泥堆积、围堰作业等污染环境
2	钻孔机和打桩机作业	①噪声;②漏油;③钻孔作业时排放污水;④桩基对河床的破坏;⑤泥浆外泄对土壤和河道水质的污染
3	打桩机械维修保养和进出场运输	打桩机械维修保养时机油、废油泄漏和粉尘洒落
4	水泥混凝土拌和与浇筑	①水泥浆搅拌和输送噪声;②水泥倾倒、拆袋有扬尘污染;③振捣机振捣噪声;④商品混凝土运输、泵送噪声;⑤振捣机维修滴油、配件丢弃;⑥浇筑时混凝土落于河道污染河水
5	钢筋作业	①装卸搬运噪声、扬尘;②锈蚀产生锈水;③钢筋焊接产生废气和废渣;④焊接产生电火花、电弧光;⑤钢筋切断机、弯曲机使用产生机械噪声;⑥零星废钢筋等的废弃
6	钢模板	①搬运、搭拆噪声;②打磨噪声;③脱模剂(油)污染;④腐蚀产生锈水
7	钻孔平台搭设	使用后的处置
8	机械设备作业与维修	①漏油污染;②废配件丢弃

续表

序号	活动内容	潜在影响
9	各类运输车辆	①噪声;②扬尘;③有害气体;④漏油
10	钢管支架作业	①装卸噪声、扬尘、防锈漆振落;②搬运噪声;③支模架搭拆噪声、扬尘;④钢模钢管扣件遇水腐蚀产生锈水;⑤零星扣件散落
11	工程船舶作业	①船舶生活废物;②抛、起锚的噪声;③主辅机运行时噪声、有害气体;④油料泄漏污染水源

1. 明挖基础

明挖基础施工过程中,应核对地质水文资料,若得知基础地基下有涌泉、流沙、溶洞等地质情况时,承包人应考虑有关防治措施。

1)围堰

围堰施工应考虑流速增大对河床集中冲刷、通航及导流的影响。

(1)明确围堰用的土袋、板桩或套箱的数量,对围堰材料进行编号,保证施工前后数量一致,避免遗留在水体中,阻碍行洪或航运。

(2)施工现场材料应堆放整齐有序。废弃的包装材料应每日清理收集。

(3)施工结束后,废弃的材料应及时运送至弃渣场。

2)基坑开挖

(1)采用先进的施工工艺,如沉井法施工,减少作业面和影响面。

(2)保护地表水体,开挖的工程弃方不能随意丢弃在河流中或岸边,应暂时放在距离水体较远的地带,防止冲刷或塌落进入水体。

(3)基坑开挖出的土壤、泥炭、岩石等,应集中后运送至弃渣场,其中对于湿度较大的泥炭或底泥,应先运至低洼地进行自然吹干,待吹干后再行运输;对于有机质含量较高的底泥和泥炭等,经自然吹干后也可运至需要的单位进行土壤育肥。

(4)旱桥桥墩基础开挖的土石方应集中堆放,周边用临时设施拦阻,桥墩基础浇筑完成后回填。剩余部分可用于附近低洼地的整平,多余材料一律运至弃土(渣)场。

(5)旱桥施工中只允许砍伐墩、台等永久施工部分的植被,桥跨范围的植被不得砍伐、清除,尽可能保留桥跨部分的原生植被,减少桥梁墩、台施工对地表原生植被的破坏。

2. 钻孔灌注桩基础

1)泥浆制作准备

(1)在现场选择或开挖低洼地作为泥浆沉淀池,用于储存将来使用后废弃的泥浆。泥浆池应选在不易外溢的地段。

(2)当现场没有可以利用的低洼地时,应自行挖掘或砌筑泥浆池。

(3)泥浆池周围应设置良好的排水系统,以免雨水过大而造成泥浆外溢破坏当地环境。

2) 钻孔施工

(1) 钻孔桩必须设置泥浆沉淀池,不得将泥浆直接排入河水或河道中,经沉淀后的清水排放,减小悬浮固体的排放量。大型桥梁通常利用钢护筒作为泥浆储备周转,并采用泥浆过滤设备来清除残渣。

(2) 废弃的钻孔泥浆以及其他废弃物,应运至事先准备的沉淀池临时储存,待吹干后,运往弃渣场,不得弃于树道或河滩地,以防抬高河床,淤塞河道。

(3) 在水上钻孔时,一般应采取平台施工。采取围堰或筑岛施工时,应及时对围堰和筑岛进行清理,以免破坏水生环境,影响行洪。

(4) 应对施工机械及船只进行严格检查,防止油料泄漏,严禁将废油、施工垃圾等随意抛入水体。

(5) 挖孔桩施工时,应选择合适的孔壁支护类型。挖孔时,应注意施工安全。挖孔工人必须有安全装备,提取土渣的机具应经常检查,井口围护应离地面 20～30 cm,防止土、石、杂物落入孔内伤人。

3) 混凝土浇筑施工

灌注混凝土时,溢出的泥浆应引流至事先准备的适当地点处理,待吹干后,运往弃渣场,以防止污染环境或堵塞河道和交通。

3. 沉入桩

沉入桩一般用于特大桥梁的水中部分,沉桩施工对环境的影响主要是船只和打桩机械的油料泄漏、废渣处理以及噪声影响。应严格进行机械保养,严禁将废油、施工垃圾等随意抛入水体。

4. 沉井基础

沉井施工前,应对沉井要通过的地面及沉井底面的地质资料进行分析,对河流的洪汛、凌汛、河床冲刷、通航、漂流物等进行调查,制订施工方案。对于未被水淹没的岸滩或位于浅水区的岸滩,可就地整平夯实制作沉井或水中填土筑岛制作沉井,筑岛材料应采用透水性好、易于压实的砂土或碎石,并在临水面形成一定的坡度,使岛体坡面、坡脚不被冲刷。沉井着床后,应随时观测由于沉井下沉的阻力和压缩流水断面引起流速增大而造成的河床局部冲刷。沉井正常下沉出土,应由船运送到指定堆放地点,不得卸至井外占用河道。采用吸泥吹砂等方法下沉时,吸出的泥浆应进行过滤、沉淀,不得直接排入河流中。施工结束后沉井井体应予以拆除。沉井封底混凝土施工的环境保护可参照钻孔灌注桩。

5. 桥梁下部构造

(1) 混凝土浇筑时应做好防护措施,防止混凝土落入周边水体。

(2) 护岸开挖时,应按照设计图纸严格控制开挖界限,不得任意扩大开挖范围,将两栖动物生态环境的受影响范围控制在最低限度。

(3) 桥梁墩台修筑完毕,及时清除围堰等临时工程的堆积物,并将施工中产生的废浆、弃土和废弃物及时运至弃土场,恢复河道畅通。

6. 混凝土搅拌、运输和养护

（1）混凝土的搅拌、运输、振捣、摊铺等作业中防粉尘、防噪声（振动）措施有以下几点：①采用商品混凝土，密罐车运输；②场界设置临时隔声维护；③作业时间避开下风向100 m内人群密集的地段等。

（2）混凝土搅拌车应定点清洗，设置临时沉淀池，清洗水经沉淀处理后方能外排。有条件者，也可采取废水回收处理后循环使用。

（3）混凝土搅拌站不得设在饮用水源地保护区内，搅拌站的排水、混凝土养护水等含有害物质的废水不得排入地表水Ⅰ—Ⅲ类水源地保护区。

7. 生态保护

（1）应注意对湿地和滩涂的保护，避免在湿地和滩涂设置临时料场、便道和厕所。限制施工设备和人员不必要地进入湿地，禁止猎取野生保护动物。

（2）在渔区或鱼类洄游河道施工，应尽可能避开鱼类繁殖期。无法避免时，应保留一个洄游通道。

（3）涵洞出路基后与附近的河道、沟渠顺连，防止冲刷下游农田、道路等，并及时沟通河道和沟渠，确保汛期及时排洪排涝。

8. 环境和噪声影响

（1）施工污水不得排入《地表水环境质量标准》（GB 3838—2002）中所规定的Ⅰ、Ⅱ类水域。排入其他水域时，必须符合相应的水质标准，不符合时应进行水质处理。

（2）对桥梁施工机械、船只进行严格检查，防止油料泄漏，严禁将废油、施工垃圾等随意抛入水体内。

（3）桥梁打桩噪声的场界限值为昼间85 dB，夜间禁止打桩。其他阶段噪声限值仍为昼间70 dB，夜间55 dB。

三、桥涵工程环境保护监理要点

（1）在桥涵工程开工前，监理工程师应审批施工方案的环保措施。要求承包人对基础开挖、围堰、钻孔桩施工过程等，采取周密的水环境保护措施。

（2）监理工程师根据工程情况，确定本阶段施工环境保护监理的巡视、旁站计划，对承包人环保措施的执行效果进行检查。

（3）基坑开挖的弃土堆放地点应事先经监理工程师同意，监理工程师应督促承包人在堆放地点预先采取排水和挡土措施。

（4）监理工程师应经常巡视检查钻孔桩泥浆水的处理效果，对发生泄漏或任意排放的，应当场责令承包人改正，并旁站监督整改过程。

（5）需要围堰施工的，应事先取得当地水利部门的许可，手续完备并经监理工程师审查后才能施工。在进行水产养殖的河道进行围坝时，监理工程师应要求施工单位根据上下游的污染情况,提出合理的围堰方案,以免影响养殖,造成纠纷。

(6)对施工过程中不符合环保要求的行为,监理工程师可以发出监理指令,责令改正。

(7)监理工程师在本阶段应注意水环境质量的色度、石油类等监测指标,避免施工对水体造成影响,必要时可进行现场监测。

1. 简述施工环境保护监理的概念与任务。
2. 施工环境保护监理的依据有哪些?
3. 公路施工期对环境的影响因素有哪些?
4. 简述路基工程环境保护的基本要求。
5. 简述地表清理及结构物拆除的环保要点。
6. 简述路基开挖的环保要点。
7. 简述路堤填筑的环保要点。
8. 简述路基工程环境保护监理的要点。
9. 路面工程环境保护的基本要求有哪些?
10. 简述路面基层环境保护的要点。
11. 简述沥青混凝土路面环境保护的要点。
12. 简述路面施工环境保护监理的要点。
13. 简述桥涵工程环境保护的基本要求。
14. 简述桥涵工程环境保护监理的要点。

项目 8

公路工程施工合同监理

学习目标

1. 知识目标

(1) 掌握工程变更的概念。
(2) 熟悉工程变更的原因和程序。
(3) 掌握暂列金额、暂估价、计日工的概念。
(4) 掌握工程索赔的原因、程序、处理原则。
(5) 掌握工程分包与转让的区别。
(6) 掌握工程违约及争议处理的内容。
(7) 熟悉工程保险的内容。

2. 能力目标

(1) 能进行费用索赔的处理工作。

(2) 能进行工期索赔的处理工作。
(3) 能在监理过程中进行工程分包的管理工作。
(4) 在日常监理过程中能进行工程违约及争议的处理工作。
(5) 能督促施工单位进行工程保险管理工作。

任务 1 工程变更

一、工程变更概念

工程变更,是指经监理工程师审查批准并下达变更令后,对工程合同文件的任何部分或工程项目的任何部分所采用的形式上的改变、质量要求上的改变或工程数量上的改变。工程变更涉及的内容比较广泛。

公路工程施工过程中,工程变更通常是不可预见的。但工程变更一般均会对工程费用、工期产生影响,涉及业主和承包人的利益,因而监理工程师应谨慎按合同条款实施工程变更管理。工程变更必须经过监理工程师的批准才能生效。

二、公路工程合同变更的起因

1. 发包人对工程提出新的要求

公路工程建造成本高昂,其建设规模和等级取决于发包人的融资能力。如果发包人资金实力雄厚,可以对原有公路等级进行提升和扩建。如果发包人在公路建设期间出现资金紧张,原有公路建设的规模可能就会缩小。此外,发包人还可能出于其他原因,如在征地拆迁过程中遇到困难等都会对公路工程建设提出新的要求,这些情况都会对公路工程合同进行变更。

2. 设计不合理

公路工程由于某些设计的不合理,在建成后无法满足使用的要求,造成难以挽回的损失。例如,有的设计没有考虑施工的便利性,如果按照这样的设计进行施工会带来很大麻烦,耽误工期;还有的设计太过保守,虽然能够满足功能和结构的要求但却增加了成本,也缺乏美感。这些不合理的设计都需要优化,这样的变更也称为设计变更。

3. 工程环境发生变化

公路工程的施工环境与签订合同的时候相比已经发生了巨大变化。例如,原来准备施工的桥梁位于河流中的沙洲上,但施工时遇到百年不遇的洪水冲垮了沙洲,原本在陆地上进行桩基础施工的现在不得不在水下施工了,因此增加了水下施工措施的变更。

4. 政府部门的干预

这里所谓的政府部门的干预是指政府代表公众利益对公路工程施工进行了某些干预。例如:出于对某些文化遗产的保护而要求公路路线的变更;出于城市建设规划的长久考虑对公路的路线线形、位置或规模进行变更;或者出于环境保护的目的而要求公路施工建设增加某些防止噪声、粉尘的设施等合同变更。

5. 承包人的失误

由于承包人施工经验的缺乏或者工程管理的混乱而造成了严重的后果,迫使发包人和监理人对公路工程进行变更。例如,在桥梁桩基础施工中承包人的施工人员技术能力差,在施工过程中出现了断桩现象,为了保证工程质量,监理人不得不要求承包人在周围补桩,从而改变了原设计,增加了成本;承包人施工组织混乱使得工程进度缓慢,迫使发包人延长工期,造成建设成本增加。

三、公路工程合同变更的内容

公路工程施工合同通用条款对合同变更有非常具体的规定,在第15.1条款中规定:除专用合同条款另有约定外,在履行合同中发生以下情形之一时,应按照本条规定进行变更。

(1) 取消合同中任何一项工作,但被取消的工作不能转由发包人或其他人实施,由于承包人违约造成的情况除外。例如,经过仔细调查发现某山区人口在逐步减少,故将原有两座相距较近的跨线桥合并,取消了一座路线桥。

(2) 改变合同中任何一项工作的质量或其他特性。例如,在某水库地区,原来的沥青混凝土路面被变更成水泥混凝土路面。

(3) 改变合同工程的基线、高程、位置或尺寸。例如,某些公路工程为了降低路堤高度而降低了高程,还有为了优化桥梁设计而把某些墩柱或梁截面尺寸减小等。

(4) 改变合同中任何一项工作的施工时间或改变已批准的施工工艺或顺序。例如,因征地拆迁的问题而不得不改变某些地段的施工顺序等。

(5) 为完成工程的需要而追加的额外工作。

变更是一个慎重的事件,因此在履行合同的过程中,必须经发包人同意,监理人员方可按约定的变更程序向承包人下达变更指示,而承包人应遵照执行。没有监理人员的变更指示,承包人不得擅自变更。

四、工程变更的提出和审批程序

1. 提出工程变更的当事人有以下几种情况

1) 承包人提出工程变更

当工程变更是承包人提出时,应交由监理工程师审批,审查其理由是否充分,对工程是否有利。通常遇到的情况有两种：一种是不可预见的地质条件及其他环境因素所引起的工程变更；另一种是承包人为了节约工程成本或加快施工进度，而提出变更。

2) 工程相邻地段的第三方提出变更

当工程变更是由工程以外相邻的第三方提出时，监理工程师应先报业主，由业主出面与第三方协调，如果业主事先已授权给监理工程师来处理此类事情，则监理工程师可直接与第三方进行协调。

3) 业主提出变更

当工程变更是由业主提出时，监理工程师应与承包人协商，工程变更是否合理可行，变更内容是否超出合同规定的范围。对于此类变更，没有充足的理由时，承包人是不能拒绝的。若属于新增加工程，除非承包人同意作为工程变更外，则不应算成工程变更，而只能另签合同。

4) 监理工程师提出工程变更

监理工程师为了整个工程的协调统一，根据工程进展的具体情况，认为有必要时，也可提出工程变更。

2. 工程变更的受理程序

当某一方提出工程变更时，监理工程师可按如下程序来处理。

1) 意向通知

监理工程师根据合同规定对工程进行变更时应向承包人发出意向通知，其主要内容包括以下几点。

（1）变更工程的工程部位、项目，或者合同文件中的某项内容。

（2）变更的原因、依据及相关文件、图纸资料等。

（3）要求承包人根据此变更安排组织施工等方面的建议。

（4）要求承包人提交此项变更的费用估价报告。

2) 搜集资料

在变更意向通知书发出的同时，监理工程师应指定专人，一般为该工程项目的驻地监理工程师受理变更，并着手搜集有关资料，包括：变更前后的图纸、技术变更洽谈记录、技术研究会议记录；来自业主、承包人、监理工程师方面的文件与会议记录、行业部门涉及该变更方面的规定与文件、上级主管部门的指定性文件等。

3) 费用评估

费用评估可按合同中规定的方法和掌握的第一手资料，考虑业主和承包人双方的利益后对变更费用进行评估。

4) 协商价格

监理工程师应与承包人和业主就其对工程变更费用评估的结果进行磋商，在意见难以统一时，监理工程师应确定最终的价格。

5) 签发《工程变更令》

当变更资料齐全，变更费用确定以后，监理工程师应根据合同规定，签发《工程变更令》。变更令包括以下文件：①文件目录；②工程变更令；③工程变更说明；④工程变更费用估算表；⑤附表，包括：变更前后的图纸；业主、承包人、监理工程师三方面的会议、会谈纪录；有关设计部门对变更的意见;有关行业部门、上级主管部门的文件;承包人的预算报告;确定工程数量及单价的证明资料等。

五、变更的估价原则

(1) 如果取消某项工作,则该项工作不予支付。

(2) 已标价工程量清单中有适用于变更工作的子目,则采用该子目的单价。

(3) 已标价工程量清单中无适用于变更工作的子目,但有类似的子目,可在合理范围内参照类似子目的单价,由监理工程师按合同相关条款商定或确定变更工作的单价。

(4) 已标价工程量清单中无适用或类似的子目单价,可按照成本加利润的原则,由监理工程师按合同相关条款商定或确定变更工作的单价。

(5) 如果本工程的变更指示是因承包人过错、承包人违反合同或承包人责任造成的,则这种违约引起的任何额外费用应由承包人承担。

六、暂列金额和暂估价

1. 暂列金额

由于公路工程合同变更可能会进行一些工程量清单里没有列入的工程项目,而这些工作是监理人根据实际情况认为必须要做的,因此对于这些可能施工的工程项目进行支付就得设立一定的备用金,也称为暂列金额。暂列金额属于工程量清单计价中其他项目费的组成部分,它是指包括在合同中,供任何部分工程施工,或提供货物、材料、设备或服务,或不可预料事件之费用的一项金额。所以暂列金额也可以看成是发包人的风险金额,应由监理人报发包人批准后指示全部或部分地使用,或者根本不予动用。

对于经发包人批准的每一笔暂列金额,监理人有权向承包人发出实施工程或提供材料、工程设备或服务的指令。这些指令应由承包人完成,监理人应根据合同通用条款第15.4款(变更的估价原则)约定的变更估价原则和规定,对合同价格进行相应的调整。

当监理人提出要求时,承包人应提供有关暂列金额支出的所有报价单、发票、凭证和账单或收据,除非该工作是根据已标价工程量清单列明的单价或总额价进行的估价。

2. 暂估价

暂估价是指发包人在工程量清单中给定的用于支付必须发生但暂时不能确定价格的材料、设备以及专业工程的金额,签约合同价包含暂估价。

发包人在工程量清单中给定暂估价的材料、工程设备和专业工程是属于依法必须招标的范围并达到规定的规模标准的,由发包人和承包人以招标的方式选择供应商或分包人。发包人和承包人的权利义务关系在专用合同条款中约定。中标余额与工程量清单中所列的暂估价的金额差以及相应的税金等其他费用列入合同价格。

发包人在工程量清单中给定暂估价的材料和工程设备不属于依法必须招标的范围或未达

到规定的规模标准的,应由承包人按合同通用条款第5.1款的约定提供。经监理人确认的材料、工程设备的价格与工程量清单中所列的暂估价的金额差以及相应的税金等其他费用列入合同价格。

发包人在工程量清单中给定暂估价的专业工程不属于依法必须招标的范围或未达到规定的规模标准的,由监理人按照合同通用条款第15.4款进行估价,但专用合同条款另有约定的除外。经估价的专业工程与工程量清单中所列的暂估价的金额差以及相应的税金等其他费用列入合同价格。

七、计日工

计日工是指在公路工程施工过程中,完成发包人提出的工程量清单中没有合适细目的零星附加工程或变更工程。计日工的单价是作为工程量清单附件包含在合同内的,是由承包人在投标时根据计日工明细表所列细目填报的。根据通用合同条款第15.7款的规定,发包人认为有必要时,由监理人通知承包人以计日工的方式实施变更的工作。其价款按列入已标价工程量清单中的计日工计价子目及其单价进行计算。计日工通常应按合同中包括的计日工明细表中所定的细目,与承包人在其投标书中对此所报的单价或总价,向承包人支付。

1. 计日工使用的规定

(1) 承包人用于计日工的劳务、材料、施工机械等,承包人应在该项变更的实施过程中,每天提交以下报表和有关凭证报送监理人审批:①工作名称、内容和数量;②投入该工作所有人员的姓名、工种、级别和耗用工时;③投入该工作的材料类别和数量;④投入该工作的施工设备型号、台数和耗用台时;⑤监理人要求提交的其他资料和凭证。

(2) 用于计日工的劳务,除监理人另有安排外,一般应按正常工时进行,不允许加班;用于计日工的材料应由承包人供应,除非监理人有书面指示由发包人供应外,承包人用于计日工的材料,未经监理人同意不得任意改变;用于计日工的施工机械设备由承包人提供,因故障闲置的施工机械不支付费用。

(3) 一般对计日工的工作,承包人不得任意分包,除非得到监理人的事先同意。

2. 计日工的费用支付

采用计日工计价的任何一项变更工作,应从暂列金额中支付。计日工由承包人汇总后,按合同通用条款第17.3款(工程进度付款)的约定列入进度付款申请单,由监理人复核并经发包人同意后列入进度付款。承包人应每日向监理人提交一式两份的用于计日工的费用清单或报表,监理人审查后有权修改,在确认后退还给承包人作为支付的依据。

(1) 计日工的劳务费用。用于计日工的劳务费用应按合同中计日工的有关规定按正常工时使用,未经监理人批准,不支付加班费用。计日工的劳务费用按合同规定,在直接费用上另加一个百分比的附加费。附加费应包括:管理费、利润、质检费、税费、保险费、工具的使用与维修费及其他有关的费用,费用的计算应按投标人在合同中计日工的细目所开列的单价,若遇价格调整应按通用合同条款第16条规定的办法执行。

在计算计日工工资时,工时应从工人到达施工现场,并开始从事指定的工作算起,到返回出发地点为止,扣除用餐时间和休息时间。只有直接从事指定的工作,且胜任该工作的工人才能计工,随同工人一起做工的班长应计算在内,但不包括领班和其他质检管理人员。

(2) 用于计日工材料费用的支付。用于计日工材料费用的支付应是材料运至现场仓库或储料场的材料费用票面的净值加上合同工程量清单规定的一个百分比的附加费,附加费包括:管理费、利润、税费、保险费及其他有关费用。从仓库或储料场到施工现场的搬运费,按所用劳务或施工机械有关条目支付。

(3) 承包人用于计日工的施工机械费用的支付,应该是合同工程量清单中所列的基本租价。此基本租价包括:全部折旧费、利息、燃料、油料、保养维修、配件及其消耗品以及有关使用这些机械需要的任何附加物件的管理费、利润、税费、保险及其他有关费用。驾驶员、操作工与助手等的费用,包括在计日工劳务费中另行支付。

任务 2 工程索赔

一、索赔的概念

公路工程施工合同的索赔就是指承包人依据法律、合同规定及惯例,要求获得并非其自身的过错而造成损失或额外付出的补偿权利。公路工程施工合同索赔是双方当事人的发包人与承包人之间博弈过程中的一种经常发生的,主张自身正当权益的合同管理行为。按照公路工程施工合同的索赔权利划分,索赔包括工期索赔和费用索赔,也就是应获得工期补偿或费用补偿的权利。

索赔具有广义和狭义之分。对于公路工程合同索赔来说:广义上的合同索赔是指公路工程合同双方中,任何一方向另一方提出的索赔,既包括公路工程发包人向承包人提出的索赔,又包括承包人向发包人提出的索赔;狭义上的合同索赔仅是指公路工程承包人向发包人提出的索赔,而习惯上把发包人提出的索赔称作反索赔。在本书中的索赔为狭义上的概念,即承包人向发包人提出的索赔。

二、造成索赔的原因

在履行合同过程中,出现以下几种情况的,承包人有权向发包人提出工期和(或)费用索赔,并要求支付合理利润。

1. 业主原因

(1) 增加合同工作内容。

(2) 改变合同中任何一项工作的质量要求或其他特性。
(3) 业主迟延提供材料、工程设备或变更交货地点的。
(4) 因业主原因导致的暂停施工。
(5) 提供图纸延误。
(6) 未按合同约定及时支付预付款、进度款。
(7) 业主造成索赔的其他原因。

2. 异常恶劣的气候条件

异常恶劣的气候条件是指项目所在地发生30年以上一遇的罕见气候现象(包括温度变化、降水、降雪、风等);异常恶劣的气候条件应在项目专用合同条款中进行具体规定。

3. 不可抗力因素

不可抗力因素是指承包人和业主在订立合同时不可预见的,在工程施工过程中发生并不能克服的自然灾害和社会性突发事件。不可抗力包括但不限于以下几种。

(1) 地震、海啸、火山爆发、泥石流、暴雨(雪)、台风、龙卷风、水灾等自然灾害。
(2) 战争、骚乱、暴动,但属于承包人或其分包人派遣与雇用的人员由于本合同工程施工原因而引起的除外。
(3) 核反应、辐射或放射性污染。
(4) 空中飞行物体坠落或非发包人或承包人责任造成的爆炸、火灾。
(5) 瘟疫。
(6) 项目专用合同条款约定的其他情形。

4. 其他因素

其他因素包括在施工过程中挖掘出有价值的文物、化石等。

三、承包人索赔的提出

根据合同约定,承包人认为有权得到追加付款和(或)延长工期的,应按以下程序向业主提出索赔。

(1) 承包人应在知道或应当知道索赔事件发生后28天内,向监理人递交索赔意向通知书,并说明发生索赔事件的事由。承包人未在前述28天内发出索赔意向通知书的,丧失要求追加付款和(或)延长工期的权利。

(2) 承包人应在发出索赔意向通知书后28天内,向监理工程师正式递交索赔通知书。索赔通知书应详细说明索赔理由以及要求追加的付款金额和(或)延长的工期,并附上必要的记录和证明材料。

(3) 索赔事件具有连续影响的,承包人应按合理时间间隔继续递交延续索赔通知,说明连续影响的实际情况和记录,列出累计的追加付款金额和(或)工期延长天数。

(4) 在索赔事件影响结束后的28天内,承包人应向监理工程师递交最终索赔通知书,说明最终要求索赔的追加付款金额和(或)延长的工期,并附上必要的记录和证明材料。

四、监理工程师审理索赔的程序

(1) 监理工程师收到承包人提交的索赔通知书后,应及时审查索赔通知书的内容、查验承包人的记录和证明材料,必要时监理工程师可要求承包人提交全部原始记录副本。

(2) 监理工程师应按照合同有关条款的规定,商定或确定追加的付款和(或)延长的工期,并在收到上述索赔通知书或有关索赔的进一步证明材料后的 42 天内,将索赔处理结果答复承包人。如果承包人提出的索赔要求未能遵守相关规定,则承包人只限于索赔由监理工程师按当时记录予以核实的那部分款额和(或)工期延长天数。

(3) 承包人接受索赔处理结果的,业主应在做出索赔处理结果答复后 28 天内完成赔付。

承包人不接受索赔处理结果的,按合同条款规定的争议解决约定办理。

五、索赔的证据

为实现成功的索赔,仅仅有损害事实还是不够的,承包人必须进行大量的索赔论证工作,以确凿的证据来证明自己拥有索赔的权利和应得到相应的费用补偿或者工期延期。索赔的证据主要在合同履行过程中产生,是支持承包人索赔成立或者获得索赔等有关的证明文件和资料。强有力的索赔证据作为索赔报告的重要组成部分,影响着索赔的成功与否。如果出现索赔证据不全,或者干脆没有证据,那么索赔几乎是不可能获得成功的。在公路工程的施工过程中,合同各方在交流、沟通与博弈中产生了大量的工程信息并积累丰富的资料,这些信息和资料都是承包人索赔的重要证据。如果项目资料不完整,索赔就很难顺利进行。因此在施工过程中,承包人应始终做好资料的积累工作,建立完善的资料记录和档案管理制度,认真系统地积累和管理合同文件、质量、进度及财务收支等方面的资料。对于可能会发生索赔的工程项目,从开始施工时承包人就要有目的地收集证据资料,系统地拍摄现场,妥善保管开支收据,有意识地为索赔积累必要的证据资料。公路合同索赔中常见的索赔证据有如下几种。

1. 工程进度计划

无论在什么时间,只要发生与工程进度的延误或与之相关的索赔事件,也无论是在工程伊始还是工程施工过程中,向承包人或分包人编制或修订的工程进度计划,经过发包人和监理人的审批,都必须进行妥善保存和经常检查,一旦发生索赔事件,可以将实际工程进度与计划进度相比较来进行分析和处理索赔事件。

经监理人批准的承包人的施工进度计划、施工方案、施工组织设计和具体的现场施工情况记录包括:施工进度表、施工人员计划表和人工日报表等。

2. 施工日志和记录

根据工程的进展,承包人的项目经理本人或指定有关人员每日记录在施工现场发生的各种情况。其内容包括:每天工地的风力、是否下雨、雨量大小、气温高低、湿度、暴风雷等气候情况;

公路工程施工监理

每天出勤的工人人数、所使用的机械设备情况；施工检查员的检查记录；每天的工程进度、工程质量、安全等情况；进行了多少试验工作；监理人检查情况；外来人员参观施工现场情况；每天完工验收记录；有无施工事故及特殊情况发生；有无不利的自然条件和人工障碍；施工材料使用记录；施工图纸收发记录；施工效率降低记录；是否出现索赔事件记录等。将这些原始记录再整理归纳摘录，把较重要的情况整理成施工日志或施工现场记录报表，特别要注意其中一些对施工带来不利影响的情况和事件，以便于及时发现和正确分析索赔机会。为以后提出的索赔报告准备详细而全面的基本数据和资料证明。

3. 工程所在地的经济法律的基本资料

因为工程项目的建设顺利与否，与工程所在地的经济形势的变化密切相关，所以承包人应注意收集这些资料，包括：重大的经济政策和法律法规出台；增加税收，加强海关进出口的有关规定，工资和物价指数的定期报道等经济及法律法规的变化；有关的政府官员和施工工程项目主管部门领导视察工程现场时的讲话记录及指示；项目所在地区气象台发布的天气和气温预报，特别是异常天气记录；与工程项目相关的银行、保险公司、报纸、电视台等人员参观工程现场的谈话记录以及新闻报道等。所有这些资料的整理与保存，也是与日后的索赔工作息息相关的。

4. 来往文件和信函等

随着工程进展，大量的文件、信函和电传电报等资料要归档记录。例如：发包人和监理人的书面指示文件或信函，政府部门、银行、保险公司、货物运输部门、供货商、分包人等的来往文件或信函等，都要认真检查验收，并登记编号、分类造册、妥善保存，且注明发送或收到的具体时间。这些文件和信函将会为索赔提供有力的证据。

5. 会议纪要和备忘录

在施工合同的履行过程中，发包人、监理人和承包人定期或不定期的会谈所作出的决定或决议，是施工合同的补充，应该作为为施工合同的组成部分，但会谈纪要只有在各方签署之后才可以作为索赔的依据。发包人与承包人，承包人与分包人之间定期或者临时召开的现场会议讨论工程情况的会议记录，可以用来追溯项目的执行情况，查阅发包人签发工程内容变动通知的背景和签发通知的日期，也能查阅在施工中最早发现某一重大情况的确切时间。

会议纪要是很重要的文件，是有关参加会议各方对工程进展、质量要求、工程变更令发布、不利的施工现场条件确认以及采取措施改正等意见的准确资料来源。除了有一份各方正式签字的会议纪要外，承包人的参加会议的代表还需要自己记录一份私人的、更加详细的会议纪要，以便把会议的进展和讨论过程描述下来。

备忘录是指在工地现场发生的事件当时所做的笔录，主要是将关于每一件事发生的时间和持续的过程，以及工程的有利或有害情况进行的真实记录，可作为非常有价值的索赔证据资料来源。例如，某政府官员在工程现场下达的口头指示的笔录；发包人或监理人对工程进展发出的口头指示，事后都应将这些备忘录要求监理人或发包人等予以确认。

6. 投标报价时的基础资料

有关索赔的证据资料中,有时监理人和发包人需要以承包人的编标基础资料作为比较的基准。因此,对于编标过程中的各种费用的取舍和计算依据、计算公式及过程、施工组织设计、施工技术和方法、进度安排计划等都应妥善保存。一旦发生不利的现场条件等,可以作为"有经验的承包人无法合理预料"的依据。尽管发包人对一些招标资料不负责任,仅列入参考资料行列,但若实际情况出入较大,发包人是无法推卸掉这些责任的。

7. 技术规范和工程图纸

所有招标时的技术规范和开工后补充的技术规范,都是工程技术的法规文件,必须认真检查执行和保存。所有的工程图纸,包括招标时的图纸、技术设计图纸等,都必须编号归类并进行检查使用和保存,以作为工程计量的原始资料。

8. 工程报告及工程照片

承包人的工程报告包括一般的工程进度报告、施工技术与管理报告、工程质量检查报告、工程试验报告、工程事故报告等,这些都是对工程的真实记录和描述。另外关于工程照片,根据不同的施工承包合同的要求,发包人和监理人要求承包人对工程的不同进展阶段及不同部位,特别是隐蔽工程拍摄出的工程照片或者工程摄像,作为工程竣工资料的组成部分。从承包人自身角度看,也应经常拍摄工地工程照片,作为特定时间特定部位工程实况的图片证明。

9. 工程财务报告

工程费用索赔中对于索赔金额的确定往往依据施工过程中的财务报告。因此,承包人必须建立符合国家财务制度的报告及报表系统。这些内容主要有以下一些方面:①工人劳动记时卡及工资报表;②工程材料、机械设备及货物的采购单及发出单;③收款单据和付款收据;④工程款及索赔款拖期付款记录;⑤拖期付款利息报表;⑥施工进度款月报表及收款记录;⑦索赔款日报表及收款记录;⑧现金流动计划报表;⑨向分包人付款报表;⑩办理担保及保险费用记录;⑪会计日报表;⑫会计总台账;⑬批准的财务报告;⑭会计来往文件及信函等。对于这些详细而准确的财务数据报表应完整保存,承包人应注意保管和分析工程项目的会计核算资料,以便及时发现索赔机会,准确的计算索赔的款额,争取合理的资金回收。

10. 其他资料

其他资料包括分包合同、官方的物价指数、汇率变化表以及国家、省、市、有关影响工程造价、工期的文件、规定等。省市有关影响工程造价、工期的文件、规定等。

六、工期索赔原因

除上述业主和客观方面造成索赔的原因之外,主要是承包人的施工组织和现场管理出现问题,具体如下。

(1) 施工组织不当,资源配置不足,机械设备不足或不配套,技术力量薄弱,缺乏流动资金,出现窝工待料现象等。

(2) 质量不符合合同和规范的要求,出现返工。

(3) 没有按照监理人发出的指示及时开工。

(4) 施工管理混乱,激化矛盾,造成承包人内部员工罢工或士气低落。

(5) 承包人雇用的分包人或者供应商的原因。

七、工期延误的种类

由于工程的进展是按照原定的网络计划进行的。当发生上述的干扰事件后,网络中的某些施工过程会受到干扰,如持续时间的延长,施工过程之间的逻辑关系会发生变化,有新增加的工作等。把这些影响放入原来的网络计划中,重新进行网络分析,可以得到一个新的网络工期,且新工期往往要比原工期要长,使得工期延误。

按照工期延误的原因和应承担的责任,通常可以按工期延误分为以下几类:

1. 可原谅的延误

可原谅的延误是指非承包人的责任造成的延误,例如:发包人未按照合同规定的时间向承包人提供施工现场和施工道路,监理人未按照合同规定的施工进度提供施工图或者发出必要的指令,自然条件或恶劣气候造成的延误等。

对于可原谅的延误,如果责任者是发包人或者监理人,则称为可补偿延误,承包人应该得到工期延长和经济补偿;如果责任是客观原因引起的,则称为不可补偿延误,承包人只能得到工期延长。

2. 不可原谅的延误

不可原谅的延误是指工期延误的原因是承包人本身造成的,而不是发包人原因或者客观原因,则承包人不但得不到工期延长和经济补偿,还应当承担这种延误造成的全部损失。承包人还要选择或者采取赶工措施,增加施工力量等,把延误的工期赶回来。

3. 共同延误

是指在同一项工作上同时发生的两项或两项以上的延误,对于同时发生的多项延误,只要每项延误的时间相同,它们对整个工程所产生的影响就是相同的。共同延误主要有以下几种基本组合。

(1) 可补偿延误与不可原谅延误同时存在。在这种情况下,承包人不能要求工期延长及经济补偿,因为即便是没有可补偿延误,不可原谅延误也已经造成工程延误。

(2) 不可补偿延误与不可原谅延误同时存在。在这种情况下,承包人无权要求延长工期,因为即便是没有不可补偿延误,不可原谅延误也已经导致施工延误。

(3) 不可补偿延误与可补偿延误同时存在。在这种情况下,承包人可以获得工期延长,但不能得到经济补偿,因为即使是没有可补偿延误,不可补偿延误也已经造成工程施工的延误。

(4) 两项可补偿延误同时存在。在这种情况下,承包人只能得到一项经济补偿。

例如:某公路工程的某合同段发生了以下原因引起的停工:2008 年 9 月 25 日至 30 日工地正常降雨;9 月 30 日至 10 月 3 日承包人的施工设备出了故障;监理人向承包人提供后续图纸比规定的时间晚了 10 天(10 月 1 日至 10 日);10 月 5 日至 18 日之间工地下了特大雨。这里同时存在不可原谅延误、可原谅延误、可补偿延误和不可补偿延误。综合分析的结果是,只有 10 月 4 日 1 天是可补偿延误,另外 14 天(10 月 5 日至 18 日)是不可补偿延误,而其余 9 天(9 月 25 日至 10 月 3 日)则是不可原谅延误。

4. 关键延误

对于不同期的,出于各项工作在工程总进度表中所处的地位和重要性不同,同等时间的相应延误对工程进度所产生的影响也就不同,这就涉及关键延误。关键延误是指在施工网络计划关键线路上发生的延误。关键延误肯定会导致整个工程的延误,如果是可原谅的,则承包人可以获得工期延长或费用补偿。由于非关键线路上的活动都有一定的机动时间可以利用,具有一定的灵活性,在该机动时间范围内的非关键延误不会导致整个工程的延误,所以承包人不能获得工期延长。因此,对于承包人来说要想获得工期延期补偿,还必须证明该延期发生在关键线路上

八、工期延误的处理原则

在实际施工过程中,单一原因造成的索赔是很少见的,经常是几种原因同时发生、交错影响、形成所谓的共同延误。在这种情况下,要确定延误的责任是比较复杂的,要具体分析哪一种延误是有效的,承包人可以得到工期延长,或者还可以得到经济补偿。在这种情况下必须确定工期延误的有效期,其处理原则如下。

1. 确定初始延误

确定初始延误就是在共同延误的情况下判断哪些原因是最先发生的,找出初始延误者,在初始延误发生作用的期间,不考虑其他延误的影响。这时候主要按照初始延误确定导致延误的责任者。

2. 初始延误者是发包人

初始延误者是发包人且在该影响持续期内时,如果这个影响在关键线路上,则承包人不仅可以得到工期延长,还可以得到相应的经济补偿;如果不在关键线路上,而该线路又有足够的时间差可以利用,则承包人不能得到工期延长;如果在非关键线路上,但是线路的时间差不够用,应经过重新计算,确定合理的工期延长天数。

3. 初始延误者属于客观原因

如果工程的工期延误的原因既不是发包人,也不是承包人,而是客观原因时,承包人可以得到工期的延长,但是不能得到经济补偿。

九、费用索赔的费用构成

索赔费用的构成与工程款的计价内容几乎相同,通常应包括直接费、间接费、利润、税金等。根据具体情况,可以包括以下几种费用。

1. 直接费

索赔的直接费通常包括直接工程费和其他工程费等。

1) 直接工程费

(1) 人工费。

人工费是指直接从事公路工程施工的生产工人开支的各项费用,主要包括生产工人的基本工资、工资性质的津贴、辅助工资、劳保福利费、加班费、奖金等。

人工费的索赔主要包括额外劳动力的雇佣、劳动效率降低,由于发包人违约造成人员闲置、额外工作引起加班劳动、人员人身保险和各种社会保险支出等。

(2) 材料费。

材料费是指施工过程中耗用的构成工程实体的原材料、辅助材料、构配件、半成品、成品的用量和周转材料的摊销量与材料预算价格的乘积。材料费的索赔主要包括材料涨价费用、额外新增材料运输费用以及使用费用等。其中,额外新增材料的使用,主要表现为追加额外工作、工程变更、改变施工方法等增加的材料消耗。

(3) 施工机械使用费。

施工机械使用费是指机械作业所发生的机械使用费以及机械安拆费和场外运费。施工机械使用费的索赔主要包括新增机械设备使用费,已有机械设备使用时间延长费用,新增租赁设备费用,由于发包人违约使机械设备闲置的费用、机械设备保险费用、机械设备折旧和修理分摊费用等。

2) 其他工程费

其他工程费是指直接工程费以外,施工过程中发生的直接用于工程的费用,包括冬季施工增加费、雨季施工增加费、夜间施工增加费、特殊地区施工增加费、行车干扰工程施工增加费、安全及文明施工措施费、临时设施费、施工辅助费、工地转移费等。

2. 间接费

间接费由规费、企业管理费两项组成。

1) 规费

规费是法律、法规、规章、规程规定施工企业必须缴纳的费用,包括养老保险费、失业保险费、医疗保险费、住房公积金、工伤保险费等。各项规费以各类工程的人工费之和为基数,按国家或工程所在地相关部门规定的标准计算。

2) 企业管理费

企业管理费由基本费用、主副食运费补贴、职工探亲路费、职工取暖补贴和财务费用等组成。基本费用是指施工企业为组织施工生产和经营管理所需要的费用,包括管理人员工资、办公费、差旅交通费、固定资产使用费、工具使用费、劳动保险费、工会经费、职工教育经费、保险费、工程保修费、工程排污费、各类咨询费和经营业务费等。

主副食运费补贴是指施工企业在远离城镇乡村的野外施工,购买生活必需品所需的费用。职工探亲路费是指按照有关规定,施工企业在探亲期间内发生的往返车船票、市内交通费和途中住宿费等费用。职工取暖补贴是指规定发给职工的冬季取暖或者施工现场设置的临时取暖的费用。

财务费用是指施工企业为筹集资金而发生的各项费用,包括利息支出、金融机构手续费、汇兑损失费等。

3．利润

利润是收入扣除成本价格和税金以后的收益。承包人的利润是合同报价中的一部分,也是承包进行施工的根本目的。所以,当一个索赔事件发生后,承包人会相应提出利润的索赔。

通常承包人在下面几种情况下可以提出利润索赔。

(1) 发包人或者监理人提供的施工图或者指示延误。

(2) 发包人未能及时提供施工现场。

(3) 合同规定或监理人通知的原始基准点、基准线、基准标高错误。

(4) 不可预见的自然条件。

(5) 承包人服从监理人的指示进行试验(不包括竣工试验),或因发包人应负责的原因对竣工试验的干扰。

(6) 因发包人原因,承包人暂停工作及终止合同带来的预期利润损失等。

(7) 相应保函费、保险费、银行手续费及其他额外费用的增加等。

4．税金

税金是按国家税法规定应计入工程造价内的营业税、城市维护建设税及教育费的附加等。如果工程部分进行分包,分包人的索赔款同样也包括上述各项费用。当分包人提出索赔时,其索赔要求全部列入总承包人的索赔要求中一起向监理人提交。

任务 3 索赔案例分析

一、合同文件错误引起索赔

公路工程专用合同条款第1.4款规定了合同文件的优先顺序,这种优先次序的严格规定就是防止合同文件内容出错时,如何对合同进行正确理解。再加上第1.5款所说的是制备合同的费用由发包人承担,也就是说合同文件的内容出错发生互相矛盾是可能的,且发包人应为此负责。在履行合同中如果承包人发现合同内容出现错误,应立即向监理人汇报,监理人必须解释及修正构成合同一部分的文件并向承包人发出指示,以便按指示去施工,若监理人认为发出的指示会使承包人付出额外费用,且承包人确实无法事先预见该合同文件的错误或矛盾的地方时,监理人应予以证明,由发包人支付给承包人以额外费用作为补偿,此时承包人只有权获得索赔费用,而无权索赔利润。

例 8-1 某一道路工程中的一座地下通道,原设计图纸中没有显示。监理人于工程将近竣工时才发现这一错误,监理人发布指令要求改正这一错误,其费用按工程量清单所列的现行费率支付。承包人必须额外去购买材料,结果造成一队专门负责搞地下工程的人员被迫停工待料两个星期。在这期间,没有其他工程可以进行,因此承包人要求费用索赔。

监理人审批后答复:可以接受。原因是承包人在遵照监理人所发出的指示施工后,曾支出附加费用,图纸上的错误,承包人事前确实无法预见,承包人的人员和机具停工待料两星期。因此有权按公路工程专用条款第1.5款的规定获得额外款项。

例 8-2 某公路工程中,图纸上给出的某一道管道没有注明尺寸。监理人于下水道建造工程将近完工时才发现这个错误,并将图上的错误改正后,指示承包人按照改正后图纸上的尺寸铺设管道。这时,承包人必须去采购附近的下水管道。结果使一队专门铺设管道的人员被迫停工一个月,等候管道运来。这期间,又无其他工作可做。

承包人提出索赔:据公路工程专用条款第1.5款,承包人享有得到额外费用的权利,因为监理人所发给的指示使其多付出附加费用,所以应得额外付款。

监理人审理后答复:此项索赔不能被批准。这主要是因为以下两点。

(1)图纸上没有注明尺寸,是承包人事先可以预见到的。

(2)承包人应该在投标时仔细看懂图纸,故此事件应在投标时澄清,或至少在工程开工初期要求澄清,因此承包人应自行承担工程受阻延误所引起的费用。

二、由于图纸延迟交出造成索赔

根据公路工程合同专用条款第1.6.1项,监理人应在发出中标通知书之后42天内,向承包人免费提供由发包人或其委托的设计单位设计的施工图纸、技术规范和其他技术资料两份,并向承包人进行技术交底。承包人需要更多份数时,应自费复制。由于发包人未按时提供图纸造成工期延误的,有权按第11.3款获得补偿。

当监理人未能按合同规定或承包人要求的合理时间内发出有关图纸、指示或给予批准;承包人已向监理人发出书面通知,讲明工程进度等可能会受到阻延。除非监理人在合理时间内另行发出图纸、指示或给予批准,承包人则不能索赔。

例 8-3 某项道路工程,因监理人建议把通道与涵洞归类,提高道路等级进行合并,则此图应由监理人的工作人员设计交图。但交图时间比合同规定时间延误,所以承包人提出索赔要求。但是总的设计变更后,即使承包人索赔了一些费用,却为发包人节省了较多的工程款。

例 8-4 据公路工程合同专用条款第1.6.1项中承包人提出索赔要求。某工程合同及工程规范中规定:监理人应详细测量,确定所有下水道的正确位置、高度和角度。该工程中共有200道下水道。工程刚开工不久,承包人就通知监理人,要监理人必须在半月之内交出200道下水道的施工详图,如不能按时得到图纸,工程便会受到延误,承包人将索赔工程受阻所需的费用。

监理人审理后答复:公路工程合同专用条款第1.6.1项规定,监理人必须在合适的时间内发出图纸和指示,但要求在同一时间内发出200道下水道的图纸是不合理的。据承包人已获批难的工程进度表显示,在半月之内只需要20份图纸,这些图纸已发给承包人。因此,不批准承包人索赔的请示。监理人又给承包人发出通知:以后会分批交付图纸,使承包人在准备进行某下水道施工之前,能够收到有关的图纸。

三、由于不利物质条件引起索赔

通用合同条款第4.11.1项定义不利物质条件是指承包人在施工场地遇到的不可预见的自然物质条件、非自然的物质障碍和污染物,包括地下和水文条件,但不包括气候条件。而第4.11.2项规定承包人遇到不可预见的不利物质条件时,应采取适应不利物质条件的合理措施继续施工,并及时通知监理人。监理人应当及时发出指示,指示构成变更的,按第15条变更约定办理。监理人没有发出指示的,承包人因采取合理措施,而增加的费用和(或)工期延误,由发包人承担。

但专用合同条款第4.10.1项同时规定发包人提供的本合同工程的水文、地质、气象和料场分布、取土场、弃土场位置等资料均属于参考资料,并不构成合同文件的组成部分,承包人应对自己就上述资料的解释、推论和应用负责,发包人不对承包人据此作出的判断和决策承担任何责任。第4.10.2项承包人应对施工场地和周围环境进行查勘,并收集有关地质、水文、气象条件、交通条件、风俗习惯以及其他为完成合同工作有关的当地资料。在全部合同工作中,应视为承包人已充分估计了应承担的责任和风险。

因此,通用合同条款第4.11款中风险分组的划分是这样的:能被有经验的承包人所察觉的任何风险,承包人有责任去承担所花费的款项;未能预料到的风险,即使是有经验的承包人,发包人有责任去承担所花费的款项。

不利物质条件主要由工地的地质情况和人为阻碍物导致。工地地质情况通常是指地面下的地质土层和岩层;人为阻碍物包括人为的地下结构物,如供水管道、电缆、废弃地基、暗渠等相似的结构物。

作为承包人,若要应用通用合同条款第4.11款去获得满意的索赔,必须在未呈交标书前,做以下事情:熟悉工地和获得所能影响投标的必须风险资料。若是由于气候原因使工地不能正常作业,只能根据通用合同条款第4.11款予以延长合同时间,而不能得到额外支付款项。若是由于地质和人工阻碍物的原因提出索赔,发包人要支付的风险款项是:只计工程成本(包括管理费),不计利润。

执行通用合同条款第4.11款的优点是:发包人可以得到承包人正确的合理标价的投标书,若要承包人负责全部未能预料的风险,承包人必然会将风险费多算,而使投标价提高;若将来未有风险发生,发包人要支付过多的风险款项。由发包人支付未能预料的风险款项对各方是公平的。

据通用合同条款第 4.11 款规定,不利的实物障碍和不利的自然条件又可细分为以下两个方面。

(1) 第一种情况是施工现场的水文地质条件与技术规范和图纸上所描述的条件有实质性的不同,这可把合同中指明的施工现场条件与施工现场实际遇到的情况相比较。常见的不利现场情况有:施工所遇到的土质的可利用性与发包人提供的钻探资料所显示的差别较大;在合同中未显示的地方存在永久冻土或地下水难以排干;在合同里未显示有岩石的地方挖方时遇到岩石;在钻探资料显示具有良好岩石的地方遇到松软土质;开挖后遇到很多地下建筑物废墟或管线等人工障碍,而设计和勘测资料并未显示;土场或采石场不能根据标前资料合理预料的那样生产出合格的材料,或生产过程中废料太多;需要压实的路基土壤含有比合理预料的更高的湿度。

(2) 第二种情况是施工承包合同中未作描述,但有经验的承包人无法合理预料的非现场条件。例如,施工现场的地下水由于受某些化学工业排污的阻塞或影响,具有很强烈的事先未知的腐蚀性,造成承包人地下设备的损坏。一般来说,这种情况论证索赔较复杂一些。但只要承包人能与投标前所预计的情况以及一些工程的正常现场条件相比,则可以提出索赔。

例 8-5 某独立大桥工程,在施工桥梁的水下地基基础时,承包人使用的钢筋温凝土沉井在挖基下沉时,遇到了原招标钻探资料中未显示的倾斜岩层,使沉井基础一边刃脚已抵到岩层上,而另一边仍为粗砂岩土,且不停地抽水,也无法排干沉井的水和泥沙,使沉井严重倾斜,难以纠偏。经承包人上报发包人和监理人,召集有关专家的专门咨询会议,确定了使用煤矿矿井中的冷冻技术,来对桥梁基础施行冷冻,封住地下水和泥沙,制止沉井继续倾斜,然后对先遇到岩石一侧进行炸挖,直至所有的沉井刃角下至岩层为止。该不可预料的地质条件使该沉井工作延期了三个月才完成,且在工期的关键线路上,又因采用非常施工技术,使承包人的施工工程成本大增。因此,承包人提出了索赔要求。

例 8-6 某高速公路工程项目,中标的承包人修建 59 km 长的公路项目,原合同建造时间为 24 个月,后延期至 36 个月。路基体积:投标时为 1 178 000 m^3,实际工程为 1 672 000 m^3,增加了 494 000 m^3。工程造价:投标时为 1 310 万元,实际花费 1 450 万元,增加了 140 万元。

在施工过程中发现在 10 km 长的沼泽地上,沉陷量较预期大,主路堤的体积超出了工程量清单的 42%。而增加的数量据工程量清单的价款已付给承包人。由于路堤的体积增加,承包人将延期去完成整个工程,承包人提出索赔来弥补损失,而当所有索赔提出时,施工延期快要结束。

承包人所提出的索赔涉及路堤施工中路堤体积的增加,材料运距的增长和工程工期延长。根据通用合同条款第 4.11 款规定,承包人所面对的不利物质条件在投标中是不可预料的。因此承包人索赔要求如下。

(1) 承包人在投标报价时,路堤填方的价格原是取决于以下材料的来源:道路挖掘,从借土区所用的普通土,但因路堤体积增加而造成以上的资源不平衡,所以必须采用更多的高价材料,要求索赔 206 000 元。

(2) 因土和材料调查报告失误而使承包人可以采用借土区的土来填筑路堤,后来发现若要将太湿的泥土压实至要求的密实度时,平均需要 20 个工作日。因此,承包人申诉是被迫采用粒状的石料来建造路堤。需爆破和粉碎成粒状的石子比较昂贵。很多借土区采集的土中,粉状石料并不足够。要求索赔金额为 1 374 000 元。

(3) 由于更换材料的运输路途增加而使运费增加,由投标书中的 1.8 km 变为实际的 2.3 km,要求索赔:607 000 元。

(4) 施工延期会使机具和劳力费用价格增加,又因通货膨胀的影响,与原计划的进度比较,原来需 22.7 个月完成的土方工程现需要 32 个月,因此工效降低至:
$$i=22.7/32\times100\%=71\%$$

工效降低的原因是:大量的沉陷和土崩,需挖开更多的取土场,粒状的石子需爆破和粉碎,土地征用延误 227 天,要求索赔款为 2 320 000 元。

以上累计索赔的直接总款项为 4 507 000 元。再加上 33.3% 的经营管理费用和利润为:1 500 831 元,总共索赔金额为 6 007 831 元。

监理人审理后的答复:路堤增加的体积是依据改变了承包人投标书中假设的借土来源地而计算的。这是具有争议的,这是能被有经验的承包人事先发觉的。因为,招标文件中已说明 10 km 长的路会穿过沼泽地;土壤和材料报告早已提及沉陷在沼泽地发生的可能性,但沉陷量是不易从沉积层的性质中测定的。即使是沉陷可以作为不利物质条件不能预料,但承包人的作业也不会为此而变得困难或价钱增高。因为在任何时间,在这 10 km 长的沼泽地附近是有足够的可供利用的借土区,这些材料的数量很多,同时也极易提取;事实上,路堤的沉陷不会使建造更为昂贵,整个路堤的修建是一层接一层至完工为止,所以不容许有额外的付款。普通土到粒状石料的转换,其依据是一般泥土不适于路堤建造。实际上,泥土和材料报告中已清楚地写在招标文件中,指出这些需要压实的一般土壤非常潮湿,工程技术规范也说明在未碾压时,太湿的泥土需干燥。承包人没有遵从监理人的劝告将路面上的泥土弄松来加快泥土变干。一般的土不能用于路堤建造的结论是错误的。因为,在整个地区修筑路堤都是用同样的泥土。由于承包人在投标中没有遭遇到任何不可预料的变故,在这时用通用合同条款第 4.11 条是不适合的。

承包人发现采用由同一借土区的粒状石料作为填土更为方便,承包人可以自由选择用怎样的材料来填筑路堤,但这一选择不能达到其享有额外的付款的目的,故不允许有额外付款。运输距离从 1.8 km 变为 2.3 km,是不正确的。从监理人详细计算中可知,在承包人投标中所列出的平均运距是 2.39 km,在实际建造时的平均运距是 1.64 km,因此并不需要将筑路堤的泥土运送一段长距离。承包人自己所开采出使用的借土区土比计划多了两倍。因此,不允许有额外付款。

延期所增加的费用是根据通货膨胀及降低效益计算的。承包人以前已得到过赔偿,因为合同内的物价指数公式与物价上涨指数不符,也显示出每月物价的变动,如水泥、钢筋、柴油、沥青、劳工等。

由承包人算出的工作效率下跌至 71% 是依据实际的土工作业和计划进度作比较,而监理人认为:工效的降低几乎完全是因承包人本身的管理不善而致,应自负其责。这主要有以下几点因素:承包人调动迟缓,通往工地的临时便桥延迟修建,在沼泽区的土工作业从开始至完工并没有遵守规范的要求,压实试验证明因经常不能达到设计要求的标准而返工。

恶劣的气候是一个问题,但通用合同条款第 4.11 款并不适用。从以上各点来看,监理人能够指出土工作业正如承包人所述可以在 22.7 个月内完成,则可使上述承包人本身导致的延迟不会发生。所以,不允许有额外付款。

从以上监理人的处理来看,承包人未能成功指出其遭遇到的如通用合同条款第 4.11 款所述的未能预料的不利物质条件所引起的额外费用,因此监理人不批准所需的额外费用。

四、由于测量放线引起索赔

根据通用合同条款第8.1.1项,发包人应在专用合同条款约定的期限内,通过监理人向承包人提供测量基准点、基准线和水准点及其书面资料。除专用合同条款另有约定外,承包人应根据国家测绘基准、测绘系统和工程测量技术规范,按上述基准点(线)以及合同工程精度要求,测设施工控制网,并在专用合同条款约定的期限内,将施工控制网资料报送监理人审批。

又根据通用合同条款第8.3款的规定,发包人应对其提供的测量基准点、基准线和水准点及其书面资料的真实性、准确性和完整性负责。发包人提供上述基准资料错误导致承包人测量放线工作的返工或造成工程损失的,发包人应当承担由此增加的费用和(或)工期延误,并向承包人支付合理利润。承包人发现发包人提供的上述基准资料存在明显错误或疏忽的,应及时通知监理人。

这里要强调指出的是:关于基准点、基线等方面的原始资料出错,可能会使发包人蒙受巨大损失。因此,监理人必须尽早仔细核对关于测量方面的资料,避免失误,这点极为重要。

例 8-7 某路桥工程项目,先修桥,后修筑引道,桥梁工程完工后,测量时发现比预定路线标高低了1米。原因是监理人属下的工作人员给指定的一个临时水准点低了1米。但是,当时承包人并没有报临时水准点的正式资料经监理人批准,而经监理人书面提供的正式固定基准点都是对的。承包人对此事项提出索赔要求,将桥梁再修高1米的改正费用由发包人承担。监理人批复为:在桥梁工地附近确定临时基准点,应是承包人自己的责任,不应该依赖监理人属下的测量员所给的临时水准点,通用合同条款第8.1款规定:"由监理人用书面形式提供的测量资料是正确的"。因此,承包人必须自费改正测量方面的错误,将桥梁标高提高,不允许索赔。

五、由于试验和检验引起索赔

根据公路工程专用合同条款第14.4款规定,如果监理人所要求做的试验和检验为合同未规定的或是在该材料或工程设备的制造、加工、制配场地以外的场地进行的,则检验结束后,如表明操作工艺或材料、工程设备未能符合合同规定,其费用应由承包人承担,否则,其费用应由发包人承担。

六、由于不可抗力引起索赔

根据公路工程专用合同条款第21.1款规定,不可抗力是指承包人和发包人在订立合同时不可预见的,在工程施工过程中不可避免发生并不能克服的自然灾害和社会性突发事件。包括但不限于以下几种。

(1) 地震、海啸、火山爆发、泥石流、暴雨(雪)、台风、龙卷风、水灾等自然灾害。

(2) 战争、骚乱、暴动,但纯属承包人或其分包人派遣与雇佣的人员由于本合同工程施工原因引起者除外。

(3) 核反应、辐射或放射性污染。

(4) 空中飞行物体坠落或非发包人或承包人责任造成的爆炸、火灾。

(5) 瘟疫。

(6) 项目专用合同条款约定的其他情形。

由以上所述的不可抗力所造成的任何损害,承包人必须按监理人的要求进行工程补救。同时,监理人应按通用合同条款第3.5款规定,在与承包人协商并报发包人批准后,确定进行工程补救工作造成的合同价的增长额,通知承包人,并抄送发包人。承包人和发包人双方按比例承担上述费用。

七、由于化石、文物引起索赔

根据通用合同条款第1.10款规定,在施工场地发掘的所有文物、古迹以及具有地质研究或考古价值的其他遗迹、化石、钱币或物品属于国家所有。一旦发现上述文物,承包人应采取有效合理的保护措施,防止任何人员移动或损坏上述物品,并立即报告当地文物行政部门,同时通知监理人。发包人、监理人和承包人应按文物行政部门要求采取妥善保护措施,由此导致费用增加和(或)工期延误由发包人承担。

该条款情况若发生时,监理人可做如下处理:引用通用合同条款第12条的规定,下令暂时停止发现贵重物品现场的工程;及时通知发包人,由发包人确定该物如何处置,并应对如何将该物品移离工地提出建议。

假若决定由承包人负责移走该项物品,监理人可根据通用合同条款第15条的规定发布一工程变更令,承包人则可执行此项变更令,将该项物品移离工地妥善处置,据此承包人可依通用合同条款第1.10款进行费用及利润索赔,以及第11.3款进行工期索赔。

例8-8 某公路工程项目,施工开挖土方工作时,发现了汉俑等古代文物。监理人及时下令暂停工程,又专程派人及时赶到有关文物管理部门鉴定处理,以尽量减少工程延误,妥善保护国家文物。因为文物鉴定处理的期间,造成承包人的人员和机具设备的闲置等,带来了时间和经济上的损失,承包人提出了索赔,监理人和发包人给予承包人合理的费用补偿和工期延长。

八、由于对已覆盖的隐蔽工程重新检查引起索赔

通用合同条款规定,承包人按第13.5.1项或第13.5.2项覆盖工程隐蔽部位后,监理人对质量有疑问的,可要求承包人对已覆盖的部位进行钻孔探测或揭开重新检验,承包人应遵照执行,并在检验后重新覆盖恢复原状。经检验证明工程质量符合合同要求的,由发包人承担由此增加的费用和(或)工期延误,并支付承包人合理利润;经检验证明工程质量不符合合同要求的,由此增加的费用和(或)工期延误由承包人承担。

例8-9 某公路工程,在监理人检查箱涵之前,承包人已在箱涵之上覆盖了土。监理人下令承包人再度将沟壕挖开,以便检查该箱涵质量。经检查后,发现箱涵已按合同的规定施

工,箱涵及回填都符合质量要求。因此,承包人提出下列索赔要求。

(1) 据通用合同条款第13.5.1项规定,承包人已在箱涵回填之前通知了监理人,而监理人未能按时间来检查,不属于承包人的责任。

(2) 此项索赔的费用计算如下。
- 再度开挖已回填箱涵所需之费用:6 213元。
- 另行回填之费用:3 892元。
- 挖开后等待监理人检查时间(3天),工人和机械设备闲置费用:3 155元
- 小计:直接费总额为13 260元。
- 管理费为直接费用总额的30%:3 978元。
- 直接费用总额和管理费合计:17 238元。
- 利润为上述合计费用的10%:1 724元。
- 总计索赔款额:18 962元。

监理人审理后的答复为:据通用合同条款第13.5.1项,承包人的要求是合理的。因为承包人已给予监理人检查的机会和时间,并且已按规定发出通知,被挖开检查的工程符合图纸及规范要求。所以,承包人应获得其所索赔的款额为18 962元。该款额由发包人支付。

九、由于暂停施工引起索赔

根据通用合同条款第12.3款所述。监理人有权下令暂停工程的进展,使全部工程中断或暂停其中一部分工程。根据通用合同条款第12.1款,因下列暂停施工增加的费用和(或)工期延误由承包人承担。

(1) 承包人违约引起的暂停施工。
(2) 由于承包人原因为工程合理施工和安全保障所必需的暂停施工。
(3) 承包人擅自暂停施工。
(4) 承包人其他原因引起的暂停施工。
(5) 专用合同条款约定由承包人承担的其他暂停施工。

根据通用合同条款第12.2款,由于发包人原因引起的暂停施工造成工期延误的,承包人有权要求发包人延长工期和(或)增加费用,并支付合理利润。

例8-10 在一座桥梁回填桥台后桥头引道填土时,发现桥墩中的立柱出现裂缝。原因是地基基础产生不均匀沉陷。监理人于4月1日下令暂停有关桥梁及引道工程,4月15日监理人又下令附近另一座桥梁暂停施工,因为该桥可能也会产生地基沉陷问题。这两座桥墩台都已建好,上部预应力梁也已准备好,随时可以架设。6月15日监理人应承包人的要求撤销暂停施工的指令,恢复施工,但未得到监理人的书面答复,到7月15日承包人正式书面通知监理人,表示根据通用合同条款第12.5款的规定,认定发包人违约,索赔有关费用。费用包括:机械的空转费,架桥小组的空闲费,雇人看守的额外费用,没有引道的环境下架设桥梁所需的附加设备费用等。

监理人批复如下:各方一致认为,暂停施工是因为设计出错所致,且暂时停工超过56天,并在承包人要求重新施工的28天之内没有重新要求开工,根据通用合同条件第12.5款,承包人

的索赔要求是可以接受的。

十、由于发包人将土地延迟移交引起索赔

根据公路工程专用合同条款第2.3款,发包人负责办理永久占地的征用及与之有关的拆迁赔偿手续并承担相关费用。承包人在按第10条规定提交施工进度计划的同时,应向监理人提交一份按施工先后次序所需的永久占地计划。监理人应在收到此计划后的14天内审核并转报发包人核备。发包人应在监理人发出本工程或分部工程开工通知之前,对承包人开工所需的永久占地办妥征用手续和相关拆迁补偿手续,通知承包人使用,以使承包人能够及时开工。此后按承包人提交并经监理人同意的合同进度计划的安排,分期(也可以一次)将施工所需的其余永久占地办妥征用及拆迁赔偿手续,通知承包人使用,以使承包人能够连续不间断地施工。由于承包人施工考虑不周或措施不当等原因而造成的超计划占地或拆迁等发生的征用和赔偿费用,应由承包人承担。

由于发包人未能按照本项规定办妥永久占地征用手续,影响承包人及时使用永久占地造成的费用增加和(或)工期延误应由发包人承担。由于承包人未能按照本项规定提交占地计划,影响发包人办理永久占地征用手续造成的费用增加和(或)工期延误由承包人承担。

例 8-11 某高速公路工程项目中的一处立交桥工地的用地,因一个工厂拆迁的问题而无法向承包人提供施工场地,时间拖了三个多月,承包人提出因土地延迟移交索赔两百多万元,并要求延长工期。监理人一方面要考虑调整工点,另外安排承包人到其他工地施工,减少承包人的经济和时间损失;另一方面又到承包人的工地现场抽查核对其闲置的人员机具,审核其索赔计算方法及工程成本等。经过监理人细致认真和公正的处理,最后支付了索赔费用不到一百万元,并适当延长了工期。经过此索赔处理,发包人和承包人均感满意。

十一、由于发包人违约解除合同的索赔

通用合同条款第22.2.4项规定了因发包人的原因解除合同后的付款的索赔。因发包人违约解除合同的,发包人应在解除合同后28天内向承包人支付下列金额,承包人应在此期限内及时向发包人提交要求支付下列金额的有关资料和凭证。

(1) 合同解除日以前所完成工作的价款。

(2) 承包人为该工程施工订购并已付款的材料、工程设备和其他物品的金额。发包人付款后,该材料、工程设备和其他物品归发包人所有。

(3) 承包人为完成工程所发生的,而发包人未支付的金额。

(4) 承包人撤离施工场地以及遣散承包人人员的金额。

(5) 由于解除合同应赔偿的承包人损失。

(6) 按合同约定在合同解除日前应支付给承包人的其他金额。

发包人应按本项约定支付上述金额并退还质量保证金和履约担保,但有权要求承包人支付应偿还给发包人的各项金额。

当合同解除后,当事人之间都有要求赔偿损失的权力,合同的有关解决纠纷、结算互欠债务

或工程款等不因合同的解除而失去法律效力。若合同当事人之间还有未尽义务和纠纷,原合同条款仍有效。当事人一方除按合同解除前已进行的工作结算外,还可以对合同解除前已发生的经济损失以及解除合同本身所产生的损失向对方索赔。下面举例说明。

例 8-12 某公路工程项目,要修建一条长 6 km 的隧道,以便缩短运距,将本地的矿产运到海外销售。合同总承包中标价为 4 000 万元。在隧道工程已开工掘进 200 m 后,政府领导人换届改选。新政府又决定不修该隧道工程,就提前解除了合同。承包人对已经发生的工程成本及利润损失进行索赔,最后实际得到了 2 050 万元的经济赔偿。这种情况属于发包人方解除合同。

十二、由于法律变化引起的价格调整

在基准日后,因法律变化导致承包人在合同履行中所需要的工程费用发生除第 16.1 款约定以外的增减时,监理人应根据相关法律,以及国家或省、自治区、直辖市等有关部门的规定,按第 3.5 款商定或确定需调整的合同价款。

任务 4 工程分包

一、分包的概念及分类

工程分包,是指经监理工程师批准并报发包人同意后,承包人格所承包工程的一部分交由分包人实施,或由分包人提供劳务人员及机具的施工行为。

按照合同条款规定,承包人不得将其承包的全部工程转包给第三人,或将其承包的全部工程肢解后以分包的名义转包给第三人。承包人不得将工程主体、关键性工作分包给第三人。经业主同意,承包人可将工程的其他部分或工作分包给第三人。承包人应与分包人就分包工程向发包人承担连带责任。业主对承包人与分包人之间的法律与经济纠纷不承担任何责任和义务。业主可以对分包合同实施情况进行监督检查。承包人应将分包合同副本提交业主和监理工程师。工程分包可分为专业分包和劳务分包等。

1. 专业分包

在工程施工过程中,承包人进行专业分包必须遵守以下规定。

(1) 允许专业分包的工程范围仅限于分部工程或分项工程、适合专业化队伍施工的工程,专业分包的工程量累计不得超过总工程量的 30%。

(2) 专业分包人的资格能力应与其分包工程的标准和规模相适应,具备相应的专业承包资质。

(3) 专业分包工程不得再次分包。

(4) 承包人和专业分包人应当依法签订专业分包合同,并按照合同履行约定的义务。

(5) 承包人对施工现场安全负总责,并对专业分包人的安全生产进行培训和管理。专业分包人应将其专业分包工程的施工组织设计和施工安全方案报承包人备案。专业分包人对分包施工现场安全负责,发现事故隐患,应及时处理。

(6) 所有专业分包计划和专业分包合同须报监理工程师审批,并报业主核备。监理工程师审批专业分包并不解除合同规定的承包人的任何责任或义务。

2. 劳务分包

在工程施工过程中,承包人进行劳务分包必须遵守以下规定。

(1) 劳务分包人应具有劳务分包资质。

(2) 劳务分包应当依法签订劳务分包合同,劳务分包合同必须由承包人的法定代表人或其委托代理人与劳务分包人直接签订,不得由他人代签。承包人的项目经理部、项目经理、施工班组等不具备用工主体资格,不能与劳务分包人签订劳务分包合同。承包人应向业主和监理工程师提交劳务分包合同副本并报项目所在地劳动保障部门备案。

(3) 承包人雇用的劳务作业应加入到承包人的施工班组统一管理。有关施工质量、施工安全、施工进度、环境保护、技术方案、试验检测、材料保管与供应、机械设备等都必须由承包人管理与调配,不得以包代管。

(4) 承包人应当对劳务分包人员进行安全培训和管理,劳务分包人不得将其分包的劳务作业再次分包。

二、签订分包合同的主要内容

工程分包合同应包括下列主要内容。

(1) 工程范围和内容。分包合同应十分明确地划分出工程地点、名称、起止桩号、工作的详细内容、工程量清单。

(2) 工程变更。在工程变更方面有以下两点与分包人有关。

① 由业主或监理工程师提出的变更。承包人可以将下述的工程变更指令转达给分包人,这样分包人可以根据合同条款得到相应的变更工程款。

② 由承包人提出的工程变更经监理工程师批准后下达的工程变更指令。这种情况一般对承包人是有利的,由此变更引起的额外费用应由承包人(或分包人)来承担。

(3) 支付条件。分包合同的支付条件应与总包合同基本一致。

(4) 保留金和缺陷责任期。按合同的比例每月扣除分包人已完工程部分的保留金。在其退还时与缺陷责任期的起止日期上承包人与分包人之间容易引起争议,应要求承包人按不同的分包情况区别对待,协商解决此问题。

(5) 拖期违约损失赔偿金。有些大型施工项目中合同期包含几个分包工程,各分包工程的进展又相互制约,这就要求总承包人应全面精心组织管理和合理协调各种矛盾,及时调整各工程进度,保证按计划在合同工期内完成全部工程。如若拖期,则应向业主支付合同规定的拖期违约损失赔偿金。另外,由于承包人为维护自身利益和对分包工程进度的控制,在分包合同中亦规定分包的拖期违约损失赔偿金的支付方法。

(6) 双方的责任、义务和权利。承包人与分包人应该是利益共享，风险同当的。因此，在分包合同中承包人应将总包合同中相应的权利和义务一起转给分包人。但要注意的是，承包人并不能因此而减少其在总包合同的任何责任和义务。

(7) 其他方面。分包合同中的其他问题，诸如合同变更、终止、解除、仲裁等条款，亦可以参照总包合同订立。

三、转让与分包的区别

转让与分包是不同的两个概念，合同转让虽强调无业主同意，承包人不得将合同及其利益随意转让给他人，但又考虑到承包人在资金和保险方面的合理要求，对转让进行了例外的规定。此处应强调的是，合同一经转让，承包人则与该合同无直接关系，自然也无须承担合同中规定的责任和义务，此点与分包合同是有本质区别的。

四、对工程分包的审批和管理

从监理工程师的角度来看，审批分包人是实施工程分包前必不可少的关键环节。承包人有权选择分包人，但应慎重考虑，并应主动向监理工程师申报，且必须在工程开工之前选择好分包人，切忌中途更换。在工程进展过程中亦要加强对分包人的协调、监督和管理。

1. 监理工程师对分包人的资格审批程序

1) 一般工程分包合同的审批

监理工程师审查分包人资格前，承包人应把有关分包工程及分包人的情况按下列程序中报给监理工程师审批。

(1) 首先由承包人选择分包人，制订工程分包合同文件，报监理工程师及业主审批。

(2) 承包人将选定的分包人的机械设备、技术力量、财务状况以及以往的工程业绩等资料提供给监理工程师。

(3) 监理工程师对分包人的上述情况应进行仔细审查，如有必要还应到分包人的其他建设工地进行现场考查，然后给承包人以明确的书面答复。

(4) 经批准后，承包人与分包人正式签订工程分包合同，并将分包合同的副本送监理工程师一份用于备案，分包人方可进入工地施工。

一般工程分包申报程序如图 8-1 所示。

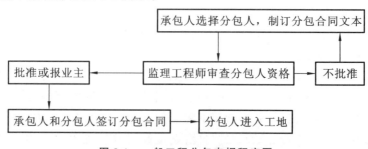

图 8-1 一般工程分包申报程序图

2）指定分包合同的审批

由于指定分包是由业主或监理工程师指定的,所以指定分包合同文本亦由业主或监理工程师来拟定,并负责指定分包工程的招投标事宜。在业主与承包人签订承包合同后,指定分包人亦应与承包人签订分包合同。指定分包合同的审批程序见图8-2。

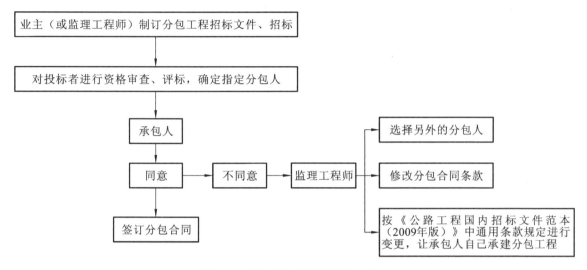

图 8-2 指定分包合同的审批程序图

3）分包人的资格审查

对分包人的资格审查,可以从以下两个方面考虑,即初期审查和中期审查。初期审查对每一个分包人都要进行,中期审查则只是对那些工期较长的分包工程的分包人进行审查。

(1) 初期审查,应先进行资格审查,然后对现场再进行考查,详见《公路工程施工监理规范》(JTG G10—2016)中有关叙述。

(2) 中期审查,主要审查分包人的财务状况,主要负责人和管理人员、技术人员在工地的具体情况,合同的履行情况等。

4）分包审批内容

对承包人分包工程的申请报告,监理工程师应从以下几个主要方面进行审批：分包人的资格情况及证明(包括企业概况、财务资本情况、参加分包工程人员的资历、施工机械设备状况等);分包工程项目及内容;分包工程数量及金额;分包工程项目所使用的技术规范与验收标准;分包工程的工期;承包人与分包人的共同责任;分包协议。当监理工程师完成上述审查之后,即可签发《分包申请报告单》。

> 此处应强调的是：工程的分包必须经监理工程师批准,未经监理工程师的批准,承包人不得将工程的任何部分分包出去,且监理工程师应严禁承包人把工程的大部分分包出去或进行层层分包。此外,监理工程师对分包的批准,并不解除承包人根据合同规定所应承担的任何责任和义务。

2. 加强对工程分包的管理

在分包工程实施中,必须加强对工程分包的管理,以下几点是尤其应该注意的。

（1）严格履行开工申请手续，分包工程的开工，必须有监理工程师的书面批准。

（2）监理工程师应通过《中期支付证书》，由承包人对分包工程进行支付。

（3）核实分包人的人员、机具、设备等是否与申报情况相符，其技术力量、工程质量能否达到合同规定的要求，施工技术方案是否合理。

鉴于我国目前工程招投标机制尚不完善，工程建设市场的秩序管理还欠规范，对工程分包管理的认识也还不够，因此有些地方的建设工程项目出现层层分包，或只分包收取管理费而不强加管理的混乱现象，从而造成工程质量低劣，使业主乃至国家遭受巨大的损失。所以，加强对分包的审批、监督与管理是保证实现三大目标的一个重要环节。

任务 5 工程违约及争议处理

一、业主违约

1. 业主违约的情形

在履行合同过程中发生的下列情形，属于业主违约。

（1）业主未能按合同约定支付预付款或合同价款证，导致付款延误的。

（2）业主原因造成停工的。

（3）监理工程师无正当理由，没有在约定期限内发出复工指示，导致承包人无法复工的。

（4）业主无法继续履行或明确表示不履行或实质上已停止履行合同的。

（5）业主不履行合同约定的其他义务的。

2. 业主违约时，承包人的处理对策

1）承包人有权暂停施工

业主发生除上述第（4）条以外的违约情况时，承包人可向业主发出通知，要求业主采取有效措施纠正违约行为。业主收到承包人通知后的 28 天内仍不履行合同义务，承包人有权暂停施工人，业主应承担由此增加的费用和（或）工期延误，并支付承包人合理利润。

2）承包人解除合同

发生业主违约的第（4）种违约情况时，承包人可书面通知业主解除合同。承包人按合同约定暂停施工 28 天后，业主仍不纠正违约行为的，承包人可向业主发出解除合同通知。但承包人的这一行动不免除业主承担的违约责任，也不影响承包人根据合同约定享有的索赔权利。

3）解除合同后的付款

因业主违约解除合同的，业主应在解除合同后 28 天内向承包人支付下列金额，承包人应在此期限内及时向业主提交要求支付下列金额的有关资料和凭证。

(1) 合同解除日之前所完成工作的价款。
(2) 承包人为该工程施工订购并已付款的材料、工程设备和其他物品的金额。业主付款后,该材料、工程设备和其他物品归业主所有。
(3) 承包人为完成工程所发生的,而业主未支付的金额。
(4) 承包人撤离施工场地以及遣散相关工作人员的金额。
(5) 由于解除合同应赔偿的承包人损失。
(6) 按合同约定在合同解除日前应支付给承包人的其他金额。

业主应按本项约定支付上述金额并退还质量保证金和履约担保,但有权要求承包人支付应偿还给业主的各项金额。

因业主违约而解除合同后,承包人应妥善做好已竣工工程和已购材料、设备的保护和移交工作,按业主要求将承包人设备和人员撤出施工场地。承包人撤出施工场地应遵守合同约定,业主应为承包人撤出提供必要条件。

二、承包人的违约

1. 承包人违约的情形

在履行合同过程中发生的下列情况属于承包人违约。

(1) 承包人违反合同转让或分包的约定,私自将合同的全部或部分权利转让给其他人,或私自将合同的全部或部分义务转移给其他人。
(2) 承包人违反合同条款有关的约定,未经监理工程师批准,私自将已按合同约定进入施工场地的施工设备、临时设施或材料撤离施工场地。
(3) 承包人违反合同条款的约定,使用了不合格材料或工程设备,工程质量达不到标准要求,又拒绝清除不合格工程。
(4) 承包人未能按合同进度计划及时完成合同约定的工作,已造成或预期造成工期延误。
(5) 承包人在缺陷责任期内,未能对工程接收证书所列的缺陷清单的内容或缺陷责任期内发生的缺陷进行修复,而又拒绝按监理工程师指示进行修补。
(6) 承包人无法继续履行或明确表示不履行或实质上已停止履行合同。
(7) 承包人未能按期开工。
(8) 承包人违反合同条款的规定,未按承诺或未按监理工程师的要求及时配备称职的主要管理人员、技术骨干或关键施工设备。
(9) 经监理工程师和业主检查,发现承包人在施工过程中有安全问题或有违反安全管理规章制度的情况。
(10) 承包人不按合同约定履行义务的其他情况。

2. 承包人违约时,业主的处理对策

1) 业主解除合同

承包人发生上述第(6)条约定的违约情况时,业主可通知承包人立即解除合同并按有关法

律处理。承包人发生上述第(6)条约定以外的违约情况时,监理人发出整改通知28天后,承包人仍不纠正违约行为的,业主可向承包人发出解除合同通知。

合同解除后,业主可派员进驻施工场地,另行组织人员或委托其他承包人施工。业主因继续完成该工程的需要,有权扣留使用承包人在现场的材料、设备和临时设施。但发包人的这一行动不免除承包人应承担的违约责任,也不影响业主根据合同约定享有的索赔权利。

2) 要求承包人限期纠正违约行为

承包人发生除上述第(6)条约定以外的其他违约情况时,监理人可向承包人发出整改通知,要求其在指定的期限内纠正违约行为。承包人应承担其违约所引起的费用增加和(或)工期延误。

3) 课以违约金

承包人发生上述各项约定的违约情况时,无论业主是否解除合同,业主均有权向承包人课以项目专用合同条款中规定的违约金,并由业主将其违约行为上报省级交通主管部门,作为不良记录纳入公路建设市场信用信息管理系统。

3. 合同解除后的相关事宜

当业主通知承包人解除合同后,应按合同约定办理以下相关事宜。

(1) 合同解除后,监理工程师按合同条款商定或确定承包人实际完成工作的价值,以及承包人已提供的材料、施工设备、工程设备和临时工程等的价值。

(2) 合同解除后,业主应暂停对承包人的一切付款,查清各项付款和已扣款金额,包括承包人应支付的违约金。

(3) 合同解除后,出于解除合同给发包人造成损失,业主应按合同条款的约定向承包人索赔。

(4) 合同双方确认上述往来款项后,出具最终结清付款证书,结清全部合同款项。

(5) 业主和承包人未能就解除合同后的结清达成一致而形成争议的,按合同条款争议事件的约定来办理。

因承包人违约解除合同的,业主有权要求承包人将其为实施合同而签订的材料和设备的订货协议或任何服务协议的利益转让给业主,并在解除合同后的14天内,依法办理转让手续。

在工程实施期间或缺陷责任期内发生危及工程安全的事件时,监理工程师通知承包人进行抢救,承包人声明无能力或不愿立即执行的,业主有权雇佣其他人员进行抢救。此类抢救按合同约定属于承包人义务的,由此发生的金额和(或)工期延误由承包人承担。

三、合同纠纷的解决

对于合同纠纷的解决,应遵循《中华人民共和国合同法》中关于处理合同纠纷的以协商为主、调解优先的基本原则。总体指导思想是以最低的成本来实现公平正义,维护双方当事人的合法权益。通用合同条款提供了双方当事人解决纠纷的处理方式的选择权利。发包人和承包人在履行合同中发生争议的,可以友好协商解决或者提请争议评审组评审。合同当事人友好协商解决不成、不愿提请争议评审或者不接受争议评审组意见的,可在专用合同条款中约定下列一种方式解决。

(1) 向约定的仲裁委员会申请仲裁。

(2) 向有管辖权的人民法院提起诉讼。

(一) 友好解决

合同争议的出现是由于双方当事人利益的差异而引起,如果双方能以诚信合作的态度,着眼于长期的利益,就能够通过双方各自的妥协达成某种利益的均衡,这是双方都能接受的双赢结局。这种基于双方当事人充分信任,尊重事实基础上的协商不仅极大地降低了解决争议纠纷的成本和代价,而且能够让双方在合作中感受到对方的真诚与尊重,这样的合作是令人满意和愉快的。因此,在提请争议评审、仲裁或者诉讼前,以及在争议评审、仲裁或诉讼过程中,发包人和承包人均可共同努力友好协商解决争议。

1. 监理人的调解

无论在施工过程中或在工程竣工之后,无论在合同的失效或终止之前或之后,如果发包人和承包人之间就公路工程合同文件的条款、规定、规范、图纸、质量与进度要求、支付与扣除、延期与索赔、调价发生任何法律上、经济上或技术上的纠纷,包括对监理人做出的任何指示、指令、决定、评定、认证和估价发生纠纷,首先应根据本条规定书面提交监理人调解,并抄送给另一方。监理人在收到此提交件后,按项目专用条款规定的时间之内将自己的裁定通知发包人和承包人。

除非本合同已被终止,承包人无论在什么情况下都应尽一切努力继续完成本工程,承包人和发包人应使监理人的上述每一项裁定付诸实施,除非并直到监理人的调解裁定按合同条款规定的方式作出了更改。

如果监理人已将其对此纠纷的裁定通知了发包人和承包人,而发包人和承包人在收到该通知之日起按项目专用条款规定的时间之内,任何一方均未向其提出要求进一步调解,或者在上述协商或调解并未达成协议后的规定时间内,任何一方也未通知另一方提出要求开始仲裁的意向,则监理人的上述裁定应是最后的裁定,并对发包人和承包人均有约束力。

2. 上级主管部门调解

如果发包人或承包人有一方对监理人的调解裁定有异议,或如果监理人在收到合同纠纷请求裁定的提交件后在项目专用条款规定的时间内,没有发出自己的裁定通知,则双方可就纠纷事项通过双方上级主管部门进行调解。

上级主管部门是通过行政手段,出于维护社会公众利益和合同双方当事人的合法权益来进行调解,而不是靠行政强制力迫使双方当事人相互妥协。上级主管部门应在收到监理人发出的裁定通知后,项目专用条款规定时间内,或监理人发出裁定通知中规定的期限内进行调解。通过调解,如能达成书面协议,双方都应执行,对发包人和承包人均有约束力,该协议应送监理人一份。如果上级主管部门主导的协商或调解不能达成协议,则发包人或承包人任何一方都可以在协商或调解达不成协议后在项目专用条款规定时间内通知另一方,说明自己对纠纷中的问题将提交仲裁的意向,并抄送监理人。该通知确立了提出仲裁的一方按相关规定开始仲裁的权利。

(二)争议评审

采用争议评审的,发包人和承包人应在开工日后的28天内或在争议发生后,协商成立争议评审组。争议评审组由有合同管理和工程实践经验的专家组成。争议评审组由3人或5人组成,专家的聘请方法可由发包人和承包人共同协商确定,亦可请政府主管部门推荐或通过合同争议调解机构聘请,并经双方认同。争议评审组成员应与合同双方均无利害关系,争议评审组的各项费用由发包人和承包人平均分担。

合同双方的争议,应首先由申请人向争议评审组提交一份详细的评审申请报告,并附必要的文件、图纸和证明材料,申请人还应将上述报告的副本同时提交给被申请人和监理人。

被申请人在收到申请人评审申请报告副本后的28天内,向争议评审组提交一份答辩报告,并附证明材料。被申请人应将答辩报告的副本同时提交给申请人和监理人。

除专用合同条款另有约定外,争议评审组在收到合同双方报告后的14天内,邀请双方代表和有关人员举行调查会,向双方调查争议细节;必要时争议评审组可要求双方进一步提供补充材料。

除专用合同条款另有约定外,在调查会结束后的14天内,争议评审组应在不受任何干扰的情况下进行独立、公正的评审,做出书面评审意见,并说明理由。在争议评审期间,争议双方暂按总监理工程师的确定执行。这其实是防止争议评审影响工程进度,避免工程中断给双方带来更大的损害。

发包人和承包人接受评审意见的,由监理人根据评审意见拟定执行协议,经争议双方签字后作为合同的补充文件,并遵照执行。

发包人或承包人不接受评审意见,并要求提交仲裁或提起诉讼的,应在收到评审意见后的14天内将仲裁或起诉意向书面通知另一方,并抄送监理人,但在仲裁或诉讼结束前应暂按总监理人的确定执行。

(三)仲裁

对于未能友好解决或通过争议评审解决的争议,发包人或承包人任一方均有权提交给通用合同条款第24.1款约定的仲裁委员会仲裁。

1. 仲裁的特点

仲裁的特点包括:①既有法律手段解决合同纠纷的严肃性(其裁决有法律约束力),又比司法程序简便、快捷、高效;②成本低,不必经历漫长的诉讼周期和支付高昂的诉讼费用;③保密性强,不会因官司缠身而引起社会过度关注;④灵活性强,在仲裁前,双方可选择仲裁的地点、机构、程序和仲裁员。因此,仲裁裁决更适合解决公路工程合同争端。

2. 仲裁的效力

仲裁可在交工之前或之后进行,但发包人、监理人和承包人各自的义务不得因在工程实施期间进行仲裁而有所改变。如果仲裁是在终止合同的情况下进行,则对合同工程应采取保护措施,措施费由败诉方承担。仲裁裁决是终局性的,并对发包人和承包人双方具有约束力,全部仲裁费用应由败诉方承担,或按仲裁委员会裁决的比例分担。

3. 仲裁的执行

（1）任何一方不履行仲裁机构的裁决的，对方可以向有管辖权的人民法院申请执行。

（2）任何一方提出证据证明裁决有《中华人民共和国仲裁法》第58条规定情形之一的，可以向仲裁委员会所在地的中级人民法院申请撤销裁决。人民法院认定执行该裁决违背社会公共利益的，裁定不予执行。仲裁裁决被人民法院裁定不予执行的，当事人可以根据双方达成的书面仲裁协议重新申请仲裁，也可以向人民法院起诉。

任务 6 工程保险

工程保险是工程项目参加者通过付出一定的保险费，当发生自然灾害或意外事故，造成参加投保者的财产损失或人员伤亡时，得到保险补偿，从而增强抵御风险的能力的一种制度。

一、保险的种类

1. 业主和承包人共同办理的保险

1）建筑、安装工程一切险

投保内容为合同工程的永久工程、临时工程和设备及已运至施工工地用于永久工程的材料和设备所投的保险。保险金额为工程量清单第100章（不含建筑工程一切险及第三者责任险的保险费）至700章的合计金额。保险期限为开工日起直至工程签发缺陷责任期终止证书止（即合同工期＋缺陷责任期）。

承包人应以业主和承包人的共同名义投保建筑、安装工程一切险。建筑、安装工程一切险的保险费由承包人报价时列入工程量清单第100章内。发包人在接到保险单后，将按照保险单的费用直接向承包人支付。

2）第三者责任险

第三者责任是指在保险期内，对因工程意外事故造成的、依法应由被保险人负责的工地上及毗邻地区的第三者人身伤亡、疾病或财产损失（本工程除外），以及被保险人因此而支付的诉讼费用和事先经保险人书面同意支付的其他费用等赔偿责任。

在缺陷责任期终止证书颁发前，承包人应以承包人和业主的共同名义，投保合同约定的第三者责任险，其保险费率、保险金额等有关内容在专用合同条款中约定。第三者责任险的保险费由承包人报价时列入工程量清单第100章内。业主在接到保险单后，将按照保险单的费用直接向承包人支付。

2. 承包人单独办理的保险

1）承包人人员工伤事故的保险

承包人应依照有关法律规定参加工伤保险，为其履行合同所雇用的全部人员缴纳工伤保险费,并要求其分包人也进行此项保险。

2) 承包人人员人身意外伤害险

承包人应在整个施工期间为其现场机构雇用的全部人员,投保人身意外伤害险,缴纳保险费,并要求其分包人也进行此项保险。

3) 施工设备财产险

承包人应为其施工设备、进场的材料和工程设备等办理保险,其投保金额应足以实现现场重置。

办理上述保险的一切费用均由承包人承担,并包括在工程量清单的单价及总额中,发包人不单独支付。

3. 业主单独办理的保险

1) 业主人员工伤事故的保险

业主应依照有关法律规定参加工伤保险,为其现场机构雇佣的全部人员,缴纳工伤保险费,并要求其监理工程师也进行此项保险。

2) 业主人员人身意外伤害险

业主应在整个施工期间为其现场机构雇用的全部人员,投保人身意外伤害险,缴纳保险费,并要求其监理工程师也进行此项保险。

二、对各项保险的一般要求

1. 保险凭证

承包人应在开工后56天内向业主提交各项保险生效的证据和保险单副本。保险单必须与专用合同条款约定的条件保持一致。

2. 保险合同条款的变动

承包人需要变动保险合同条款时,应事先征得业主同意,并通知监理工程师。保险人作出变动的,承包人应在收到保险人通知后立即通知业主和监理工程师。

3. 持续保险

承包人应与保险人保持联系,使保险人能够随时了解工程实施中的变动,并确保按保险合同条款要求持续保险。在整个合同期内,承包人应按合同条款规定保证足够的保险额。

4. 保险金不足的补偿

保险金不足以补偿损失的(包括免赔额和超过赔偿限额的部分),应由承包人和(或)业主按合同约定负责补偿。

5. 未按约定投保的补救

由于负有投保义务的一方当事人未按合同约定办理保险,或未能使保险持续有效的,另一方当事人可代为办理,所需费用由对方当事人承担。

由于负有投保义务的一方当事人未按合同约定办理某项保险,或未按保险单规定的条件和期限及时向保险人报告事故情况,或未按要求的保险期限进行投保,或未按要求投保足够的保险金额,导致受益人未能得到保险人的赔偿,原应从该项保险得到的保险金应由负有投保义务的一方当事人支付。

6. 报告义务

当保险事故发生时,投保人应按照保险单规定的条件和期限及时向保险人报告。

三、工程保险的管理

1. 检查保险

监理工程师应根据合同有关规定,从以下几个方面对承包人的保险进行检查。

(1) 保险种类。
(2) 保险的数额。应与实际价值相符或应符合合同的规定。
(3) 保险的有效期。
(4) 保险单及保险费收据。确认承包人已在合同规定的时间内提交给业主,并保留复印件备查。

2. 落实保险

当监理工程师确认承包人未在合同规定的时间内办理相关保险,不能向业主提交合格的保险单时,按合同规定,应采取如下措施。

(1) 指示承包人尽快补充办理保险。
(2) 承包人拒绝办理时,建议业主代为办理。
(3) 承包人的保险由业主代为办理的,监理工程师应签发扣除承包人相应费用的证明。
(4) 合同双方都未按合同要求办理相关保险时,监理工程师应书面通知承包人和业主,由此带来的危害,根据合同有关规定,未来发生与此有关的一切责任和费用将由责任方承担和赔偿,并督促其尽快办理保险。

1. 什么是工程变更?
2. 工程变更的原因有哪些?
3. 简述工程变更的受理程序。
4. 变更的估价原则有哪些?
5. 什么是暂列金额?什么是暂估价?

6. 什么是计日工,其有什么使用上的规定?
7. 什么是公路工程索赔?索赔的原因有哪些?
8. 简述监理工程师审理索赔的程序。
9. 如何收集索赔的证据。
10. 工期索赔的原因有哪些?
11. 简单介绍一下工期延误。
12. 简述工期延误处理的原则。
13. 简述费用索赔的项目构成。
14. 简述工程分包的概念及分类。
15. 工程分包和工程转让有什么区别。
16. 哪些情况属于业主违约?哪些情况属于承包人违约?
17. 合同纠纷如何解决?
18. 工程上的保险有哪些?
19. 如何进行工程保险管理?

项目 9

公路工程施工监理信息管理

学习目标

1. 知识目标

(1) 了解监理信息的特点、任务。
(2) 掌握监理信息管理的方法。
(3) 掌握监理文件与资料的内容。

2. 能力目标

(1) 能进行监理文件与资料的日常管理。
(2) 能进行监理文件与资料的归档管理。

任务 1 监理信息管理概述

一、监理信息的特点

信息是内涵和外延不断变化、发展着的一个概念。一般认为,信息是以数据形式表达的客观事实,它是对数据的解释,反映着事物的客观状态和规律。数据是人们用来反映客观世界而记录下来的可鉴别的符号、数字、文字、字符串等,数据本身是一个符号,只有当它经过处理、解释,对外界产生影响时才成为信息。

监理信息是在整个工程监理过程中发生的、反映工程建设的状态和规律的信息。监理信息不等同于工程建设信息。工程建设过程中,会产生许多信息,这些信息并非都是监理信息,只有那些与监理工作有关的信息才是监理信息。

公路工程监理的信息管理,是指以工程项目作为目标系统的管理信息系统。它通过对工程项目建设监理过程中信息的采集、加工和处理,即通过统计分析、对比分析、趋势预测等处理过程,为监理工程师的决策提供依据,对工程的费用、进度、质量、安全、环保等进行控制;同时它也为确定索赔内容、索赔金额及反索赔提供确凿的事实依据。因此,信息管理是监理工作的一项重要内容。

公路工程监理信息除具有信息的一般特征外,还具有一些自身的特点。

(1) 信息来源的广泛性。

公路工程监理信息的来源包括:业主、承包人以及监理组织内部的各个部门;项目可行性研究、设计、招标、实施等各个阶段的各个单位乃至各个专业部门;质量监理、施工安全监理、施工环保监理、费用监理、进度监理、合同其他事项管理等各个方面。如果信息收集得不完整、不准确、不及时,必然影响监理工程师判断和决策的正确性、及时性。

(2) 信息量大。

由于信息工程规模大、涉及面广、协作关系复杂,使得公路工程监理工作涉及大量的信息。监理工程师不仅要了解国家及地方有关的政策、法规、技术标准规范,而且要掌握工程建设各个方面的信息。既要掌握计划的信息,又要掌握实际进度的信息,还要对它们进行对比分析。

(3) 动态性强。

信息工程建设的过程是一个动态的过程,监理工程师实施的控制也是动态控制,因而大量的监理信息都是动态的,这就需要及时地对各类信息进行收集和处理。

(4) 有一定的范围和层次。

业主委托的范围不一样,监理信息也不一样。监理信息不等同于工程实施的信息。工程实施过程中,会产生很多信息,但并非都是监理信息,只有那些与监理工作有关的信息才是监理信息。不同的工程项目,所需的信息既有共性,也有个性。另外,不同的监理组织和监理组织的不同部门,所需的信息也不同。

(5) 信息的系统性。

公路工程监理信息是在一定的时间和空间范围内形成的,与公路工程监理活动密切相关。而且,监理信息的收集、加工、传递以及反馈是一个连续的闭合环路,具有明显的系统性。

二、监理信息管理的任务和内容

1. 监理信息管理的任务

信息管理包括信息的收集、传递与处理、存储、发布等方面。根据公路工程款项巨大,建设期长,质量要求高,各种合同多,使用机械、设备、材料数量大等特点,信息管理采取人工决策和计算机辅助管理相结合的手段,特别是利用计算机准确及时地收集、处理、传递和存储大量数据,并进行工程进度、质量、费用的动态分析,达到工程监理的高效、迅速、准确。

2. 监理信息的内容

为了使信息能够更好地发挥控制作用,按监理的目标需要,将信息划分为:工程费用控制信息、质量控制信息、进度控制信息、合同管理信息、安全监理信息和环保监理信息等。

(1) 工程费用控制信息包括:工程合同价、物价指数、各种估算指标、施工过程中的支付账单、原材料价格、机械设备台班费、人工费、各种物资单价及运杂费等。

(2) 质量控制信息包括:国家质量政策及质量标准、工程项目的建设标准、质量目标分解体系、质量控制工作流程、质量控制工作制度、质量控制的风险分析、质量抽样检查的数据、验收的有关记录和报告等信息。对重要工程和隐蔽工程还应包括有关的照片、录像等。

(3) 进度控制信息包括有:施工定额、计划参考数据、施工进度计划、进度目标分解、进度控制的工作程序、进度控制的工作制度、进度控制的风险及进度记录等。

(4) 合同管理信息包括:合同信息的一个主要方面是业主和承包人在招标过程中合同文件的信息,它们是监理工程师开展监理工作的主要依据,包括:合同协议书、中标通知书、投标书及附件、合同通用条件及专用条件、技术规范、图纸、投标书附表、其他有关文件(包括补遗书等)。

(5) 安全监理信息包括:安全生产方案、安全生产的责任制度、规章制度和操作规程、工艺方法的安全技术措施、施工安全检查记录、台账等。

(6) 环保监理信息包括:环境保护措施及其检查落实情况、环保问题的处理情况、施工环保的革新改进情况等。

其他类型信息包括以下几项。

(1) 其他监理信息,包括监理过程中监理工程师的一切指令、审核、审批意见、监理文件等。

(2) 承包人信息,是指施工过程中,反映承包人的工程进度、质量、变更、索赔、延期、单位计量、支付、报表及其他方面的信息。

(3) 试验信息,指施工材料、混合料等性能试验信息。

(4) 原始记录,包括记录的工作日记、现场检查记录、会议记录、来往函件等。

(5) 上级及业主信息,是指在项目实施过程中,上级的有关指示、业主的有关意见、决定等相关信息。

（6）环境信息，是指沿线地方政府、有关单位、人民群众对建设项目的意见、建议及之间关系、天气气候信息等。

三、监理信息管理的方法

信息管理的基本分法是建立信息的编码系统，明确信息流程，指定相应的信息采集制度，利用高效的信息处理手段处理信息，为监理工程师的决定提供有力的依据。

1．信息的处理

公路工程施工监理的信息处理一般采用人工决策加计算机辅助管理的办法，主要包括以下几个方面。

（1）确定计算机辅助管理系统的流程模式。计算机辅助管理系统与监理组织机构相对应，其主要内容包括工程施工的进度管理、质量管理、合同管理及行政管理，分别拥有相对应的子系统。各子系统包含各业务系统和根据工程需要进一步的细目管理。

（2）原始信息的校核。驻地监理对收集的原始数据进行校核，由计算机辅助管理部门输入计算机数据库。数据的输入采取自动校核方式，如项目编号输错计算机会对用户发出警告，提示用户重新核对输入。数据输入完毕，计算机自动排序、汇总，建立各种子程序及表格所对应的数据库。

（3）计算机中央处理系统对信息的分析处理。质量控制子程序系统推行全员质量管理，提供各主要分项工程和施工工序的质量控制子程序，包括路基工程、路面工程、桥涵工程等。各子程序通过对各专业监理工程师的材料、检测数据及工程质量检测数据的分析，最终判断各主要分项工程施工质量是否合格。以图纸形式输出承包人各工序的施工质量是否合格，最终判断各主要分项工程质量是否合格，给监理工程师提供准确的判断依据。

进度控制子程序系统提供工程进度计划网络图的绘制系统，包括对时间参数的计算、进度计划的调整、进度计划变化趋势的预测分析等，供监理工程师决策。

费用控制子程序系统可按工程合同段或分项工程两种情况进行分块，以实现工程计量与具体支付的计算机管理。其程序包括价格的调整和工程费用索赔最终结算的业务子程序。可对人工、材料价格调整进行计算，变更设计及额外工程对合同价格调整的计算，并打印相应的结论表格。可编制完整的工程计量支付表，包括工地材料预付款汇总表。

合同管理子程序系统既可编制整个合同项目的计量支付款报表，也可以用于承包人编制各分项单位的支付申请表，可以对全线工程量进行分割计算。

安全监理子程序系统、环保监理子程序系统主要为监理工程师提供工程施工安全措施分析、执行检查，以及施工环境保护的措施评价等控制管理功能。

整个中央处理系统应具有各种方便灵活的查询功能，并能自动将各项完成的工程量与合同清单数量相比较，避免错误的计量与支付；同时应具备多种图形使用功能，为监理工程师的决策及时提供准确的依据。

2. 信息的发布与存储

施工监理的信息存储采用文档管理和计算机存储管理两种方式。文档管理信息有效地保证了原始资料的可靠性,而计算机存储则可以发挥计算机存储量大、信息处理快的优势。信息的发布按照一定的工作程序进行。一般情况下,经过计算机辅助管理和监理工程师决策处理的各项信息结论,由驻地监理组织下达给各承包人和专业监理工程师,上报总监办,反馈给业主及相关部门,并保证其及时性和准确性。

施工过程中的各种工地会议及各种形式的监理通信均是监理信息发布的主要途径。

四、监理信息管理系统任务的概念与作用

社会化大生产使人们感受到生产指导、生产组织乃至人们的生活中充满了错综复杂的信息。怎样用信息来指导、组织人们的生产、生活,成了信息时代的主旋律。信息时代最大的特点是用计算机来代替或减轻人们的脑力劳动,即代替或减轻人们用脑力处理信息的工作。计算机协助人们记忆并存储大量的信息,从而提高工作的整体效益。

工程监理同样离不开计算机。公路工程施工过程中,工程款数额巨大,建设工期长,质量要求高,签订的各种合同多,使用的机械设备、材料数量惊人,这些都涉及相当大的数据量。其中许多数据是工程各方共同需要的数据,相互之间有着密切的联系。计算机在工程施工监理中可以帮助监理工程师、业主及承包人收集、处理、传递和存储大量数据,以随时掌握工程动态,提高工程整体经济效益。

工程监理信息系统是以计算机为手段,以系统的思想为依据,收集、传递、处理、分发、存储工程监理的各类数据,产生和传递信息的一个计算机辅助管理系统。它能准确为监理工程师提供预测、决策所需要的数据,能为监理工程师提供标准化的、符合合同规定和规范要求的数据;提供人、财、物、设备、费用诸要素的供求计划及工程施工总体计划;能提供必要的办公自动化手段,使监理工程师能摆脱烦琐的简单性事务工作,达到工程监理的准确、高效、迅速等目标。公路工程监理信息系统的基本模式如图9-1所示。

由图9-1可见,监理信息系统应与监理组织机构相对应。计算机管理的主要内容包括工程施工的进度监理、质量监理、费用监理、合同监理、安全监理、环保监理及行政管理。分别建立相应的各子系统,各子系统还可以根据工程实际需要再进一步划分各业务子系统,如工程费用监理信息子系统,其目的是使费用不超过预算以及控制付款。这就需按工程合同段或分项工程进行分块,以实现工程计量与工程款支付的计算机辅助管理。另外,还需要对价格的调整、费用索赔、工程最终结算等业务编制子程序,以完善工程费用监理信息系统。工程进度监理信息子系统则需提供一个编制工程进度计划的网络绘制系统,包括对时间参数的计算、进度计划的调整,对进度计划变化趋势的预测及相应对策等。

监理信息系统的建立和运用是公路工程施工监理工作的一个重要组成部分,它有利于加强对施工中各种信息的有效管理与利用,有助于规范监理工作行为,提高监理工作标准化水平;有利于提高监理工作效率、工作质量和决策水平;也有利于积累监理工作经验,从而推动公路工程施工监理制度向规范化、标准化目标发展。

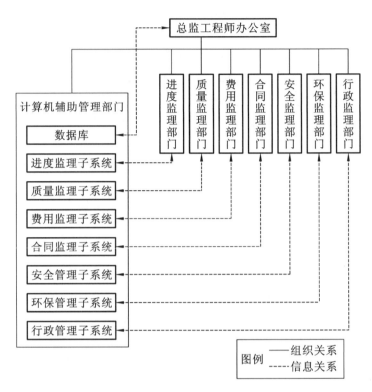

图 9-1 监理信息系统示意图

任务 2 监理文件与资料的内容

在工程项目监理过程中,随着监理工作的开展会产生一系列监理文件与资料。工程监理文件与资料的管理,是工程项目信息管理的一项重要工作。它是施工监理的任务之一,也是进行目标控制的基础性工作。因此,在监理组织机构中必须配备专门的人员负责监理文件与资料的收集、整理、保存等管理工作。按照国家及部、省主管部门的有关规定,在工程完工后,将部分监理文件与资料归档后就形成了工程监理档案资料。

监理文件与资料是指在对工程项目实施监理过程中形成的一系列文件和资料。监理文件与资料包括:监理管理文件、质量监理文件、施工安全监理与施工环保监理文件、费用监理文件、进度监理文件、合同管理文件及工程监理月报、监理工作报告、监理日志、会议纪要、巡视记录、旁站记录、监理工作指令、工程变更令、工程分项开工的申请批复、试验抽检的原始记录及各种台账等。

一、监理管理文件与资料

监理管理文件与资料包括监理方案、监理计划、监理细则、监理人员岗位职责、监理单位贯彻质量标准的有关作业文件。

1. 监理管理文件

监理管理文件包括监理方案、监理计划、监理细则等。

2. 监理人员岗位职责

监理人员岗位职责主要指监理机构中各类监理人员的岗位职责,主要包括:总监理工程师、专业监理工程师(含路基、路面、结构、桥梁、隧道、机电、安全、环保等)及监理员等岗位的职责。

3. 监理单位贯彻质量标准的有关作业文件

监理单位贯彻质量标准的有关作业文件主要是指监理单位根据工程项目的具体情况,为落实质量标准而编制的一些专用的办法或操作规程等。

二、质量监理文件与资料

质量监理文件与资料包括质量监理措施、规定及往来文件、试验检测资料、监理抽检资料、交工验收工程质量评定资料。

1. 质量监理措施、规定及来往文件和信函

其主要是指在监理实施过程中,监理机构针对具体工程中的质量问题提出的处理意见、建议或处理措施及相关的规定,以及与之相关的和业主、承包人之间来往的文件和信函。

2. 材料试验、检测资料

其主要是指监理过程中的验证试验、标准试验、工艺试验、抽样试验和验收试验的试验资料。其具体包括:原材料进场前的验证试验、标准试验(主要有土工标准试验、集料的级配试验、路面、基层(底基层)标准试验、混凝土配合比试验、沥青混凝土配合比试验、结构的强度试验等)、工艺试验(如路基、路面试验路段的检测试验)、抽样试验(包括原材料的物理性能、土方及其他填筑施工的密实度、混凝土及沥青混凝土的强度等)、验收试验等。

3. 监理抽检资料

监理抽检资料即监理进行的抽样试验,主要包括土方、路面基层(底基层)、沥青混凝土路面的压实度;砂浆强度;混凝土强度;路面基层(底基层)、水泥混凝土面层和沥青混凝土面层的强度等抽样试验。

4. 交工验收工程质量评定资料

其主要是指在交工验收中监理签认的相关质量检测资料。

三、施工安全和环境保护监理文件

施工安全和环境保护监理文件应包括安全管理的规章制度、安全措施、安全会议的记录、安全检查的结果、安全事故的有关文件以及施工环境保护的规划、环境保护的措施、环境保护的检查等。

四、费用监理文件与资料

费用监理文件与资料包括各类工程支付文件、工程变更有关费用审核文件、工程竣工决算审核意见书等。

（1）支付文件。

工程支付文件包括计量记录和支付证书。符合要求的计量记录,能说明哪些已经计量,哪些尚未计量;哪些已经签发支付证书,哪些尚未签发支付证书。

支付证书包括中期支付证书和最终支付证书。支付证书由一系列支付计量表组成,主要包括:工程计量申报表、工程款支付申请、工程计量支付汇总表、工程款支付证书、工程变更一览表、工程进度表等。

（2）工程变更文件。

工程变更文件主要由工程变更令、工程变更申报表及附件（如变更理由证明材料、计算书、图纸等）组成。

（3）工程竣工决算审核意见书。

五、进度监理文件与资料

进度监理文件与资料主要包括:工程进度计划审批、进度计划检查、调整的有关文件;工程开工、复工令以及工程暂停令等。其中,进度计划审批、检查、调整的有关文件主要包括监理对承包人提供的月进度计划、季进度计划、年进度计划、总体计划进行审查、调整和批准的相关文件。

六、合同管理文件与资料

合同管理文件与资料主要包括承包人的保险手续的有关文件、索赔申请、分包资质资料以及批准的工期和索赔费用文件、价格调整申请及批准的文件。

七、工程监理月报

　　监理工程师应将工程进展情况、存在的问题,每月以工程监理月报的形式向业主及上级监理机构报告。监理月报由项目总监理工程师组织编写,由总监理工程师签认,报送业主和本监理单位,报送时间由监理单位和业主协商确定,一般在收到承包人项目经理部报送来的工程进度,汇总了本月已完工程量和本月计划完成工程量的工程量表、工程款支付申请表等相关资料后,在最短的时间内提交,一般时间为5~7 d。根据建设工程规模大小决定内容的详细程度,具体内容如下。

　　(1)工程概况:本月工程概述,本月施工基本情况。
　　(2)本月工程形象进度。
　　(3)工程进度:实际完成情况与计划进度比较;对进度完成情况及采取措施效果的分析。
　　(4)工程质量:工程质量分析;采取的工程质量措施及效果;分部、分项工程验收情况;主要施工试验情况;监理抽查检测试验情况。
　　(5)施工安全:施工安全情况的分析;采取的措施及效果。
　　(6)施工环境保护:施工环境保护情况的分析;采取的措施及效果。
　　(7)工程计量与工程款支付:工程量审核情况;工程款审批情况及支付情况;工程款支付情况分析;采取的措施及效果。
　　(8)合同其他事项的处理情况:工程变更、工程索赔、工程分包等的申报与审核情况。
　　(9)合同执行情况:合同执行过程中产生的违约、争端的处理情况;工程暂停与复工的情况;工程项目监理部机构、人员变动情况;承包人、分包单位机构、人员变动情况等。
　　(10)存在的问题:工程施工过程中存在的问题,应采取的解决方案及措施。
　　(11)本月监理工作小结:对本月进度、质量、工程款支付等方面情况的综合评价;本月监理工作情况;有关本工程的建议和意见;下月监理工作的重点。

八、监理工作报告

　　监理工作报告是监理单位在工程结束后,向业主和上级主管部门提交的监理工作总结报告。监理工作报告的内容如下。

　　(1)监理工作概况:合同段监理组织形式、管理结构、人员投入情况。
　　(2)工程质量管理:质量管理措施;施工过程中质量检查情况汇总;质量问题和事故处理情况总结;工程质量评定情况。
　　(3)计量支付、工程进度和合同管理情况。
　　(4)设计变更情况。
　　(5)交工验收中存在的问题及处理情况。
　　(6)监理工作体会。

九、其他监理文件与资料

其他监理文件与资料是指没有列入上述监理文件与资料中的文件与资料。其主要包括监理日记、监理工作指令、工程变更令、工地会议纪要、工程分项开工的申请批复单、检验申请批复单、试验抽检的原始记录及各种台账等。

1. 监理日志与监理日记

现场监理人员的每日记录有两种：监理日志和监理日记。每个现场监理机构（如总监办、驻地办或监理组等）每天应记录一份监理日志，每个监理人员都应记录监理日记。

专业监理工程师根据本专业监理工作的实际情况记录好监理日志，监理员也应记录好监理日记和做好有关的监理记录。显然，监理日记由专业监理工程师和监理员书写，监理日记和施工日记一样，都是反映工程施工过程的实录。一个同样的施工行为，往往两本日记可能记载有不同的结论，事后在工程出现问题时，日志和日记就起了重要的作用。因此，认真、及时、真实、详细、全面地记好监理日记，对发现问题，解决问题，甚至仲裁、诉讼都有作用。项目总监理工程师或驻地监理工程师可以指定一名监理工程师对项目监理机构每天总的监理工作情况进行记录，通称为项目总监办或驻地办的监理日志。专业监理工程师可以从本专业的角度提供信息；监理员可以从负责的工程的具体部位施工提供信息，进行侧重点不同的记录。这样记录的内容、范围也更全面了。

1) 项目监理日志的主要内容

项目监理日志的主要内容有：监理机构；合同号；记录人、审核人；天气情况；各合同段主要施工项目简述；就有关问题与建设单位、施工单位等进行澄清或处理情况简述。

2) 专业监理工程师监理日记的主要内容

专业监理工程师的个人工作日记，一般应记录每天工程施工的详情和工地上发生的所有重要事项，特别是影响工程进度和可能导致承包人提出延期与索赔的事件，包括已经做出的重大决定、向承包人发出的书面或口头指令、合同纠纷及可能解决的办法、与监理工程师的口头协议、对下属人员的指示、向承包人签发的任何补充图纸和审批承包人的任何设计图纸等。

3) 监理员监理日记的主要内容

其内容视具体情况和具体工作而不同，基本内容如下。

（1）所有分项工程开始、完成及检验结果，以及承包人每日投入的人力、材料和机械的详细情况，记录工程施工质量和完成的数量。

（2）工程延误及其原因，以及所有给承包人的口头和书面的指令。

（3）工地上发生各类事故的详细情况。

（4）为修正进度计划查阅的档案记录，包括档案记录的号码、指令的变更、批准和许可、发出最后同意的计量细目的数量及日期等。

（5）机械的运送或转移，计划中关键的机械、设备和材料的到达及使用情况。

（6）现场主要人员的缺席情况，每日开始工作和结束的时间。

（7）必要的照片、电话记录、气候及其他工程有关的资料。

2. 监理工作指令

监理工程师向承包人发布的工作指令包括以下两种。

(1) 正式函件：用于重要的指令。

(2) 口头指令：最好在每日现场协调会上发出，仅在小的例行事务中使用确认；如果使用现场指令，则发出的现场指令应在 24 小时内用书面指令予以确认。另外，发给承包人的任何草图，应有副本归档备查。

3. 工程变更令

工程变更令主要由以下内容组成。

(1) 文件目录。

(2) 工程变更令。

(3) 工程变更说明。

(4) 工程变更费用估计表。

(5) 附件：变更前后的图纸，业主、承包人、监理方面的会议、会谈记录与文件，有关设计部门对变更的意见、有关行业部门、上级主管部门的文件，承包人的预算报告，确定工程数量及单价的证明资料等。

4. 工地会议纪要

工地例会是履约各方沟通情况、交流信息、协调处理、研究解决合同履行中存在的各方面问题的主要协调方式。会议纪要由项目监理机构根据会议记录整理，主要内容包括：①会议地点及时间；②会议主持人；③与会人员姓名、单位、职务；④会议主要内容、议决事项及其负责落实单位负责人和时限要求；⑤其他事项。

例会上意见不一致的重大问题，应将各方的主要观点，特别是相互对立的意见记入"其他事项"中。会议纪要的内容应准确如实，简明扼要，经总监理工程师审阅，与会各方代表会签，发至合向有关各方，并应有接收手续。

5. 试验抽检的原始记录

试验记录应对每千米道路和每座桥涵及人工构造物分别归档。对于每千米道路和每一个结构物的试验记录的内容应包括已进行的试验、未能试验及采取的措施、试验已获认可或被拒绝等。

6. 各种台账

监理工程师应建立材料、试验、测量计量、工程变更、安全、环保等台账。

任务 3 监理文件与资料的管理

为了做好工程建设档案资料的管理工作,充分发挥档案资料在工程建设及建成后维护中的作用,应按国家及部、省主管部门的有关规定,及时将监理文件与资料整理归档。

一、监理文件与资料的日常管理

文件与资料管理是监理工作重要的工作内容,工程质量、安全、环保、费用、进度监理、合同的管理以及工程各方的往来函件及重要工程活动全部要通过监理文件与资料系统、完整地反映。监理机构应建立健全监理文件与资料管理制度,并运用计算机管理软件,设专人负责文件资料的管理工作。监理工程师应建立材料、试验、测量、计量支付、工程变更、安全、环保等台账,建立各类台账是文件与资料管理的重要手段,它可以简明地了解资料简况,便于检索与检查。

监理工作中产生的监理文件与资料应及时整理,分类有序。所有文件资料应内容完整、填写认真、审批意见与签认齐全。

二、监理文件与资料的归档管理

监理归档文件必须完整、准确、系统地反映工程监理活动的全过程。监理文件资料归档内容、组卷方法以及监理档案的验收、移交和管理工作,应根据《公路工程施工监理规范》(JTG G10—2016)及《建设工程文件归档规范》(GB/T 50328—2014),并参考工程项目所在地区建设工程行政主管部门、建设监理行业主管部门、地方城市建设档案管理部门的规定执行。

对一些需连续产生的监理信息,如对其有统计要求,在归档过程中应对该类信息建立相关的统计汇总表格以便进行核查和统计,并及时发现错漏之处,从而保证该类监理信息的完整性。

监理文件资料的归档保存中应严格按照保存原件为主、复印件为辅和按照一定顺序归档的原则。如果在监理实践中出现作废和遗失等情况,应明确地记录作废和遗失原因、处理的过程。如果采用计算机对监理信息进行辅助管理的,当相关的文件和记录经相关责任人员签字确定、正式生效并已存入项目部相关资料夹中时,计算机管理人员应将储存在计算机中的相关文件和记录的文件属性改为"只读",并将保存的目录记录在书面文件上以便于查阅。在项目文件资料归档前不得将计算机中保存的有效文件和记录删除。

按照交通运输部《公路工程竣(交)工验收办法实施细则》(交公路发[2010]65号)以及《建设工程文件归档规范》(GB/T 50328—2014),监理文件有10大类,要求在不同的单位归档保存,具体要求如表8-1所示。

表 9-1　监理资料归档范围及保管期限

序　号	归档文件	保管单位和保管期限		
		建设单位	监理单位	城建档案馆
1	监理管理文件			
①	监理计划	长期	短期	√
②	监理细则	长期	短期	√
2	监理月报中的有关质量问题	长期	长期	√
3	监理会议纪要中的有关质量问题	长期	长期	√
4	进度控制			
①	工程开工/复工审批表	长期	长期	√
②	工程开工/复工暂停令	长期	长期	
5	质量控制			
①	不合格项目通知	长期	长期	√
②	质量事故报告及处理意见	长期	长期	√
6	造价控制			
①	预付款报审与支付	短期		
②	预付款报审与支付	短期		
③	工程变更洽商费用报审与签认	长期		
④	工程竣工决算审核意见书	长期		√
7	分包资质			
①	分包单位资质材料	长期		
②	供货单位资质材料	长期		
③	试验等单位资质材料	长期		
8	监理通知			
①	有关进度控制的监理通知	长期	长期	
②	有关质量控制的监理通知	长期	长期	
③	有关造价控制的监理通知	长期	长期	
9	合同其他事项管理			
①	工程延期报告及审批	永久	长期	√
②	费用索赔报告及审批	长期	长期	
③	合同争议、违约报告及处理意见	永久	长期	√
④	工程变更材料	长期	长期	√
10	监理工作总结			

续表

序 号	归档文件	保管单位和保管期限		
		建设单位	监理单位	城建档案馆
①	专题总结	长期	短期	
②	月报总结	长期	短期	
③	工程竣工总结	长期	短期	√
④	质量评估报告	长期	短期	√

注:表中保管期限:①永久指需永远保存;②长期指保存期等于该工程的使用寿命;③短期指保存期为20年以内。

1. 监理信息有哪些特点?
2. 监理信息管理有哪些任务?
3. 监理信息按监理目标的需要可以划分为哪些内容,简单介绍一下。
4. 监理文件与资料包括哪些内容?
5. 工程监理月报应包括哪些内容?
6. 监理日志与监理日记有什么区别?
7. 根据《建设工程文件归档规范》(GB/T 50328—2014),应如何对工程档案进行分类?

参 考 文 献

[1] 袁志英,王富春.监理概论[M].3版.北京:人民交通出版社,2013.
[2] 罗娜.工程进度监理[M].3版.北京:人民交通出版社,2013.
[3] 李字峙,秦仁杰.工程质量监理[M].3版.北京:人民交通出版社,2013.
[4] 袁剑波,杨玉胜.工程费用监理[M].3版.北京:人民交通出版社,2013.
[5] 彭余华,原池.合同管理[M].3版.北京:人民交通出版社,2013.
[6] 黄万才.公路工程施工监理基础[M].2版.北京:人民交通出版社,2007.
[7] 李绪梅,陈烈.公路工程项目管理[M].2版.北京:人民交通出版社,2012.
[8] 吴继峰,邓超.公路工程管理[M].3版.北京:人民交通出版社,2015.
[9] 中国交通建设监理协会.交通建设工程安全监理[M].2版.北京:人民交通出版社,2010.
[10] 中国交通建设监理协会.交通建设工程施工环境保护监理[M].北京:人民交通出版社,2010.
[11] 中华人民共和国交通运输部.公路工程施工监理招标文件范本(交质监发[2008]557号)[M].北京:人民交通出版社,2009.
[12] 中华人民共和国交通运输部.JTG G10—2006 公路工程施工监理规范[S].北京:人民交通出版社,2006.
[13] 中华人民共和国交通运输部.公路工程标准施工招标文件(2009版)(交公路发[2009]221号)[M].北京:人民交通出版社,2009.
[14] 中华人民共和国交通运输部.JTG F80/1—2004 公路工程质量检验评定标准[S].北京:人民交通出版社,2004.
[15] 中华人民共和国交通运输部.JTG D30—2015 公路路基设计规范[S].北京:人民交通出版社,2004.
[16] 中华人民共和国交通运输部.JTG F30—2003 公路水泥混凝土路面施工技术规范[S].北京:人民交通出版社,2003.
[17] 中华人民共和国交通运输部.JTG F40—2004 公路沥青路面施工技术规范[S].北京:人民交通出版社,2004.
[18] 张湧,胡江碧.公路施工安全审查手册[M].北京:人民交通出版社,2006.